GERALDO CHACON
José Paulo Ferrer
Miriam Chagas
Pedro Alcântara

LITERATURA PORTUGUESA E BRASILEIRA

VOLUME 3

Direitos desta edição reservados à
Editora Flâmula Ltda
Rua Antônio Pestana, 375
06756-010 - Taboão da Serra - SP
Tele/fax:(011) 7967-1192

Capa: Zepa

Foto: Chacon

Fotolito da capa: Augusto Associados

Fotolitos do miolo: Editora Flâmula

Diagramação: José Paulo Ferrer

Revisão: Miriam Chagas

ISBN - 85-86124-05-2

PEDIDOS:

Livrarias:

Catavento – Tel.: (011) 289-0811 – Fax.: (011) 251-3756

Consumidores:

Editora Flâmula – Tel/Fax.: (011) 7967-1192

APRESENTAÇÃO

Assim como em nossos trabalhos anteriores, procuramos apresentar aqui um levantamento de características das obras e autores analisados, de forma a colaborar com o estudo das referidas criações literárias, desde a poesia quinhentista de Camões aos versos modernos de Drummond; desde a prosa sentimental de Alencar e Camilo à frase seca e precisa de Graciliano Ramos; ou ainda, desde a complexidade de Mário de Andrade e Clarice Lispector à simplicidade descontraída e bem humorada de Luís Fernando Veríssimo.

Esperamos que nosso trabalho, que aqui conta com as colaborações de José Paulo Ferrer, Miriam Chagas e Pedro Alcântara, possa não só auxiliá-los na preparação para os exames vestibulares, mas também despertar-lhes o gosto pela leitura desses nomes significativos para nossa história cultural.

Queremos alertar os estudantes para não ficarem somente presos à leitura das obras, porque isso poderia limitá-los e impedir que possam dar boas e completas respostas. Assim como os examinadores podem fazer questões envolvendo dois livros que estão numa mesma lista, também poderão dar-se ao direito de questionar obras fora da lista, tanto por semelhança quanto por oposição evidente. A partir do comportamento do narrador de *Amar, verbo intransitivo,* pode ser elaborada uma questão sobre obras de Machado de Assis, como *Memórias póstumas de Brás Cubas* ou *Dom Casmurro*. Assim também as personagens Fabiano e Macabéa podem sugerir uma questão sobre o Severino de *Morte e vida severina* de João Cabral. Para auxiliar no estudo de toda a matéria, recomendamos a leitura de nosso livro ***Síntese da Literatura Portuguesa e Brasileira***, que concentra, em aproximadamente duzentas páginas, as informações básicas da nossa literatura desde o século XII até o XX.

Para complementar e nunca para substituir a leitura, é recomendável assistir aos filmes que existem, com base nessas obras, como *O guarani*, *Vidas secas*, *Lição de amor* (*Amar, verbo intransitivo*), *A hora da estrela* e *As meninas*. Ver tais adaptações com alguns amigos, após a leitura das obras que lhes deram origem, pode gerar debates enriquecedores que vão solidificar os seus conhecimentos.

Geraldo Chacon

EDITORA FLÂMULA LTDA
SÃO PAULO / 1996

ÍNDICE

SONETOS
de Luís Vaz de Camões
por Geraldo Chacon

I - BIOGRAFIA

Luís Vaz de Camões é o maior representante do Classicismo renascentista na literatura lusitana, tendo escrito tanto poesia lírica quanto épica, além de três peças de teatro. Nasceu provavelmente em 1525, talvez em Lisboa. Por ser filho da pequena nobreza, teve condições de viver na corte, onde teve muitos amores e uma vida agitada e boêmia.

Ingressou na carreira militar, perdendo um olho provavelmente em combate numa batalha em Ceuta. Foi preso por motivo de briga, conseguindo a liberdade para viajar para o Oriente a serviço do rei. Esteve na África, onde foi preso por dívidas. Numa viagem de retorno a Portugal, sofreu naufrágio, conseguindo salvar a própria vida e a sua obra épica. Nessa mesma ocasião, conta a lenda, morreu afogada sua escrava e amante, a chinesa a quem ele chama Dinamene, para quem compôs diversos e belíssimos sonetos. Em 1572, conseguiu ver publicado o seu poema épico, *Os Lusíadas.*

Morreu em 1580, segundo conta a tradição, na mais completa miséria. Pouco antes de falecer, escreveu a um amigo: "*Enfim, acabarei a vida e verão todos que fui tão afeiçoado à minha pátria, que não me contentarei de morrer nela, mas com ela*". E assim foi, pois no mesmo ano Portugal perdeu sua autonomia, passando para o domínio espanhol.

II - BIBLIOGRAFIA

Lírica: *Rimas*

Obra de publicação póstuma (1595), apresentando variadas formas de composição. Há poemas líricos compostos em versos redondilhos (medida velha). Alguns apresentam novidade temática, adotando postura humanista. Há, também, poemas clássicos em medida nova (decassílabos) seguindo como modelo o poeta italiano Petrarca.

Épica: *Os Lusíadas*

Dramática: *Auto de Filodemo*, *El-Rei Seleuco* (seguindo o modelo vicentino) e *Anfitriões* (seguindo o molde clássico).

III - CONTEXTO HISTÓRICO, ESTILO DE ÉPOCA E ESTILO INDIVIDUAL

Camões insere-se no contexto do Renascimento, que pode ser designado como Quinhentismo ou Classicismo. Esse estilo de época vigorou no século XVI.

No século XVI, tornou-se bastante evidente que a burguesia, surgida por volta do século XIII, estava em plena ascensão, estimulando os estudos e pesquisas, assim como colaborando política e economicamente para a centralização do poder nas mãos do monarca.

Os estudos e pesquisas permitiram uma significativa evolução técnica e científica, fazendo surgir o astrolábio, a bússola, a imprensa, barcos mais potentes e velozes como a caravela. As muitas e grandes dificuldades que os comerciantes encontravam nas viagens ao Oriente estimularam as pesquisas e as tentativas de chegar às Índias pelo mar. Teve início assim a expansão marítima.

Todo o processo de surgimento do Renascimento[1] e, conseqüentemente, do Classicismo[2], tem profundas ligações com a ascensão da burguesia e a centralização do poder na mão do rei, assim como com o desenvolvimento técnico-científico que permite o aparecimento da imprensa, da bússola, do astrolábio, das caravelas e da aplicação militar da pólvora. Todos esses elementos também se combinam, permitindo as grandes navegações e o descobrimento do caminho marítimo para as Índias e de novas terras.

A Itália, favorecida pela sua localização geográfica e pelas suas condições sócio-político-econômicas, foi o berço do Renascimento, e conseqüentemente do Classicismo. O Renascimento é a retomada (estudo e utilização) das informações e da visão de mundo da antigüidade greco-latina em todas as áreas do conhecimento humano. O Classicismo é esse renascimento no mundo das artes. Grandes e memoráveis nomes do Renascimento são: Leonardo Da Vinci, Francesco Petrarca (1304-1374), Giovanni Boccaccio (1313-1375), Nicolau Maquiavel (1469-1527) e cientistas e/ou pensadores como Copérnico, Kepler e Galileu.

Em Portugal, toma-se como ano inicial do Classicismo o de 1527, com o retorno de Sá de Miranda da Itália, que de lá importa as novas idéias estéticas (doce estilo novo) e principalmente o verso decassílabo (medida nova).

---

[1] O termo Renascimento é mais genérico, mais abrangente, podendo ser empregado para designar a descoberta e o estudo da cultura clássica, tanto científica, filosófica, quanto artística.

[2] Classicismo é termo que se restringe ao renascimento artístico, devendo ser empregado com relação à pintura, escultura e literatura.

O século XVI, em virtude da descoberta e estudo da cultura da antigüidade greco-romana, supervalorizou o racional, o equilibrado e harmônico, a técnica formal e a vida mundana em detrimento da vida ascética e mística. Vejam o que diz Mário de Andrade:

"Os sábios vinham revolucionando as idéias, dando explicações novas e uma liberdade inexistente de primeiro. Montaigne, Copérnico, Galileu, Gutenberg, Coschiavelli, assim como os navegantes de Portugal e Espanha tinham dado um mundo de terra com as Índias e a América, davam mundos novos de pensamento e de pesquisa ao homem.

A música também estava descobrindo um mundo novo: a Harmonia. E não basta para ela esse mundo inexplorado. Quebra resolutamente com o espírito religioso e retoma o espírito profano."[3]

Esse elemento profano, muitas vezes associado ao paganismo ou ao hedonismo, pode ser visto na valorização dos corpos em diversas pinturas, que se enriqueceram com a novidade da perspectiva, gerando uma ilusão de maior realismo. O hedonismo, a valorização do humano e o paganismo podem ser encontrados também na Literatura, sendo um bom exemplo disso o episódio "Ilha dos Amores" da epopéia camoniana.

A preocupação com o racional, com o equilíbrio e a harmonia, tanto pode ser encontrada em belos sonetos de Camões, quanto em "A Mona Lisa" de Da Vinci, ou ainda em quadros de Piero della Francesca, como "O Batismo de Cristo".

Comentando a música de Veneza desse tempo, Adriano Colângelo[4] afirma que "*Andrea Gabrielli e seu sobrinho Giovanni criaram com uma liberdade e riqueza de colorido musical um fausto e uma alegria sonora que recordam... a suntuosidade visual de um Tiziano*" (pintor renascentista).

O homem renascentista, como resultado de seu avanço tecnológico, científico, cultural torna-se antropocêntrico, ou seja, passa a perceber o homem como centro do Universo, revelando grande segurança existencial. A retomada dos padrões clássicos da antigüidade greco-latina leva à busca do equilíbrio e da perfeição. São também importantes o esteticismo ou formalismo, a busca de harmonia e o universalismo. O paganismo, com o conseqüente emprego da mitologia greco-latina, predomina em muitas das diversas produções artísticas de todas as áreas, mas muitas vezes convive harmoniosamentre com a herança cristã que não desaparece, apenas passa a ser abordada através de outra perspectiva. Esse fusionismo tanto pode ser visto na obra "A Sagrada Família" de Michelangelo (onde Maria, José e Jesus à frente, têm atrás de si cinco jovens nus com traços de atletas gregos), quanto nos seguintes versos de Camões:

[3]**Andrade**, Mário de - *Pequena história da música* - SP, Livraria Martins, 1980, p. 65.

[4]**Colangelo**, Adriano - *1.000 anos de arte* - RS, Rigel Editora, 1978, p. 52.

"Desta arte, enfim, conformes já as formosas'
Ninfas[5] *co'os seus amados navegantes,*
Os ***ornam***[6] *de capelas deleitosas*
De louro e de ouro e flores abundantes,
As mãos alvas lhe davam como esposas;
Com palavras formais e estipulantes
Se prometem eterna companhia
Em vida e morte, de honra e alegria."

(Camões, *Os Lusíadas*, IX, estrofe 84)

Vejam que os quatro primeiros versos demonstram uma ligação entre homens e mulheres dentro do espírito pagão, pois enfeitar a cabeça com coroa de flores era costume dos primitivos rituais em homenagem ao deus Baco. Já os quatro versos seguintes fazem lembrar o cerimonial católico, tanto pelo termo "*esposas*", quanto pela formalidade e pela indissolubilidade dos laços matrimoniais, "*eterna companhia*".

Camões nasceu no período em que Portugal começava a conhecer a estética renascentista. Embora não se possa comprovar que ele tenha freqüentado escola, pode-se notar que o poeta teve acesso à melhor cultura literária de seu tempo, assimilando com mérito os temas e as técnicas da construção poética de seu período, revelando habilidade de mestre na composição de seus sonetos, na musicalidade expressiva de seus decassílabos e na inteligência e sensibilidade com que explora seus temas.

IV - ALGUMAS NOÇÕES DE POÉTICA

Um texto literário pode ser organizado em prosa ou em verso. A poesia é geralmente organizada em versos. O verso é cada linha do poema, revelando uma determinada medida (**metro**), que pode variar de acordo com a preferência de cada época ou estética. O período denominado Classicismo, por exemplo, valorizou muito o verso com dez sílabas, ou seja, o **verso decassílabo**. Vejamos um verso camoniano: "Alma minha gentil que te partiste", que pode ser assim dividido:

"Al ma mi nha gen til que te par **tis** (te)" (Não se conta a última porque é átona)
1 2 3 4 5 6 7 8 9 **10**

[5]Divindades fabulosas da Antigüidade grega, protetoras das águas e dos montes.
[6]O mesmo que enfeitam, ornamentam.

Três regras simples e básicas devem ser respeitadas:

1. A contagem deve ser feita apenas até a última sílaba tônica de cada verso (10ª sílaba do exemplo)
2. Quando uma palavra termina por vogal átona e tem em seguida outra que se inicia por vogal, também átona, elas se fundem, formando uma única sílaba poética. A esse processo chamamos **elisão** ou **sinalefa**.
3. Quando temos uma sílaba átona e outra tônica, as sílabas separam-se. A esse processo denominamos **hiato**.

Outra particularidade do texto poético é o fato de ele dividir-se em estrofes. Chama-se estrofe ou estância o conjunto ou a reunião de versos. Alguns tipos de estrofes são mais tradicionais, tais como: os dísticos (estrofes de 2 versos), tercetos (estrofes de 3 versos), as quadras ou quartetos (4 versos), as quintilhas ou quintetos (5 versos), sextinas ou sextetos (6 versos), as oitavas (8 versos) e as décimas (10 versos).

O soneto do tipo italiano, um dos mais tradicionais e conhecidos poemas de forma fixa, contém 4 estrofes ou estâncias, sendo dois quartetos e dois tercetos. Camões foi o mestre desse tipo de composição em nossa literatura, inspirando e servindo de modelo a poetas modernos como Florbela Espanca, Fernando Pessoa, Vinícius de Moraes e Carlos Drummond de Andrade.

A poesia normalmente apresenta um grau de subjetividade maior que o da prosa, apresentando ainda ritmo, musicalidade e rima. Chama-se **rima** à identidade sonora entre as palavras a partir da vogal tônica, mais comum no final dos versos. Exemplo: am**igo** / s**igo**. Quando se consegue fazer rima com identidade de som até da consoante que antecede a vogal tônica (quin**t**eto/mo**t**eto, a**m**igo/co**m**igo), chamamos a esta consoante de **consoante de apoio**. É o que os Parnasianos gostavam muito de fazer e Manuel Bandeira ironizou em seu poema os sapos:

"O meu verso é bom
Frumento sem joio.
Faço rimas com
Consoantes de apoio."

Podemos encontrar dois tipos de rima: rima consoante ou tradicional e rima toante ou espanhola.

- **Rima consoante** ou tradicional, utilizada por Camões, é a que apresenta identidade completa de todos os fonemas (sons) vocálicos e consonantais: amor/calor, vida/perdida, carícia/delícia.
- **Rima toante** ou espanhola é a que só apresenta identidade perfeita dos fonemas (sons) vocálicos, dispensando ou evitando a repetição dos sons consonantais: vida/amiga, carícia/pítia, menina/tinha. Esse tipo de rima foi sempre muito utilizado pelo poeta João Cabral de Melo Neto.

As rimas podem ser classificadas também quanto à sua posição na estrofe. Vejamos alguns tipos de rimas quanto à disposição:

- Rimas emparelhadas ou paralelas: são as rimas formadas aos pares (**AA**BB)
- Rimas alternadas ou cruzadas: são as rimas que se alternam em versos (**A**B**A**B)
- Rimas intercaladas, ou opostas: que se intercalam por dois outros versos (**A**BB**A**)
- Rima interna**:** ocorre no interior de um verso:

  "Quando alta noite n'amplidão flut**ua**
  Pálida a l**ua** com fatal palor,"

V- ANTOLOGIA COMENTADA

TEXTO 1

Senhora minha, se de pura inveja
Amor me **tolhe**[7] a vista delicada,
a cor de rosa e neve semeada,
e dos olhos a luz que o Sol deseja;

não me pode tolher que vos não veja
nesta alma, que ele mesmo vos tem dada,
onde vos terei sempre **debuxada**[8],
por mais cruel **imigo**[9] que me seja.

Nela vos vejo e vejo que não nasce
em belo e fresco prado **deleitoso**[10]
se não flor que dá cheiro a toda a serra.

Os lírios tendes numa e noutra face[11].
Ditoso quem vos vir, mas mais ditoso
quem os[12] tiver, se há tanto bem na terra!

---

[7] Do verbo tolher, que significa embaraçar, dificultar, estorvar.
[8] De debuxar, que significa desenhar, delinear, traçar, esboçar.
[9] O mesmo que inimigo. Trata-se de uma forma sincopada.
[10] Derivado de deleite, significando prazeroso, agradável, delicioso.
[11] Quer dizer que ela tem a pele branca como o lírio.
[12] O pronome "os" refere-se aos lírios, mas por extensão à mulher que os tem na face. Daí a exclamação final que poderia ser traduzida por "será que é possível ter-se tanta felicidade assim na terra?"

Comentário:
Foi empregado o esquema de rima: ABBA, ABBA, CDE, CDE.
Diz o "eu lírico" à mulher objeto de sua adoração que o amor pode ofuscar seus olhos, impedindo-o de vê-la, mas não consegue apagar a sua imagem, o seu retrato que está gravado em seu interior, na sua alma. Completa, finalizando, que melhor que ver tal beleza é possuí-la. Temos assim, duas possibilidades de entendimento. Uma, é de que ele é feliz, mesmo não a vendo fisicamente, porque ele a possui em seu interior (platonismo). Outra, é que se apenas o fato de ver essa beleza já produz tanta satisfação, imaginem então que felicidade seria obter os seus favores, isto é, conseguir gozar os seus carinhos (amor físico).

TEXTO 2

De quantas graças tinha, a Natureza
fez um belo e riquíssimo tesouro,
e com rubis e rosas, neve e ouro,
formou sublime e angélica beleza.

Pôs na boca os rubis, e na pureza
do belo **rostro** as rosas, por quem **mouro**[13];
no cabelo o valor do metal louro;
no peito a neve em que a alma tenho acesa.

Mas nos olhos mostrou quanto podia,
e fez deles um sol, onde se apura
a luz mais clara que a do claro dia.

Enfim, Senhora, em vossa compostura
ela a apurar chegou quanto sabia
de ouro, rosas, rubis, neve e luz pura[14].

Comentário:
Esquema de rima: ABBA, ABBA, CDC, DCD.
A beleza da mulher é retratada através de elementos materiais da natureza, valorizando aspectos cromáticos e táteis. Vale a pena destacar o padrão ideal da beleza feminina desse tempo: loira como Apolo ou como o

[13]Mantivemos a grafia original antiga de "rostro" e "mouro", para rosto e morro.

[14]Notem que os elementos que compõem o último verso estavam distribuídos por todo o poema. Essa técnica ficou conhecida como "disseminação e recolha" ou "semeadura e colheita".

ouro e de pele branca como a neve. É bom ressaltar que a pele fina e branca é sinal de mulher nobre, que não trabalha, que não fica exposta ao sol e ao vento, como é o caso da camponesa, por exemplo.

TEXTO 3

Julga-me a gente toda por perdido,
vendo-me tão entregue a meu cuidado,
andar sempre dos homens apartado,
e dos tratos humanos esquecido.

Mas eu, que tenho o mundo conhecido,
e quase que sobre ele ando dobrado[15],
tenho por baixo, rústico, enganado
quem não é com meu mal engrandecido.

Vá revolvendo a terra, o mar e o vento,
busque riquezas, honras a outra gente,
vencendo ferro, fogo, frio[16] e calma;

que eu só em humilde estado me contento
de trazer esculpido eternamente
vosso **fermoso**[17] **gesto**[18] dentro na alma.

Paráfrase[19]:
Muita gente julga-me mal, por viver isolado de todos, só preocupado com meu amor. Mas eu, que já viajei o mundo todo e com minha experiência, é que vejo que essa gente está enganada a meu respeito e a respeito de si mesma. Podem procurar riquezas, honras e outros interesses desse tipo, porque eu me contento com a pobreza, mas vivo feliz por ter um amor e o seu retrato gravado dentro de mim.
Esquema de rima utilizado: ABBA, ABBA, CDE, CDE.

---

[15] Referência autobiográfica às suas viagens.

[16] Emprego de aliteração, ou seja, repetição sistemática de um mesmo fonema: "f".

[17] O mesmo que formoso. Outra forma arcaica é "fremoso".

[18] O mesmo que fisionomia, rosto, semblante.

[19] Paráfrase é a tradução ou explicação de um texto, mantendo suas idéias originais.

TEXTO 4

No tempo que de Amor viver soía[20],
nem sempre andava ao remo ferrolhado[21];
antes agora livre, agora atado,
em várias flamas variamente ardia[22].

Que ardesse num só fogo não queria
o Céu por que tivesse exprimentado[23]
que nem mudar as causas ao cuidado
mudança na **ventura**[24] me faria.

E se algum pouco tempo andava isento,
foi como quem co[25] peso descansou,
por tornar a cansar com mais alento.

Louvado seja Amor em meu tormento,
pois para passatempo seu tomou
este meu tão cansado sofrimento!

Comentário:
Esquema de rima: ABBA, ABBA, CDE, CDE.
Amor é registrado com letra maiúscula de modo pertinente, pois aqui o que encontramos não é o sentimento individual com que o identificamos normalmente, mas uma força exterior ao homem, uma divindade que se compraz em brincar com os namorados, com os amantes, introduzindo neles o prazer e a dor desse relacionamento afetivo com as mulheres. Vejam que o "eu lírico" agradece ao Amor por ter provocado nele muitas vezes o sofrimento de amar. No poema seguinte, Camões diz que não troca esse mal (de amar) por nenhum bem.

TEXTO 5

Quem diz que Amor é falso ou enganoso,
ligeiro, ingrato, vão, desconhecido,
sem falta lhe terá bem merecido
que lhe seja cruel ou rigoroso.

---

[20]Do verbo soer, que já caiu em desuso há tempo, significando: costumava, tinha por hábito. Temos aí, também, um hipérbato, ou seja, uma inversão: "No tempo que soía viver de Amor".

[21]Referência às suas viagens marítimas.

[22]Queimava em várias chamas, quer dizer, envolvia-se em vários relacionamentos amorosos.

[23]O mesmo que experimentado, aqui parece mais forte o sentido de passar pela experiência.

[24]Destino, sorte, acaso, felicidade, fortuna.

[25]"Com o".

Amor é brando, é doce e é piedoso.
Quem o contrário diz não seja crido;
seja por cego e apaixonado tido,
e aos homens, e inda aos deuses, odioso.

Se males faz Amor, em mim se vêem;
em mim mostrando todo o seu rigor,
ao mundo quis mostrar quanto podia.

Mas todas suas iras são de Amor;
todos estes seus males são um bem[26],
que eu por todo outro bem não trocaria.

Comentário:
Esquema de rima: ABBA, ABBA, CDE, DCE.
Em síntese, o "eu lírico" afirma que ama os males de amor e que, mesmo que eles o façam sofrer, não os trocaria por nada que normalmente seja considerado como bem ou felicidade.

TEXTO 6

Quanta incerta esperança, quanto engano!
Quanto viver de falsos pensamentos,
pois todos vão fazer seus fundamentos
só no mesmo em que está seu próprio dano!

Na incerta vida estribam de um humano;
dão crédito a palavras que são ventos;
choram depois as horas e os momentos
que riram com mais gosto em todo o ano.

Não haja em aparências confianças;
entendei que o viver é de emprestado;
que o de que vive o mundo são mudanças.

Mudai, pois, o sentido e o cuidado,
somente amando aquelas esperanças
que duram para sempre com o amado.

Comentário:
Já que tudo muda, não devemos confiar nas aparências. As ilusões produzem muitos sofrimentos, por isso devemos querer e desejar as esperanças que duram para sempre com o amado. Está implícita aqui também a influência da filosofia platônica. Todo mundo valoriza aquilo que é apenas sombra, aparência, elemento transitório, efêmero e mutável.[27] Propõe o poeta que se deve valorizar mais o que é ideal, essencial, permanente e imutável.

[26] Paradoxo, que se caracteriza por uma opinião que foge ao juízo comum das pessoas.

[27] Sugerimos a leitura das páginas 132 a 134 do volume 2 desta coleção, sobre o platonismo na obra *Mensagem*, de Fernando Pessoa.

TEXTO 7

Cara minha inimiga, em cuja mão
pôs meus contentamentos a ventura,
faltou-te a ti[28] na terra sepultura[29],
porque[30] me falte a mim consolação.

Eternamente as águas lograrão
a tua peregrina fermosura;
mas, enquanto me a mim a vida dura,
sempre viva em minha alma te acharão.

E se meus **rudos**[31] versos podem tanto
que possam prometer-te longa história
daquele amor tão puro e verdadeiro,

celebrada serás sempre em meu canto;
porque enquanto no mundo houver memória,
será minha escritura teu letreiro.

Comentário:
Ao morrer afogada e ter seu corpo desaparecido, a amada não teve um túmulo, não permitindo assim que ele tivesse consolação. As águas poderão ter para sempre sua formosura, mas o "eu lírico", no entanto, promete que vai eternizar a figura da amada através de seus versos. Como já se passaram quatro séculos, podemos dizer que até agora o desejo do poeta tem sido realizado, pois estamos aqui relembrando essa história de amor.

TEXTO 8

Transforma-se o amador na cousa amada,
por virtude do muito imaginar;
não tenho, logo, mais que desejar,
pois em mim tenho a parte desejada.

Se nela está minha alma transformada,
que mais deseja o corpo de alcançar?
Em si somente pode descansar,
pois consigo tal alma está liada[32].

[28]Pleonasmo, figura de repetição.
[29]Referência ao naufrágio em que sua escrava Dinamene perdeu a vida.
[30]Está no sentido de "para que".
[31]Do latim vulgar da Península Ibérica, o mesmo que "rude".
[32]O mesmo que ligada, unida.

Mas esta linda e pura semideia
que, como um acidente em seu sujeito,
assi co[33] a alma minha se conforma,

está no pensamento como idéia;
e o vivo e puro amor de que sou feito,
como a matéria simples busca a forma.

Comentário:
Esquema de rima: ABBA, ABBA, CDE, CDE.
Está implícita aqui também a influência da filosofia platônica.

TEXTO 9

Sete anos de pastor Jacob servia
Labão, pai de Raquel, serrana bela;
mas não servia ao pai, servia a ela,
e a ela só por prêmio pretendia.

Os dias, na esperança de um só dia,
passava, contentando-se com vê-la;
porém o pai, usando de cautela,
em lugar de Raquel lhe dava Lia.

Vendo o triste pastor que com enganos
lhe fora assi negada a sua pastora,
como se a não tivera merecida,

começa de servir outros sete anos,
dizendo: - Mais servira, se não fora
para tão longo amor tão curta a vida.

Comentário:
O tema foi extraído da Bíblia, do livro Gênesis: "Ora, Labão tinha duas filhas: A mais velha chamava-se Lia, e a mais nova Raquel. Lia, porém, tinha os olhos remelosos, enquanto que Raquel era formosa de rosto, e de gentil presença. E Jacó, tendo-lhe amor, disse (a Labão): Eu te servirei sete anos por Raquel, tua filha mais nova. Labão respondeu: Melhor é que eu a dê a ti, do que a outro homem; fica comigo. Jacó, pois, serviu sete anos por Raquel; e estes lhe pareceram poucos dias pela grandeza do amor (que lhe tinha). E disse a Labão: Dá-me minha mulher, pois já está completo o tempo de eu a tomar por esposa. E (Labão) fez as bodas, tendo convidado para o banquete uma grande turba de amigos. E, à noite, introduziu sua filha Lia na câmara de Jacó, dando à filha uma escrava chamada Zelfa. E Jacó, tendo

[33] Assim como.

ficado com ela segundo o costume, viu pela manhã que era Lia; e disse ao seu sogro: Que é isto que me quiseste fazer? Porventura não te servi eu por Raquel? Por que razão me enganaste? Labão respondeu: No nosso país não é costume casarem-se as mais novas primeiro. Acaba a semana destas núpcias e dar-te-ei também a outra pelo trabalho que me prestarás durante outros sete anos."

Como se pode ver, Camões em nada alterou ou adulterou o relato bíblico, realizando um belo trabalho de concisão, adaptando-o ao seu intuito de exaltar o amor e lamentar a brevidade da vida.

TEXTO 10

Alma minha gentil, que te partiste
tão cedo desta vida, descontente,
repousa lá no Céu eternamente,
e viva eu cá na terra sempre triste.

Se lá no assento etéreo, onde subiste,
memória desta vida se consente,
não te esqueças daquele amor ardente
que já nos olhos meus tão puro viste.

E se vires que pode merecer-te
alguma cousa a dor que me ficou
da mágoa, sem remédio, de perder-te,

roga a Deus, que teus anos encurtou[34],
que tão cedo de cá me leve a ver-te,
quão cedo de meus olhos te levou.

Comentário:
Aqui notamos a presença forte da cultura cristã e do amor platônico. Esse poema é tomado tradicionalmente como sendo dirigido a Dinamene, a chinesinha morta em naufrágio. Segundo o filósofo Platão, nós viemos de um mundo onde existem as idéias com sua beleza e verdade, mas aqui, neste mundo, vamos esquecendo gradativamente tudo isso, mantendo apenas uma vaga reminiscência. Tudo aqui é sombra ou cópia imperfeita daquele mundo de verdades absolutas. Assim, a amada, que partiu deste mundo para a outra vida, é vista como parte integrada desse mundo de idéias e de formas eternas, e digna de elevação e saudade.

[34]Eufemismo, figura de linguagem que consiste em suavizar uma idéia ou expressão forte ou desagradável. Encurtou está no lugar de matou, tirou a vida.

A união que se pede aqui não pode ser, jamais, a dos corpos (sombra, aparência), mas das almas (essência eterna). Denomina-se neoplatonismo essa retomada da filosofia platônica, adaptada à doutrina cristã do século XVI.

VI - TEMÁTICA

O amor é sem sombra de dúvida o tema central da lírica camoniana, podendo aparecer de forma variada. Tanto podemos encontrar poemas que revelam um amor platônico, sem desejo da posse física da mulher amada, quanto um amor erótico, sensual. Muitas vezes, trata o poeta do amor de modo geral, universal, conferindo grande atualidade a seus poemas, tanto que Renato Russo retomou e musicou um de seus mais famosos sonetos, levando muitos jovens a cantarem os versos que dizem *"Amor é fogo que arde sem se ver;/ é ferida que dói e não se sente;/ é um contentamento descontente;/ é dor que desatina sem doer"*.[35] Vários desses jovens nem sabem que estão dizendo versos com quatro séculos de existência.

Outras vezes, porém, Camões aborda o mesmo tema de maneira pessoal, particular, permitindo-nos identificar a situação mencionada no poema com a sua biografia, como é o caso dos poemas dedicados à amada morta em naufrágio.

Outro tema que tem despertado o interesse da crítica e dos leitores é o do desconcerto do mundo, sentindo-se sempre o poeta entre os que são prejudicados pela sorte, enquanto vê premiados aqueles que não merecem. Fala ainda da beleza da mulher, do sofrimento que se sente por querer mais do que se pode alcançar e do ideal de perfeição.

Embora Camões seja o maior representante do Classicismo, apresenta já, em sua poesia, traços maneiristas. O Maneirismo é o estilo de transição entre a arte clássica do século XVI e a arte barroca do século XVII, marcada pela contradição e ambigüidade, pelo desequilíbrio e pelo aspecto lúdico. Nos poemas maneiristas predomina a temática da transitoriedade das coisas, as mudanças constantes de tudo e a brevidade da vida. Vejam em Camões um exemplo de Maneirismo:

Amor é fogo que arde sem se ver;
É ferida que dói e não se sente;
É um contentamento descontente;
É dor que desatina sem doer;

---

[35] O trabalho citado aparece no LP "As Quatro Estações", EMI, 1989, sob o título "Monte Castelo", em que o jovem compositor combina os versos de Camões com o texto bíblico "I Coríntios, 13".

É um não querer mais que bem querer;
É solitário andar por entre a gente;
É nunca contentar-se de contente;
É cuidar que se ganha em se perder;

É querer estar preso por vontade;
É servir a quem vence, o vencedor;
É ter com quem nos mata lealdade.

Mas como causar pode seu favor
Nos corações humanos amizade,
Se tão contrário a si é o mesmo Amor?

Comentário:
Chama a atenção do leitor o emprego de anáfora (repetição no início do verso) e o jogo de antítese e paradoxo, perfeito para revelar a complexidade e ambigüidade do sentimento amoroso, que nos coloca em grande ansiedade por ver o ser amado, mas quando este se aproxima, muitas vezes nos sentimos "sem jeito", como se sua presença nos incomodasse, como se desejássemos estar longe dali. E assim, muitas outras situações, como a que está bem representada na expressão "é solitário andar por entre a gente", pois quem está apaixonado pode estar no meio da multidão e nem vê-la, ou percebê-la, pois está sozinho com seu amor (embora ausente), conversando com ele no seu interior. Por isso, não é raro encontrarmos alguém, em uma rua movimentada da cidade, rindo sozinho como se não estivesse bom do juízo.

Bibliografia consultada

Andrade, Mário de - *Pequena história da música* - SP, Livraria Martins, 1980.
Colangelo, Adriano - *1.000 anos de arte* - RS, Rigel Editora, 1978.
Camões, Luís Vaz de - *Lírica* - BH, Ed. Itatiaia Ltda, 1982.
Camões, Luís Vaz de - *Os Lusíadas*, RJ, Edições de Ouro, 1968.
Martins, Cristiano - *Camões*, Belo Horizonte, Ed. Itatiaia & Edusp, 1981.

EXERCÍCIOS

1. Leia o fragmento com atenção:

"Um mover de olhos, brando e piedoso,
Sem ver de quê; um riso brando e honesto,
Quase forçado; um doce e humilde gesto,
De qualquer alegria duvidoso;"

Essa mulher serena, apolínea, hierática, imperturbável, transfigurada, eterizada, descarnalizada, como se perdesse as características que a fazem presa ao solo terreno, é a síntese de todas as mulheres e não uma delas em particular. Com todos esses dados é fácil identificar a alternativa que contenha o nome do autor:

a) Gil Vicente b) Luís Vaz de Camões c) Francisco Manuel de Melo
d) Dom Dinis e) Garcia de Resende

2. A mulher que aqui aparece retratada pode ser definida como:
a) uma figura intranqüila, perturbada pela agitação do mundo.
b) uma síntese universal de todas as mulheres, representando um padrão de beleza arquetípico.
c) um tipo de mulher muito individual e particularizado, fora dos padrões renascentistas.
d) uma figura feminina romântica antecipadora do padrão romântico sentimental.
e) uma figura angélica e cristã, inspirada na Virgem Maria.

3. Só há uma afirmativa correta sobre Camões e o Classicismo. Assinale-a.
a) Interesse pela complexidade, pelo rebuscamento, valorizando a sinuosidade, o tortuoso.
b) Imitação dos antigos clássicos greco-latinos e de sua concepção artística, o que não significou plagiar, mas acomodar aquela experiência à realidade do mundo moderno renascentista.
c) Visão pessimista da vida, procurando fundir as idéias antropocêntricas com os ideais contra-reformistas.
d) Camões é o mais perfeito autor clássico, pois não revela qualquer influência da literatura anterior, nem antecipa traços do Barroco.
e) A obra épica de Camões tem a independência do homem renascentista, não se submetendo a regras ou formas precedentes, portanto, é um erro dizer que teve como modelo a epopéia *Eneida* de Virgílio.

4. Leia o texto com atenção:

"Quem pode ser no mundo tão quieto,
Ou quem terá tão livre o pensamento,
Quem tão exprimentado e tão discreto,
Tão fora, enfim, de humano entendimento
Que, ou com público efeito, ou com secreto,
Lhe não resolva e espante o sentimento,
Deixando-lhe o juízo quase incerto,
Ver e notar do mundo o desconcerto?"

Com relação ao texto lido, assinale a única afirmação verdadeira sobre ele.

a) O texto revela diversas características do Seiscentismo: sintaxe sinuosa, rebuscamento, complexidade e uso de antíteses.
b) Quanto à estrutura, pode-se dizer que é um bom exemplo da oitava épica camoniana com versos redondilhos maiores.
c) Há um predomínio significativo de versos brancos, demonstrando sua filiação ao movimento árcade.
d) O texto poderia ser enquadrado no gênero dramático pela tensão emocional e pela violenta crítica.
e) Camões, nessas oitavas com esquema de rima ABABABCC, retoma um de seus temas preferidos: o desacerto do mundo.

5) Leia o texto:

"Eu cantarei de amor tão docemente,
Por uns termos em si tão concertados,
Que dois mil acidentes namorados
Faça sentir ao peito que não sente.

Farei que amor a todos avivente,
Pintando mil segredos delicados,
Brandas iras, suspiros magoados,
Temerosa ousadia e pena ausente.

Também, Senhora, do desprezo honesto
De vossa vista branda e rigorosa,
Contentar-me-ei dizendo a menor parte.

Porém, para cantar de vosso gesto
A composição alta e milagrosa,
Aqui falta saber, engenho e arte."

Assinale a alternativa que melhor se ajuste ao poema:

a) Numa serena e equilibrada sensibilidade clássica, Camões sempre trata do amor e apresenta mulheres sintetizadas num ideal (e numa idéia) de Beleza superior ao desgaste do tempo e da fruição dos sentidos.
b) Toda a adjetivação se refere a uma mulher agitada, dionisíaca, dotada de forte sensualidade carnal que prenuncia as mulheres de romances naturalistas, como a Rita Baiana de *O cortiço*.

c) Munido de poderosa imaginação, aliada a uma inteligência obsessivamente indagadora e conceptual, era fatal extravasasse dos módulos formais oferecidos pela voga renascentista e antecipasse a complexidade formal e temática do Barroco.
d) Camões, por causa de sua vida amorosa cheia de aventuras, em que freqüentemente se envolvia com mulheres do povo, desenvolveu uma poesia simples, em redondilhas, tratando da mulher campesina.
e) Por ser filho da pequena nobreza, Camões preferiu a medida velha, fixando na sua poesia, como no texto acima, um quadro vívido da vida e da beleza popular.

Respostas:

1. B

2. B

3. B

4. E

5. A

O GUARANI

de José de Alencar
por Geraldo Chacon

Foi empregada para citação a obra: **Alencar,** José de - *O Guarani* - SP, Editora Melhoramentos, 1968.

I - BIOGRAFIA

José Martiniano de Alencar nasceu em Mecejana, Ceará, em 1829. Formou-se em Direito pela Faculdade do Recife, mas esteve algum tempo na Faculdade de Direito de São Paulo, onde fundou uma revista semanal de *Ensaios Literários*. Ao terminar o curso, retornou ao Rio, colaborando diariamente com o jornal *O Correio Mercantil*.

Em 1856, publicou seu primeiro romance, *Cinco minutos*, uma historinha do tipo "água com açúcar". Em 1857, escreveu e publicou na forma de folhetim o romance *O guarani*. Esse romance é uma atualização da epopéia, como se com ele estivesse dizendo que, no século XIX, na literatura romântica e burguesa, não havia mais espaço para a epopéia em versos.

Alencar candidatou-se a deputado pelo Partido Conservador pelo Ceará e foi eleito. Em 1861, estreou na política. Em 1868, ocupou o cargo de Ministro da Justiça. No ano seguinte candidatou-se a senador pelo Ceará, tendo sido o mais votado, mas viu seu nome ser vetado pelo imperador. A partir de então, dedicou-se inteiramente à literatura.

Viajou para a Europa, em 1877, em busca de tratamento de saúde, pois havia contraído tuberculose, doença incurável naquele tempo. No mesmo ano, retornou ao Rio, onde faleceu. Estava com 48 anos, e, embora ainda jovem, deixou-nos uma obra ficcional importantíssima. Além dos romances, legou-nos também algumas peças de teatro, como o drama *Mãe* e a comédia *Demônio familiar*.

II - BIBLIOGRAFIA

Destacaremos apenas os romances, segundo a ordem cronológica de publicação: *Cinco minutos* (1856), *A viuvinha* e *O guarani* (1857), *As minas de prata* (1862/6), *A viuvinha* (1860), *Lucíola* (1862), *Diva* (l864), *Iracema* (1865), *O gaúcho* (1870) e *A pata da gazela* (1870), *O tronco do ipê* (1871), *A guerra dos Mascates* (1871-1873), *Sonhos d'ouro* e *Til* (1872), *Alfarrábios* (1873), *Ubirajara* (1874), *Senhora* (1875), *O sertanejo* (1875) e *Encarnação* (1893).

III - APRESENTAÇÃO

O guarani é um romance épico, que pode ser classificado tanto como indianista quanto como histórico. Inicialmente, foi publicado sob a forma de folhetins no *Diário do Rio de Janeiro*, em 1857. Segundo Afrânio Peixoto, a aceitação popular foi tão grande que muitas pessoas, excitadas, ficavam à esquina, esperando pelo vendedor de jornais. Confirmam isso as lembranças de Visconde de Taunay, em *Reminiscência*, que conta como os estudantes paulistas acompanhavam emocionados as aventuras de Peri e Ceci: "*Quando a São Paulo chegava o correio, com muitos dias de intervalos, então, reuniam-se muitos estudantes numa república em que houvesse qualquer feliz assinante do Diário do Rio, para ouvirem, absortos e sacudidos, de vez em quando, por elétrico frêmito, a leitura feita em voz alta por alguns deles...*"[36].

É nesse mundo aventuroso que vamos mergulhar agora e tentar reviver ou imaginar a emoção dos jovens rapazes da segunda metade do século passado.

IV - RESUMO DO ENREDO

OS AVENTUREIROS

I - CENÁRIO

"*De um dos cabeços da Serra dos Órgãos desliza um fio d'água que se dirige para o norte, e engrossado com os mananciais, que recebe no seu curso de dez léguas, torna-se rio caudal.*

É o Paquequer: saltando de cascata em cascata, enroscando-se como uma serpente, vai depois se espreguiçar na várzea e embeber no Paraíba, que rola majestosamente em seu vasto leito." (p.11)

É nesse cenário pomposo e selvagem que se ergue a casa do fidalgo D. Antônio de Mariz. É aí, no início do século XVII, que acontecem as aventuras com que entraremos em contato.

II - LEALDADE

D. Antônio foi um dos fundadores do Rio de Janeiro, tendo lutado ao lado de Mem de Sá, em 1567, mas a "*derrota de Alcacerquibir e o domínio espanhol que se lhe seguiu, vieram modificar a vida de D. Antônio de Mariz*". Para não se submeter ao novo governo e manter seu juramento de fidelidade ao rei de Portugal, retirou-se D. Antônio para o interior do Rio,

[36] Taunay, Visconde de, *Reminiscência*, Rio, Liv. Francisco Alves, 1908, p.87.

fixando-se na sesmaria que lhe foi concedida por Mem de Sá. Em 1593, chegando em suas terras, fez uma habitação provisória, logo após uma declaração solene: "*Aqui sou português! Aqui pode respirar à vontade um coração leal que nunca desmentiu a fé do juramento. Nesta terra que me foi dada pelo meu rei, e conquistada pelo meu braço, nesta terra livre, tu reinarás, Portugal, como viverás n'alma de teus filhos. Eu o juro!*" (p.16)

Construiu-se posteriormente uma grande casa, um verdadeiro solar de fidalgo português, protegida por uma muralha de rochedos inacessíveis, "*que ofereciam uma defesa natural e uma resistência inexpugnável*". Em um círculo de uma légua em volta da casa, moravam apenas alguns aventureiros pobres, praticantes de contrabando de ouro e pedras preciosas, que eram vendidas na costa.

Quando havia ataque de índios, esses vinham sempre abrigar-se na casa de D. Antônio, "*a qual fazia às vezes de um castelo feudal na Idade Média*".[37]

A família de D. Antônio constitui-se de sua mulher, D. Lauriana; seu filho, D. Diogo; sua filha, D. Cecília, "*que tinha dezoito anos, e que era a deusa desse pequeno mundo que ela iluminava com o seu sorriso, e alegrava com o seu gênio travesso e a sua mimosa faceirice*". Além dessas pessoas, participava também do grupo familiar a D. Isabel, que passava por sobrinha, mas que devia ser fruto das relações não assumidas do velho fidalgo com uma índia que ele "*havia cativado em uma das suas explorações*".

III - A BANDEIRA

Era meio-dia e um grupo de quinze cavaleiros costeava a margem direita do Paraíba. Entre eles, estão o Sr. Álvaro de Sá e o Sr. Loredano, que tem um ligeiro acento italiano. Loredano, muito irônico, faz insinuações sobre a pressa do outro em chegar logo ao solar de D. Antônio. O rapaz demonstra-se aborrecido com os modos de Loredano, irritando-se principalmente por ver que havia sido seguido e observado não só nos movimentos exteriores, mas até em seus sentimentos mais ocultos.

IV - A LUTA

"*Quando a cavalgada chegou à margem da clareira, aí se passava uma cena curiosa.*" Enfrentava uma enorme onça um índio alto, de mãos delicadas e pés pequenos, mas firmes. Usava uma simples túnica de algodão "*a que os indígenas chamavam aimará*", segurava arco e flechas com a mão direita e "*com a esquerda mantinha verticalmente diante de si um longo*

[37] Ao contrário dos clássicos e neoclássicos que retomam a Antigüidade greco-latina, os românticos procuram recuperar a Idade Média, que aqui transparece no clima de juramentos e de fidelidade, de honra e de heroismo e também na adoração de Peri por Ceci, que se processa sem desejo carnal, coisa difícil de acontecer com um índio verdadeiro, de carne e osso.

forcado de pau enegrecido pelo fogo", que era o instrumento com que queria dominar a fera. Todos param e Loredano pretende atirar no animal, mas o índio impede e ordena que passem ao largo, dizendo em português: *"É meu!... meu só!"*. Parte a cavalgada e a onça resolve segui-los, com a intenção de atacar os cavalos, mas volta ao ser provocada pelo índio que lhe acerta a orelha com uma "*flecha pequena e delgada como espinho de ouriço*". Ambos lutam, demonstrando força e agilidade. O índio, finalmente, consegue dominar o animal, amarrando-lhe as patas e boca, deixando-o em total imobilidade. Momentos depois, no mesmo lugar, apareceu um índio completamente nu, pôs o ouvido em terra e seguiu pela floresta, na mesma direção em que partira o primeiro índio.

V - LOURA E MORENA

Caía a tarde, e uma linda moça de olhos azuis e cabelos louros se embalançava numa rede de palha no pequeno jardim da casa de D. Antônio. A moça fechava os olhos e sonhava acordada. Em seus sonhos vinha admirá-la um lindo cavalheiro, cuja imagem convertia-se em um selvagem. É Cecília, que tem seus devaneios interrompidos pela chegada da prima Isabel. Falam de Peri e da condição de Isabel, que deixa claro o preconceito da mãe de Ceci: "*Tua mãe não diz que um índio é um animal como um cavalo ou um cão?*" Reclama Isabel, que D. Lauriana a reprime e que só Ceci gosta dela. Quando chega a cavalgada, elas vão correndo ao seu encontro.

VI - A VOLTA

O narrador desloca sua atenção para o outro lado da casa, oposto ao jardim, onde passeavam dois homens. Um era o fidalgo D. Antônio de Mariz e o outro era seu escudeiro, Aires Gomes, antigo companheiro de vida aventureira, em quem depositava total confiança. Ambos conversam. D. Antônio está preocupado porque seu filho Diogo matou uma índia e é de se esperar uma vingança dos selvagens. Aires Gomes comenta que o rapaz pensa como a mãe, para quem os índios são apenas selvagens. O fidalgo não concorda com isso.

Aparece o filho, D. Diogo, e o pai adverte-o pela má ação, proibindo-o de voltar a fazer uso da espada. Além disso, ordena que, tão logo tenha uma expedição ao Rio de Janeiro, ele parta para pedir serviço a Diogo Botelho. Sai o rapaz, e logo vem a mãe interceder por ele, mas D. Antônio revela-se decidido. D. Lauriana protesta: "*Sois cruel, senhor*". E ele replica firme: "*Sou justo apenas*". O diálogo dos dois é interrompido pela chegada de Álvaro de Sá e dos demais cavaleiros. Logo aparecem Isabel e Cecília. A conversa entre Álvaro e Cecília é cheia de insinuações afetivas e gestos reveladores. *"Ao longe, Loredano, um pouco retirado dos grupos dos seus companheiros, cravava nos moços um olhar ardente, duro, incisivo, enquanto as narinas dilatadas aspiravam o ar com a delícia da fera que fareja a vítima.*

Isabel, a pobre menina, fitava sobre Álvaro os seus grandes olhos negros, cheios de amargura e de tristeza; sua alma parecia coar-se naquele raio luminoso e ir curvar-se aos pés do moço."[38] (p.44/5)

VII - A PRECE

A tarde cai e todos se reúnem para fazer uma prece. Só nessas ocasiões as mulheres participam, ficando no mais do tempo dentro de casa. Por isso, Álvaro tinha pressa de voltar, para gozar desse curto momento em que poderia ver Ceci e com ela falar.

Após as orações, Álvaro conta a D. Antônio o episódio da luta de Peri com a onça, provocando grande susto em Ceci. Esta conta que tinha dito à prima, Isabel, que tinha vontade de ver uma onça viva, sendo por este motivo provavelmente que Peri foi capturar a onça.

Aproveitando a ocasião, Álvaro entrega à jovem uma caixa com encomendas que ela lhe fizera: jóias, sedas, espiguilhas de linho, fitas, glacês, holandas, e um lindo par de pistolas. Ela recusou, no entanto, um presente que ele comprara por conta própria, sem mesmo procurar saber o que era. Antes de deitar-se, Ceci ficou à janela e pôde ver passar o vulto de Peri, sossegando-se, pois até então sentia-se culpada pelo que lhe poderia ter acontecido. Deitou-se e adormeceu sorrindo, pensando em Álvaro e na mágoa que lhe fizera, recusando seu presente.

VIII - TRÊS LINHAS

Os aventureiros jantam caça silvestre e bebem vinho de caju e ananás. Conversam alto. Loredano permanece calado e distante. Dois dos companheiros, Bento Simões e Martim Vaz, brincam com ele, que continua quieto, como se não os ouvisse. Entra Aires Gomes e alerta que poderão ter problemas com os índios. Só então Loredano acorda e participa da conversa. Depois sai, acompanhado de Rui Soeiro e Bento Simões. No meio do terreiro, o italiano murmurou-lhes ao ouvido uma simples palavra: *"Amanhã!"*.

Em seguida, Loredano dirige-se à beira do precipício. Nesse momento, Álvaro vai para o mesmo lugar, mas pelo outro lado, para ver o quarto de Cecília. Ambos ficam a alguns passos de distância um do outro. Peri, que

---

[38] Alguns elementos da trama ficam bastante claros nesse trecho. D. Diogo matou uma índia e os selvagens podem atacar para vingar-se. Isabel ama Álvaro, mas este ama Cecília. D. Antônio apóia esse amor, mas Loredano enciumado está atento e pronto para impedir esse amor. Vemos aqui que os conflitos estão na iminência de acontecerem.

também ansiava por ver sua senhora, depois de ter passado dois dias em sua ausência, trepa em um galho e fica a contemplá-la. É o instante em que ela examina os objetos que recebera das mãos de Álvaro. Peri, contemplando-a com as prendas na mão, sente uma certa tristeza. Pensa que poderia dar-lhe a sua vida, *"mas que não tinha primores como aqueles para ofertar-lhe"*. Estavam os três homens olhando para a mesma janela, a do quarto de Ceci. *"Assim, era esse o ponto onde se irradiavam aquelas três linhas, partidas de pontos tão diferentes. Da maneira por que estavam colocadas, formavam um verdadeiro triângulo, cujo centro era a janela frouxamente iluminada."* (p.56) Todos três arriscariam a vida pelo mesmo motivo. O narrador encerra o capítulo dizendo que *"as paixões no deserto, e sobretudo no seio desta natureza grande e majestosa, são verdadeiras epopéias do coração."* (p.56)

IX - AMOR

Cecília tinha-se deitado e adormecido, enquanto os três homens velavam seu sono, cada um com sentimento diverso. Em Loredano, o sentimento era de um desejo ardente, uma sede de gozo, uma febre que lhe queimava o sangue. *"Em Álvaro, cavalheiro delicado e cortês, o sentimento era uma afeição nobre e pura, cheia de graciosa timidez que perfuma as primeiras flores do coração". "Em Peri, o sentimento era um culto, espécie de idolatria fanática, na qual não entrava um 'só pensamento de egoísmo; amava Cecília não para sentir um prazer ou ter uma satisfação, mas para dedicar-se inteiramente a ela, para cumprir o menor dos seus desejos, para evitar que a moça tivesse um pensamento que não fosse imediatamente uma realidade."* (p.58) *"Loredano desejava; Álvaro amava; Peri adorava."* Entretanto, nenhum deles podia tocar a janela da moça, sem correr um risco iminente; e isto pela posição em que se achava o quarto de Cecília. Abaixo do quarto, abria-se na rocha um abismo profundo, cheio de cobras e outros répteis[39].

Álvaro, com grande sacrifício e perigo, colocou seu presente no parapeito da janela. O italiano ao ver a manga larga do gibão percebeu que se tratava de Álvaro e entendeu tudo. Por isso, logo que o rapaz se retirou, ele foi até lá e atirou no abismo o amável presente. *"Enquanto isto se passava, Peri sentado tranqüilamente no galho do óleo[40], e escondido pela folhagem, assistia imóvel a toda esta cena."* (p.59) O índio decide que se sua senhora desejar, ele buscará para ela a prenda atirada ao fundo do abismo. Do outro lado, Isabel não consegue dormir e suspira pelo amor de Álvaro, tendo à mão um recipiente com *curare*, o veneno terrível dos selvagens. Isabel murmura enigmaticamente *"Se eu quisesse!"*, depois chama pela mãe: *"Minha mãe!"* e um soluço rompe-lhe o seio.

---

[39] A variação "reptis", oxítona, também é correta, pois o termo no singular aceita as duas pronúncias: (oxítona) reptil e (paroxítona) réptil.
[40] Tipo de árvore, provavelmente cabriúva.

X - AO ALVORECER

"No dia seguinte, ao raiar da manhã, Cecília abriu a portinha do jardim e aproximou-se da cerca." Chamou Peri e advertiu-o por colocar sua vida em perigo. Ele diz com naturalidade que daria a vida por ela. Ela protesta: *"Obrigada, meu bom Peri! Tu és um amigo dedicado; mas não quero que arrisques tua vida para satisfazer um capricho meu; e sim que a conserves para me defenderes como já fizeste uma vez".* (p.63)

Pouco depois, vai a moça ao quarto e volta de lá com as duas pistolas, dando-as ao índio:

"– Pois aqui tens! Tu não as deixarás nunca porque são uma lembrança de Cecília, não é verdade?

"– Oh! o Sol deixará primeiro a Peri, do que Peri a elas." (p.64) Chega Isabel. A moça e o índio nem se olham. Há entre eles um ódio mútuo. Cecília diz que vai com a prima tomar banho e que o índio pode ficar vigiando, mas deve ficar quieto. É que ele fica atirando suas flechas contra homens, animais, frutos, tudo que se movimente em direção à sua senhora. No caminho, aparecem Álvaro e Loredano. Peri faz um sinal que demonstra aos dois que ele vira os seus gestos durante a noite antecedente.

XI - NO BANHO

Ainda no caminho, Cecília pergunta a Isabel por que ela não responde aos cumprimentos de Álvaro, tendo da prima uma resposta mentirosa: *"Bem sabes que o aborreço!..."*

Peri lembra-se da onça presa e se afasta, voltando em seguida, mas não diz nada a Cecília sobre o que foi fazer. A moça entra na água, após vestir-se adequadamente para isso. Meia hora depois da moça estar no banho, Peri notou movimentos suspeitos na margem oposta. Seguiu pelos ramos das árvores e viu dois selvagens, que com o arco esticado só esperavam que Cecília passasse diante deles para despedirem o tiro. Atirou-se sobre os dois, atrapalhando-os, mas recebendo uma flechada no ombro. *"Ergueu-se então, e sem mesmo dar-se ao trabalho de arrancar a seta, de um só movimento tomou à cinta as pistolas que tinha recebido de sua senhora, e despedaçou a cabeça dos selvagens."* (p.71) Depois, viu uma índia fugir e partiu em seu encalço, mas ficou fraco e caiu, batendo de encontro a uma árvore com a qual se abraçou. Era uma cabuíba, bem alta, de cujo tronco borbulhava um óleo cor de opala. Ele colou os lábios no tronco e bebeu o óleo que entrou em seu seio como um bálsamo poderoso. Depois, estendeu o óleo sobre a ferida, estancando o sangue. Respirou. Estava salvo.

XII - A ONÇA

D. Lauriana faz o maior escândalo, gritando, batendo as janelas. Vem o escudeiro Aires Gomes e ela ordena que ele encontre e mate a onça que a assustou. O escudeiro e mais vinte aventureiros saem à procura do felino, encontrando-o morto, enforcado, provavelmente por Peri, naquele momento em que se afastara de perto das moças. Levam o animal até D. Lauriana. Logo chega D. Antônio e ouve as mais veementes reclamações contra Peri e o risco em que ele põe a família, pois, segundo ela, amanhã ele poderá trazer um jacaré ou uma cobra. Nisso chegam as duas moças.

XIII - REVELAÇÃO

D. Lauriana dramatiza de novo toda a história da onça. Isabel conta a ela que quando Cecília estava no banho, caiu uma flecha perto dela, pouco tempo depois de Peri ter ido para aquele lado. E logo depois ouviram dois tiros de pistola que pareciam ter vindo da mesma direção. D. Antônio mal consegue acreditar no que ouve. Pede a Cecília que confirme tal história. A moça confirma e confessa que as pistolas foram presente dela, mas garante que Peri não deve ter feito de propósito.

Ao sair dali, Cecília foi procurada por Álvaro que pediu desculpas por ter colocado o presente na janela. Ela o repreendeu. Isabel tudo via. Em certo momento, conversando com Álvaro, Cecília se voltou para esconder o rubor de suas faces e *"viu perto a Isabel que devorava esta cena com um olhar ardente"*. Cecília fugiu para seu quarto. A prima foi atrás dela. No quarto, Cecília ordenou-lhe que abrisse a janela. Ela obedeceu e não conseguiu esconder sua alegria quando não viram nada no parapeito. Com isso traiu seus sentimentos, deixando que Cecília percebesse seu amor por Álvaro.

XIV - A ÍNDIA

"Peri apenas sentiu voltarem-lhe as forças, continuou a sua marcha através da floresta." (p.86) Continuou no encalço da índia. Uma razão o levava a perseguir essa mulher e só conhecendo fatos passados para compreender as razões. Há alguns dias aparecera uma família de uma tribo dos Aimorés, composta do chefe, sua mulher e seu casal de filhos. A moça, uma bela índia, disputada por todos os jovens de sua tribo, caíra ferida por uma bala. Peri, que estava à procura da onça para sua senhora Cecília, viu a tragédia. D. Diogo ia matar um pássaro, quando a índia interpôs-se acidentalmente, caindo morta no mesmo momento. O cão que a acompanhava fugiu após lamber suas feridas. Peri aconselhou D. Diogo a recolher-se à casa por prudência, depois partiu no encalço do cachorro.

Viu-o encontrar a família e conduzi-la ao corpo da jovem morta. Por isso, pai e filho depois tentaram matar Cecília, sendo impedidos por Peri, que, conhecendo os costumes selvagens e ferozes daquele povo, sentia necessidade de exterminar toda a família e não deixar sequer um vestígio de sua passagem por ali. No caminho, encontrou o cãozinho morto. Com certeza a índia o tinha estrangulado para que não a denunciasse sem querer. Peri encosta seu ouvido ao solo para ver se escuta algum sinal da índia, mas acaba ouvindo estranhas vozes de homens e se espanta quando uma delas, que julgou reconhecer, exclamou: "Per dio! *ei-la!*".

Não conseguindo ver ninguém, escava um formigueiro abandonado que serve como uma espécie de tubo acústico, ouvindo então as palavras de modo claro e distinto.

XV - OS TRÊS

Eram Loredano, Bento Simões e Rui Soeiro que tramavam contra a família de D. Antônio. Loredano planejava lançar fogo à casa, matando D. Antônio e esposa, mas mantendo vivas as moças, dando Isabel aos capangas e ficando com Cecília para si. O italiano cavara um buraco no chão, onde além de uma botija de vinho encontrara também um vaso de barro, que os índios chamam de camuci. Partiu o vaso e nele encontrou um pergaminho. Explicou aos seus cúmplices que se tratava de um mapa de tesouro, deixado por Robério Dias, que pretendia entregá-lo ao rei de Espanha, em troca de ser nomeado fidalgo e ser feito marquês. A expressão "Per dio! *ei-la*!", que Peri ouviu aconteceu quando Loredano encontrou o vaso de barro. Nisso, os três ouviram uma palavra que partiu do seio da terra, surda e cavernosa: "*Traidores*". Loredano saltou, subiu num galho de árvore, mas nada viu. Nenhuma folha se agitava ao sopro da brisa, nenhum inseto saltitava sobre a relva.

PERI

I - O CARMELITA

"Corria o mês de março de 1603. Era portanto um ano antes do dia em que se abriu esta história." No caminho que conduzia as expedições do Rio de Janeiro ao Espírito Santo havia uma pousada. Estava quase a anoitecer e os ares eram agitados por uma tempestade seca. Três pessoas contemplavam com certo prazer a luta espantosa dos elementos da natureza. Um desses homens era mestre Nunes e o outro era Fr. Ângelo di Luca, um frade carmelita que acompanhava com um sorriso íntimo o progresso da borrasca. O terceiro, Fernão Aires, blasfema, ironizando o sacerdote, que dissera que para um cristão seguidor da lei de Deus todo

lugar seria bom, tanto fazia ali quanto no meio daquela tempestade. Fernão Aires declara: "*Aqui sou eu que zombo da tempestade; lá seria a tempestade que zombaria de mim*". (p.105)

Nisso, uma nuvem repentinamente abriu-se e despediu um raio que partiu em duas uma árvore que estava à frente dos três homens. Uma metade ficou em pé, esguia e mutilada, enquanto a outra bateu em cheio nos peitos de Fernão Aires, atirando-o esmagado no fundo do alpendre. Sentindo-se morrer, pede para o sacerdote ouvir sua confissão. Conta que matou um parente seu para roubar o mapa de Robério Dias. Para pagar seu crime, pede ao padre que entregue o mapa à viúva de Robério Dias, que vive desgraçada na Bahia. Antes de morrer indica o local do mapa, uma cruz de pau tosca e mal lavrada que está na cabeceira da cama. Esquecendo de dar a absolvição, o padre quebra a cruz, retira o pergaminho e lê: "*Roteiro verídico e exato em que se trata da rota que fez Robério Dias, o pai, em o ano da graça de 1587 às paragens de Jacobina, onde descobriu com o favor de Deus as mais ricas das minas de prataria que existem no mundo; com a suma de todas as indicações de marcos, balizas e linha equinocial onde demoram aquelas ditas minas; começado em 10 de janeiro, dia do mártir São Sebastião, e terminado na primeira dominga de Páscoa em que chegamos com a mercê da Providência nesta cidade de São Salvador.*" (p.108)

Meia hora depois morria Fernão impenitente. O padre tirou as armas do cadáver, apanhou uma muda de roupa, com a qual se vestiu por baixo do hábito. Depois partiu, enfrentando a tempestade, Deus e os raios: "*Podeis matar-me; mas se me deixardes a vida, hei de ser rico e poderoso, contra a vontade do mundo inteiro!*" (p.109)

Passou aquela noite em claro. No dia seguinte, fez-se acompanhar de um selvagem, partindo e vagando pela floresta em várias direções até encontrar a touça de cardos junto ao formigueiro em que Peri ouviu sua conversa com os dois cúmplices. Aí penetrou, descendo por um galho de árvore, sempre seguido pelo selvagem. Mas, no dia seguinte, saiu só ele. Deixou lá o selvagem morto e sua vida passada, enterrada com o pergaminho e sua batina. Não era mais um frade. Saía dali um aventureiro destemido e audaz: chamava-se Loredano. Cinco meses depois, informava-se em Roma que Fr. Ângelo di Luca havia morrido como santo e mártir no cumprimento do dever.

II - IARA!

Dois dias depois da cena da pousada, a família de D. Antônio estava reunida na margem do Paquequer, gozando uma sesta de estio. Cecília, cansada de correr atrás de um colibri, deitou-se na relva para descansar. Ouviu-se repentinamente um grito: "*Iara*", que em guarani significa *"senhora"*. Todos olharam para cima e viram um índio forte que segurava enorme rocha que se deslocara de seu lugar e ameaçava rolar pela encosta.

D. Antônio correu rápido como um raio e arrancou a filha daquele lugar. Nem bem colocara a moça quase desmaiada no colo de sua mãe e a pedra solta pelo índio precipitava-se pela colina enterrando-se profundamente no chão. A partir desse momento D. Antônio dedica grande amizade e respeito ao índio que lhe salvara a filha, assim como o índio passará todo seu tempo a proteger Cecília.

Comentário: Claro que todo leitor já percebe que se trata de Peri.

III - GÊNIO DO MAL

A partir de então, Peri voltou várias vezes à casa de D. Antônio. O fidalgo o recebia como amigo. Cecília ainda tinha receio do selvagem por tudo que sua mãe sempre lhe dissera sobre os índios. Isabel se sentia infeliz com a presença de Peri, porque se lembrava de sua mãe infeliz e do desprezo com que sua raça era tratada por quase todos. D. Lauriana via em Peri não mais que um cão fiel a quem deviam dar um naco de carne e despachar logo dali.

Nessa época, Loredano apareceu e pediu pouso ao fidalgo. Quinze dias depois, ele pediu para ser aceito numa banda de aventureiros de D. Antônio que iriam ao Rio de Janeiro. O narrador onisciente revela que, tão logo teve o mapa nas mãos, Loredano alimentou duas idéias: uma, era vender o segredo a Filipe III ou a qualquer soberano inimigo da Espanha; outra, era explorar ele mesmo a fortuna. Ao conhecer a casa do fidalgo, optou pela segunda idéia e passou a germinar um plano, que logo se tornou verdadeiro projeto. Depois de um ano, já cansado de esperar, resolveu dar o golpe. Mas antes, falta contarmos *"certas circunstâncias que serviram para o seguimento desta verídica história."* (p.123)

IV - CECI

Poucas horas depois de Loredano ser aceito em casa de D. Antônio, Cecília viu Peri do lado oposto do rochedo, olhando-a ardentemente. Havia quatro dias que o índio tinha sumido. Cecília assustada ia fugir, mas sentiu que seria ingratidão com quem salvara sua vida. Vencendo a repugnância, fez com a mão alva e graciosa um sinal para que o selvagem se aproximasse. Ele ofereceu a ela um **cofo** ou **cabaz**[41] cheio de

[41] Utilizei juntos dois termos empregados por Alencar para designar um cesto de vime, que pode também ser chamado de tipiti. O termo "cabaz" não é indígena, mas de origem provençal.

beija-flores. Ao abrir a tampa, Cecília ficou deslumbrada pois as avezinhas voaram em volta dela como se fosse uma flor.

Peri comunica que vai partir com sua tribo, mas ao pedido de Cecília, resolve ficar, mesmo contra a vontade e súplicas de sua mãe. Nessa mesma noite, na ponta do rochedo, Peri construiu para si uma pequena cabana. Cecília, passados aqueles instantes, voltou a sentir antipatia pelo índio e se assustava quando o via. Aborrecia-a também o fato de Peri só chamá-la pelas duas sílabas iniciais "Ceci", sem pronunciar o nome todo. No entanto, quando ela pede, ele diz o nome todo corretamente: *"isto era tanto mais admirável quanto a sua língua não conhecia quatro letras, das quais uma era o L".* (p.130) Ao ser interrogado sobre a causa, ele justifica: *"Porque Ceci é o nome que Peri tem dentro da alma."* (p.130) O pai explica à filha que o termo "ceci" na língua indígena quer dizer "doer", "magoar". *"Desde esse dia foi boa para Peri; pouco a pouco perdeu o susto; começou a compreender essa alma inculta; viu nele um escravo, depois um amigo fiel e dedicado."* (p.130)

V- VILANIA

O narrador retoma a narrativa no ponto em que Loredano e seus cúmplices ouviram a expressão: *"Traidores".* Os três se assustaram e saltaram para fora do esconderijo. Loredano, não acreditando como os outros em algo sobrenatural, saiu à procura do homem dono daquela voz.

Álvaro afastara-se da casa de D. Antônio para melhor refletir numa cena que não entendera. Vira Cecília e Isabel abrirem a janela e nada encontrarem. Além disso, viu depois Isabel cair de joelhos aos pés da prima.

Loredano encontra-se com Álvaro e crê que foi ele o dono daquela voz. Desafia-o para um duelo. Iniciam com punhal, mas logo Loredano, percebendo que leva desvantagem, sugere que continuem a tiro na ponta do rochedo, assim o corpo cairia no rio, sem deixar vestígios. Fingindo deixar cair a cinta da sua espada, o italiano deixa-se ficar para trás e aproveita para atirar em Álvaro traiçoeiramente pelas costas.

VI - NOBREZA

Álvaro ouviu o tiro. A bala cortou a ponta da pluma que enfeitava seu chapéu de feltro. Virou-se calmo, sem mexer sequer um músculo de seu rosto. Espantou-o não a traição, mas a cena que viu. Peri segurava Loredano pela nuca, obrigando-o a ajoelhar-se, enquanto sacava a faca com que iria matá-lo, se o rapaz não impedisse. Álvaro concedeu a vida ao italiano, desde que ele prometesse sob juramento que deixaria imediatamente aquelas terras.

Peri e Álvaro caminham juntos de volta à casa e falam de Ceci. Peri demonstra conhecer bem os sentimentos de Álvaro e diz que tudo faria para protegê-lo, só para não ver sua senhora infeliz: *"Não te zangues, disse o índio com doçura; Peri te ama, porque tu fazes a senhora sorrir. A cana quando está à beira d'água, fica verde e alegre; quando o vento passa, as folhas dizem Ce-ci. Tu és o rio; Peri é o vento que passa docemente, para não abafar o murmúrio da corrente; é o vento que curva as folhas até tocarem n'água."* (p.142)

Peri conta que Loredano atirara sua prenda no abismo. Depois, afasta-se do moço em direção ao abismo, próximo do quarto de Cecília. Antes de se separarem, Peri alerta Álvaro para um provável perigo que a casa de D. Antônio está correndo.

VII - NO PRECIPÍCIO

Aires Gomes, a mando de D. Lauriana, tenta prender Peri, mas ele é que acaba sendo amarrado pelo índio a um tronco de árvore. Depois, o selvagem segue seu caminho.

Cecília, pensando em tudo que acontecera, olhava pensativa o fosso, onde tinha caído o objeto presenteado por Álvaro. Peri, vendo-a olhar tristemente o fundo do precipício, compreendeu parte do que se passava no seu espírito. Percebendo o pesar que ela sentia e querendo eliminar tal sentimento, ele decidiu descer ao abismo enfrentando todos os perigos que ali havia. Ceci o viu e tentou impedir, mas seus protestos não foram obedecidos. O índio justificou sua desobediência com um sorriso: "*Peri desobedece à tua voz, senhora, para obedecer ao teu coração*". (p.151)

Peri desceu com um facho aceso, preparado com um galho de candeia.

VII - O BRACELETE

Cecília debruçou-se à janela e ficou gelada de espanto e horror. De todos os lados das rochas surgiram répteis que fugiam para a floresta, víboras e aranhas venenosas, que a enchiam de medo pelos perigos que Peri corria. Em meio ao concerto horrível do sibilar das cobras e estrídulos dos grilos, ouvia-se o canto do cauã, vindo do fundo do abismo. A menina esperou, mas não podendo se conter exclamou com voz trêmula e fraca: *"Peri"*. Nos momentos seguintes sofreu uma cruel ansiedade. Se ele não respondesse é porque estava morto. Logo, porém, ouviu seu amigo responder: "*Espera, senhora!*". Depois de um quarto de hora, quando a jovem já estava desmaiada de tanto medo, apareceu o índio com uma bolsa de malha de retrós, tendo dentro uma caixinha com um simples bracelete de pérolas lindas. Cecília se acalmou. Peri nada tinha sofrido, pois se livrara dos inimigos com o facho de luz e o canto do cauã, pois essa ave devora as cobras.

O índio manifestou sua tristeza por também não poder dar algo belo de presente. Ceci disse-lhe que se ele buscasse uma flor, ela a usaria, em vez do bracelete, que jamais colocaria no braço. Peri lhe trouxe uma bela flor silvestre que ela colocou no cabelo.

Em seguida, partiu Cecília para o quarto da prima e a encontrou chorando à beira do leito. Sossegou-a, dizendo que não lhe queria mal, e que só desejava sua felicidade. Insistiu que nada queria com Álvaro e retirou da caixinha o bracelete de pérolas que colocou no braço de Isabel. Esta teve um momento de suspeita, mas Cecília a tranqüilizou, alegando que tinha sido presente do pai.

Comentário:
Todas as ações de Cecília são descritas pelo narrador como de uma criança inocente, que brinca e mente sem qualquer maldade, tudo fazendo para que os outros não fiquem tristes, sem pensar nas possíveis conseqüências de cada um de seus gestos.

IX - TESTAMENTO

D. Antônio reúne-se com Álvaro e Diogo, seu filho, em seu gabinete de armas. Gravemente comunica que deixa de herança ao filho todos os seus bens e a nobreza do nome. Para Álvaro confia a felicidade de Cecília. Confessa, então, aos dois rapazes, que Isabel é sua filha, pedindo que lhe dêem carinho e proteção.

Em seguida, o fidalgo pediu a Álvaro que fosse procurar Peri e o mandasse vir a seu gabinete. Pediu ao filho que trouxesse Cecília e D. Lauriana. Quando Peri chegou, o fidalgo lhe disse que devia deixar sua casa, partindo para junto do seu povo. Todos sofreram naquele momento. O índio não admitiu tal expulsão e pediu explicações, motivos. D. Antônio alegou como desculpa que Deus não queria ali alguém que não o adorasse, que fosse de outra fé. Peri retrucou: *"O Deus de Peri também mandava que ele ficasse com sua mãe, na sua tribo, junto dos ossos de seu pai, e Peri abandonou tudo para seguir-te."* Cecília, influenciada pela mãe, pede que ele parta. O índio, como sempre, atende, pois qualquer desejo da jovem é para ele uma ordem.

X - DESPEDIDA

No momento da despedida, Peri diz que sofreria menos se pudesse ficar até o fim da Lua. Interrogado pelo fidalgo sobre o motivo, explica o selvagem que haverá um ataque dos aimorés. Só então D. Antônio descobre, através de uma mancha de sangue na roupa do índio, que ele está ferido. Associando isso ao que tinha acontecido e ao que Isabel tinha contado, compreendeu tudo que Peri fizera pela sua família. Abraça-o emocionado. O índio é interrogado pelo fidalgo e conta tudo. Ceci implora para que fique.

Nisso entra Aires Gomes e vendo todos tratarem bem o índio, nada consegue entender. Peri ao sair aperta-lhe a mão, dizendo num sorriso:

"*– Tu és amigo; Peri não te amarrará outra vez.*

Por estas palavras todos adivinharam confusamente o que se tinha passado, e ninguém pôde deixar de rir-se." (p.170)

XI - TRAVESSURA

Na tarde desse mesmo domingo, Cecília e Isabel caminhavam abraçadas. Ambas vestidas de branco. Cecília estava com ar de quem planejava alguma travessura. Isabel alimentava uma vaga esperança de que pudesse vir a ser amada por Álvaro.

Cecília dirigiu-se ao pai e a Álvaro, pedindo-lhe que as acompanhassem num passeio. Em certo momento, a moça deu início à travessura que vinha planejando. Disse ao pai que queria falar-lhe em segredo, pedindo a Álvaro que a deixasse a sós com o fidalgo: *"Tende paciência por um instante, Sr. Álvaro; disse ela voltando-se; conversai com Isabel; dizei-lhe vossa opinião sobre aquele lindo bracelete.. Ainda não o viste?"* (p.173)

Isabel entende então todo o plano de Cecília. Álvaro sente-se ludibriado e pede explicações a Isabel. O diálogo de ambos é repleto de reticências, insinuações e muita emoção. Finalmente, a moça confessa seu amor.

XII - AS MENSAGENS DE PERI

Álvaro, que estava de joelhos, ergueu-se pálido, atônito, pois sua afeição pura por Cecília, fazia com que sentisse aquele amor de Isabel como uma profanação, mas as palavras, justificativas e história da vida da mestiça despertaram-lhe piedade. A moça sofria horrivelmente com aquela situação, porém a paixão a dominava a tal ponto que seu amor precisava respirar, expandir-se, mesmo que depois fosse desprezada por ele. Abre seu peito e conta-lhe tudo.

Emocionado e lembrando-se do pedido de D. Antônio, Álvaro pede a Isabel que o aceite como um irmão, já que não pode lhe dar o amor, que ele compreende ser todo de Cecília. Depois, o moço afastou-se, pois precisava estar só para refletir sobre tudo o que lhe acontecia. Em seu passeio, sentiu um sopro passar por seu rosto. Viu em seguida que era uma flecha grande, que se cravou no solo à sua frente. Recuou um passo e levou a mão à espada, mas logo sossegou ao ver que a flecha era ornada por penas azuis e brancas, as cores de Peri, que adotou-as associando o azul aos olhos de Ceci, e o branco à cor de seu rosto. Com outras flechas menores, o índio vai orientando Álvaro a esconder-se numa moita, de onde vê passar três vultos suspeitos, de arma em punho. Os bandidos seguiram rumo à casa de D. Antônio. Só então apareceu Peri e explicou ao rapaz que aqueles eram os inimigos sobre os quais alertara.

Como Álvaro não entendeu, ele pediu que esperasse, dizendo que logo voltaria, desaparecendo nas sombras da noite.

XIII - TRAMA

"Tornemos ao lugar onde deixamos Loredano e seus dois companheiros." (p.184) Assim o narrador, através de *flash back* retrocede o relato ao momento em que Álvaro concedera a vida a Loredano, com a condição de que partisse imediatamente. É claro que como todo vilão, o italiano em vez de partir reuniu-se a seus cúmplices e discutiram sobre o melhor caminho a tomar. Loredano insiste com seus homens que a voz, embora não seja de Álvaro, pois jamais o deixaria com vida se soubesse do plano, deve ser de outro homem, mas seria de homem e não de espírito. Depois de vários desentendimentos, concordaram que não deviam fugir, mas voltar à casa do fidalgo, pois era provável que o dono da voz não os tivesse denunciado e os da casa ignoravam tudo. Além disso, no caso de ter sido feita a denúncia, ninguém tinha provas para os condenar. Loredano verifica que os dois cúmplices contam com quinze homens que os seguiriam no plano.

Por volta das cinco horas, voltam à casa, vigiados de perto pelo discreto e silencioso Peri. Este, ao ver Álvaro dá os avisos com suas flechas. Ao deixar Álvaro, o índio pretendia matar os malfeitores, mas quando Bento Simões ia ser morto, ouviu-se a voz de Cecília que voltava do passeio com seu pai e Isabel, e Peri não teve coragem de atirar, só com o pensamento de que pudesse assustar a menina, quanto mais colocar em risco sua segurança.

XIV - A XÁCARA

Pouco depois, Peri viu passar Loredano e Rui Soeiro. Precisava achar um meio de prevenir D. Antônio. Voltou e foi ter com Álvaro. Sondou o rapaz e viu que ele não acreditaria numa traição dos próprios homens de D. Antônio. Disse-lhe enigmaticamente: *"Se Peri não aparecer amanhã, tu não tornarás a vê-lo: mas a alma de Peri voltará para te dizer os nomes deles". (...) São três; querem ofender a senhora, matar seu pai, a ti, a todos da casa. Têm outros que os seguem."* (p.191) Depois, dirigiram-se à casa, separando-se um pouco antes. Álvaro foi para seus aposentos e Peri encaminhou-se para o jardim de Cecília. Eram oito horas da noite e a família se achava reunida na ceia. Meia hora depois, Cecília recolheu-se a seu quarto, vendo Peri. Disse a ele que estava feliz por ele não ter partido e que pretendia ensinar-lhe a religião e a rezar. Depois faria para ele um manto de seda, dar-lhe-ia uma espada e uma cruz para levar no peito. Peri disse que precisava de liberdade para viver e que não pretendia abandonar a vida em que nascera. Ceci irritou-se com sua resistência e atirou fora a flor que dele recebera. O índio retornou pesaroso à sua cabana. Nisso, soou no ar uma voz limpa, que cantava uma xácara portuguesa de antigamente, acompanhada por uma guitarra espanhola.[42]

OS AIMORÉS

I - A PARTIDA

Segunda-feira, seis horas da manhã. D. Antônio de Mariz chamou seu filho e lhe entregou duas cartas, ordenando que partisse para São Sebastião, Rio de Janeiro, para buscar reforços, pois poderá resistir uns vinte dias, talvez um mês, mas não mais do que isso:

"– Tomai; esta carta é para Martim de Sá, governador desta capitania; esta outra é para meu cunhado e vosso tio Crispim Tenreiro, valente fidalgo que vos poupará o trabalho de procurardes defensores para vossa família. Ide despedir-vos de vossa mãe e vossas irmãs; eu farei tudo preparar para a partida." O moço sai e o fidalgo chama Álvaro, ordenando que escolha quatro homens para acompanhar seu filho na viagem.

Álvaro vai ao fundo da casa, onde habitavam os aventureiros e os encontra agitados, pois o escudeiro Aires Gomes ordenara que ninguém se afastasse um passo sequer da casa, sem maiores explicações. Álvaro acalma-os, esclarecendo que é providência de segurança por estarem ameaçados de um ataque dos selvagens. Ao escolher os quatro homens, o rapaz inclui Loredano, que vendo seus planos em risco, alega estar doente, mas Álvaro ameaça mandar executá-lo se recusar. Loredano acata, mas antes tem uma conversa sigilosa, cochichada, com seus cúmplices. Após as despedidas, a "*pequena cavalgata partiu; com pouco sumia-se na volta do caminho*". (p.204)

II - PREPARATIVOS

Peri prepara suas armas e sai da cabana. Encontra Ceci no jardim, e ela diz estar ainda um pouco triste com ele por não ter querido fazer o que ela queria. Por isso, tinha cantado aquela canção. Peri então explica porque não queria fazer-se cristão: *"Se Peri fosse cristão, e um homem quisesse te ofender, ele não poderia matá-lo, porque o teu Deus manda que um homem não mate outro. Peri selvagem não respeita ninguém; quem ofende sua senhora é seu inimigo, e morre! "* (p.207)

---

[42] Na seqüência, ficamos sabendo que era Ceci, manifestando com a canção o paralelismo entre a sua situação de cristã e a de Peri, que acabou de recusar ser cristianizado. O final da canção aponta também para os capítulos finais do relato.

Depois, Peri orienta Ceci a escrever um bilhete a Álvaro, contendo apenas o nome dos traidores. Em seguida, explica que ela deverá entregar somente à tarde, não antes. Depois saiu e viu a cavalgata que partia, aborrecendo-se por ver Loredano separar-se dos outros dois, pois queria matá-los de uma só vez. Peri conta tudo a Álvaro, mencionando o papel com os nomes. Enquanto isso, todos preparam paliçadas e outros trabalhos de defesa. À tarde, chegaram seis aventureiros das vizinhanças, que alertados por D. Diogo vieram oferecer ajuda ao fidalgo. À frente deles, vinha o mestre Nunes, que um ano antes dera hospitalidade no seu pouso ao frei Ângelo di Luca.

III - VERME E FLOR

Eram onze horas da noite e o silêncio reinava na habitação e nos arredores. D. Antônio fazia sua ronda noturna, como um general em véspera de importante batalha. Ouve-se nítido o pio de uma coruja e um dos dois vigias atira uma pedra sobre o arvoredo embaixo do local em que está. Um momento depois sobe um vulto, cochicha com os vigias. Depois, um deles dirige-se para a entrada do alpendre e desaparece na escuridão. Os outros dois dirigem-se para a casa. Um deles é Loredano, que exige do companheiro a morte de Cecília, caso ele morra antes de possuí-la.

Com sacrifício e risco, Loredano ultrapassa o abismo, viola a janela e entra no quarto da jovem. Cecília dormia serena. *"O talho de sua anágua abrindo-se deixava entrever um colo de linhas puras, mais alvo do que a cambraia; e com a ondulação que a respiração branda imprimia ao seu peito, desenhavam-se sob a lençaria diáfana os seios mimosos."* (p.216) *"Era o anjo em face do demônio; era a mulher em face da serpente; a virtude em face do vício."* (p.217)

IV - NA TREVA

O narrador faz alguns esclarecimentos. A conversa cochichada de Loredano eram instruções que a essa hora já estavam cumpridas. Uma delas era colocar seus comparsas ao lado dos homens fiéis ao fidalgo. Agora todos os homens dedicados a D. Antônio dormiam, tendo ao lado um dos traidores que só esperam o sinal combinado para enterrar o seu punhal na garganta do vizinho. A outra, também já executada, era a disposição de palha seca em pontos estratégicos da casa, de modo que a uma faísca todo o edifício fosse devorado pelas chamas.

Depois de partir, sabendo que D. Diogo estava ansioso para chegar ao seu destino e que por nada voltaria, Loredano fingiu ter quebrado algo em sua sela e parou para consertar. Os outros continuaram e ele aproveitou-se para fugir, voltando à casa do fidalgo, dando o sinal combinado, o pio da coruja, e reunindo-se aos seus comparsas. Enquanto isso, mestre Nunes, conversando com Aires Gomes sobre Loredano, liga os fatos e revela que se trata do Fr. Ângelo di Luca.

Voltando ao momento em que Loredano admira a beleza de Cecília, o narrador descreve os sentimentos do bandido, que frente àquele corpo tão casto e puro chegava a hesitar. *"Mas o tempo urgia. Fez um esforço supremo sobre si mesmo; firmou o joelho na borda do leito, fechou os olhos e estendeu as mãos."* (p.223)

V - DEUS DISPÕE

A mão de Loredano foi arrebatada e cravada por uma flecha de encontro à parede. A dor o fez agachar livrando-se da segunda flecha que lhe daria morte fatal. Adivinhando que aquilo era obra de Peri, o bandido teve medo. Arrancou a flecha com os dentes e precipitou-se para o jardim, cego, louco e delirante. Peri entrou no quarto e tranqüilizou-se quando viu que sua senhora nada sofrera e ainda dormia como um anjo. O narrador informa que nessa altura dos acontecimentos Peri já tinha matado os outros dois comparsas de Loredano. Por isso, não querendo deixar sua senhora exposta a novo risco, põe-se ele a velar-lhe o sono. Eram quatro horas da manhã.

O narrador onisciente revela cada passo anterior do índio e todas as suas ações para desarmar o trabalho dos bandidos.

VI - REVOLTA

Peri ergueu-se e dirigiu-se ao interior da casa. Julgou prudente prevenir D. Antônio do que ocorria. Enquanto isso, Loredano, chegando ao pátio, notou que o alpendre estava iluminado e todos os aventureiros estavam de pé, cercando algo que ele não pôde distinguir. Haviam acordado porque tudo estava molhado, pois Peri havia deixado um recipiente vazando com o exato propósito de acordar os homens dedicados para não serem traiçoeiramente assassinados pelos cúmplices de Loredano.

Ao aproximar-se, Loredano viu o corpo de Bento Simões e logo deduziu o que tinha ocorrido, aproveitando para provocar uma revolta: *"Não sabeis o que significa isto? Isto significa que há nesta casa uma víbora, uma serpente que nós alimentamos no nosso seio, e que nos morderá a todos com seu dente envenenado".* (p.233) Animados pelo italiano, todos decidem pedir ao fidalgo a vida do selvagem e se revoltar, desligando-se do juramento que os prende a D. Antônio e fazendo justiça com as próprias mãos. Nisso, chega o fidalgo e trata a todos com energia, sendo cercado e ameaçado pelos aventureiros.

VII - OS SELVAGENS

Ninguém se anima a ser o primeiro. Loredano vê que precisa dar o exemplo e ataca. D. Antônio, com desdém, dá um soco sobre o alto da cabeça de Loredano, abatendo-o. Então ergue a ponta do pé à fronte do italiano, estendendo-o de costas sobre o pavimento. Depois, condena-o à morte por traição e sai[43], solene, com a mesma impassibilidade que conservara desde que aparecera imprevistamente. Reúne-se depois, discutindo a situação em segredo com seu escudeiro. Quando saem, vêm quatro homens que choram de joelhos, declaram sua fidelidade, e pedem ao fidalgo que lhes permita lutar ao seu lado contra os traidores, que já decidiram atacar D. Antônio. É que, ao clarear o dia, Peri apanhara o cadáver de Rui Soeiro, para que Ceci não o visse, e o atirara no pátio, provocando uma indignação raivosa nos aventureiros, que foram novamente estimulados por Loredano. Ao atacar, um dos traidores é morto por uma flechada. Eram os aimorés: "*...o som dos instrumentos de guerra misturado com os brados e alaridos formavam um concerto horrível, harmonia sinistra que revelava os instintos dessa horda selvagem reduzida à brutalidade das feras.*

"– Os Aimorés!... repetiram os aventureiros empalidecendo." (p.243)

VIII - DESÂNIMO

À vista do perigo iminente, os aventureiros revoltados retiraram-se e trataram de defender-se do inimigo comum. Há combates durante todo o dia. Peri faz do quarto de Ceci o seu quartel-general, sem partilhar do desânimo geral, pois tinha confiança inabalável em seus recursos. Sempre ao lado de Ceci, faz loucuras durante todo o dia, seja para protegê-la até mesmo do susto causado por um selvagem ou indo à floresta para buscar um fruto ou favo de mel para sua senhora.

Álvaro sente-se vacilar em seus sentimentos por causa do amor e dedicação de Isabel, mas não podia esquecer-se do juramento feito a D. Antônio: "*...o seu dever mandava que resistisse*". (p.248)

IX - ESPERANÇA

Isabel e Álvaro têm uma conversa difícil e dolorosa, mas no final o rapaz diz à mestiça que aceita seu amor. Peri diz a sua senhora que ele é capaz de derrotar todos os seus inimigos e salvá-la. Ela diz que não admite que ele corra perigo: "*Vai, disse ela, vai salvar-nos. Mas lembra-te que se morreres, Cecília não aceitará a vida que lhe deres.*" (p.254) Peri, enigmatica-

[43] É interessante notar que por ser Loredano o único vilão da história, mesmo apanhado muitas vezes, jamais é executado, pois seria o mesmo que acabar com a narrativa. Ele precisa continuar vivo para dar trabalho ao herói da história.

mente, faz uma espécie de oração em que se despede de suas armas, pega dois pequenos cocos que enfeitam sua axorca, que trazia na perna sobre o artelho, e, fechando-os em sua mão, parte da casa de D. Antônio.

X - A BRECHA

Loredano e Martim Vaz, que se tornou agora seu braço direito, depois da morte dos outros cúmplices, penetram na casa procurando uma forma de chegar até D. Antônio, para matá-lo junto com Álvaro e o escudeiro Aires Gomes. Encontram uma porta grossa e pregada a impedir-lhes a entrada, mas o italiano descobre uma brecha na parede e vê que poderão fazer ali uma passagem. Nisso, chega o aventureiro João Feio e, sem que se saiba por quê, ameaça Loredano: *"Renegado e sacrílego, dou-te uma hora para ires entregar-te a D. Antônio de Mariz, e obter dele o nosso perdão e o teu castigo. Se não o fizeres dentro desse tempo, é comigo que te hás de avir".* (p.260)

XI - O FRADE

Um pouco antes, quando João Feio montava guarda, ouviu da sentinela do outro lado, o mestre Nunes, toda a história do frade herege e criminoso, que se transformara no aventureiro Loredano. Por isso, estava horrorizado e ameaçava o italiano.

Peri olha os duzentos índios inimigos e planeja tudo que vai fazer, rejubilando-se por ser o único a ter condições de salvar sua senhora.

XII - DESOBEDIÊNCIA

Ao sair da casa, Peri encontra Álvaro recostado do lado de fora a uma das janelas da casa. O índio pede ao rapaz que enterre suas armas, assim como sua cabeça, caso seja encontrada separada do corpo. Peri vai ver Ceci, antes de partir. A menina está dormindo. Depois, o índio procura D. Antônio e lhe faz um pedido. *"Tu dirás a Cecília que Peri partiu; que foi longe; não deves contar-lhe a verdade: ela sofrerá. Adeus, Peri sente te deixar; mas é preciso."* (p.268)

Cecília acorda e implora a Peri que não vá. Ele desobedece e parte.

XIII - COMBATE

"Eram seis horas da manhã." Peri salta no meio dos inimigos e o combate que se trava é heróico e terrível. Como um Sansão, Peri sozinho enfrenta centenas de aimorés. Em certo momento o chefe inimigo ataca Peri e parece que não haverá mais salvação para o herói. *"O que passou-se então foi tão rápido, que não é possível descrevê-lo; quando o braço do velho volvendo a clava ia atirá-la, o montante de Peri lampejou no ar e decepou o punho do selvagem; mão e clava foram rojar pelo chão."* (p.276)

Depois de matar muitos inimigos, Peri olhou os cadáveres amontoados uns sobre os outros e quebrou sua arma. Após alguns momentos de dúvida, pensando em Cecília, o indomável Peri caiu de joelhos.

XIV - O PRISIONEIRO

O cacique ferido depõe sua mão sobre o ombro de Peri, erguendo o braço direito decepado. Esse gesto significava que o herói era prisioneiro, direito de guerra. Era uma propriedade sua. Peri é amarrado e preparado para o sacrifício. Antes de ser morto e comido, o inimigo tem direito a comida, bebida e uma noiva, que deverá deixar grávida. É a esposa do túmulo. A moça que vem procurá-lo é linda e se revela cheia de desejo. Sensual, carinhosa, oferece tudo que há de melhor, mas Peri a tudo recusa, vinho, fruto, carinho. Por fim, a moça rompe os laços que o prendem, entregando-lhe arco e flechas, mostrando a floresta que se abre diante deles: "*Tu és livre. Partamos*!" (p.282)

A CATÁSTROFE

I - ARREPENDIMENTO

Numa retrospectiva, o narrador conta que Loredano, após ouvir a ameaça de João Feio, reuniu quatro homens, além de Martim Vaz, que continuava abrindo caminho da parede que tinha uma brecha, e preparou a invasão dos aposentos de D. Antônio e sua família. No interior de um largo cinto, Loredano carregava o famoso roteiro das minas de prata.

João Feio espalhou a notícia de que Loredano era o frade que abjurara dos seus votos e muitos já estavam dispostos a castigá-lo duramente.

II - O SACRIFÍCIO

Peri recusa a oferta da índia e não se move do lugar. Depois, a seu pedido, é amarrado de novo pela índia. Quatro índios vêm buscar Peri para o sacrifício.

Quando o chefe inimigo ia dar o golpe final, "*ouviu-se um estrondo, uma ânsia de agonizante e o baque de um corpo: tudo isto confusamente, sem que no primeiro instante se pudesse perceber o que havia passado*". (p.295)

III - SORTIDA

Foi um tiro disparado por Álvaro que tinha acabado com a vida do velho Aimoré. Mais dez tiros disparados por Aires Gomes e outros homens destemidos acabaram por semear a confusão entre os selvagens. O escudeiro e seus homens fizeram um semicírculo protegendo Álvaro e Peri. Este, olhava tudo impassível.

IV - REVELAÇÃO

Peri recusa-se a obedecer Álvaro, que quer levá-lo. O rapaz o convence, afirmando que todos os homens que poderiam proteger Ceci estão ali para lhe dar cobertura. Ela corre, portanto, perigo sério. Isso foi suficiente para fazer o índio voltar com eles para a casa do fidalgo. D. Antônio interroga e Peri conta qual era seu plano: *"Peri envenenou a água que os brancos bebem, e o seu corpo, que devia servir ao banquete dos Aimorés!"* (p.304)

Os aventureiros iam ser vítimas de envenenamento e apesar de serem traidores a nobreza do fidalgo não podia permitir esse tipo de morte: *"Vai, Aires Gomes, gritou D. Antônio ao seu escudeiro; corre e previne a esses desgraçados, se ainda é tempo!"* (p.307)

V - O PAIOL

O veneno começa a fazer efeito sobre Peri. Cecília se desespera e para não vê-la sofrer o índio parte, prometendo que vai voltar. Ela acredita, pois ele nunca prometera nada que não conseguisse cumprir.

Quando Loredano invade o interior da casa, com seu grupo, sente-se inútil ao ver D. Antônio pronto a colocar fogo num largo rastilho de pólvora que ia perder-se no fundo do paiol, onde se achava enterrada toda a munição disponível. Bastava uma faísca para fazer explodir aquele vulcão, que faria a todos em pedaços. Não sobraria ninguém. Loredano pára. Nisso, dois de seus companheiros caem estorcendo-se em convulsões horríveis e soltando gritos que metiam dó e compaixão. Aires Gomes entra com homens fiéis. Loredano é preso e condenado a morrer em uma fogueira. No instante final, um aventureiro tira dele o largo cinto, provocando-lhe dor muito mais forte do que a que sentiria ao queimar na fogueira: "*Era horrível de ver nesse momento; seu aspecto tinha a expressão brutal e feroz de um hidrófobo, seus lábios espumavam, silvando como a serpente; e seus dentes ameaçavam de longe os seus algozes como as presas do jaguar.* " (p.313) Os demais passaram a divertir-se com seu desespero.

VI - TRÉGUA

Chegou a noite. Os aventureiros estavam com pouca comida e sem bebida, pois tiveram que jogá-la fora, por causa do veneno. Só dois homens tiveram a infelicidade de beber antes de tomarem conhecimento do que Peri fizera. A pedido de D. Antônio, Aires Gomes chama todos para se reunirem na casa, deixando Loredano preso ao poste. O fidalgo solicita que façam uma partida para buscar víveres que pudessem alimentá-los por mais algum tempo. Os homens partem e a casa fica em grande silêncio. Nem parece que estão em guerra. Rompe o dia e ficam sabendo que os selvagens partiram, inexplicavelmente. D. Antônio fica desconfiado, suspeitando que alguma coisa estranha deve estar acontecendo. Não quer dar aos seus uma esperança que possa vir a frustrar-se.

VII - PELEJA

Peri volta e, para sofrimento de Isabel, traz o corpo de Álvaro sem vida. O índio conta que depois de procurar, encontrar e tomar um contraveneno infalível contra o curare, voltava quando viu Álvaro e seus companheiros serem atacados pelos aimorés. Álvaro foi atingido e Peri saltou no meio da luta para tentar salvá-lo e levá-o ao solar, mas no caminho percebeu que tinha sido inútil. Mesmo assim, fez questão de trazer o corpo. Então, D. Antônio compreendeu a causa do afastamento dos índios e teve certeza de que logo voltariam. Preparou-se então para uma luta decisiva e sem esperança.

VIII - NOIVA

Isabel pede a Peri que carregue o corpo de Álvaro e o deposite em sua cama. Depois envenenou-se, deitando-se ao lado de seu amado. *"Louca, perdida, alucinada, ela ergueu-se, seu seio dilatou-se, e sua boca, entreabrindo-se, colou-se aos lábios frios e gelados de seu amante; era o seu primeiro e último beijo: o seu beijo de noiva."* (p.329) Cecília estranha a ausência e demora da prima e a procura, encontrando a porta trancada. Chama Peri, arrombam a porta, mas nada mais se podia fazer: *"Ela morreu feliz! disse Peri."* (p.330)

IX - O CASTIGO

Passou-se o dia, veio a noite. Voltaram os aimorés. Peri já cortara duas palmeiras, trazendo para o quarto de Ceci, e rachando uma delas. Isso demonstra que tinha algum plano. D. Antônio dá à filha um sonífero para beber. Logo a moça cai em sono profundo. A fogueira é acesa para dar fim a Loredano. Os aimorés atacam com flechas de fogo.

X - CRISTÃO

Peri pede a D. Antônio que o deixe salvar sua filha. O fidalgo diz que se Peri fosse cristão confiaria a ele a salvação de Cecília. Peri aceita tornar-se cristão e é batizado naquele mesmo instante pelo fidalgo. Peri prepara uma ponte precária, valendo-se das palmeiras. Assim, passa sobre o precipício, alcançando um barco que deixara escondido entre o mato, à margem do rio. Olhou para trás e viu a casa toda envolta em chamas. Logo em seguida houve um clarão instantâneo como um relâmpago e um horrível estampido reboou por toda aquela solidão. Havia explodido o depósito de munições. Nada sobrou. O índio partiu. *"A canoa voou pela face lisa e polida do Paquequer."* (p.342)

XI - SOBRE O PAQUEQUER

Durante toda a noite o índio remou sem parar. Quando o sol já ia alto, Peri sentiu que devia abrigar sua senhora dos seus raios quentes. Por isso, encontrou um lugar, aportou, e fez um abrigo, esperando até que ela acordasse. Ao voltar a si e ser informada de tudo que aconteceu, a menina protestou e pediu que ele a levasse de volta, deixando-a só e partindo depois. Desejou morrer, mas se arrependeu e, passado algum tempo, refletiu e pediu desculpas a Peri. Então Peri disse que D. Antônio lhe pedira para salvá-la e que se recusara a ser salvo por julgar seu dever ficar com os demais até o fim. Contou também que tinha sido feito cristão.

Decidem continuar viagem em direção ao litoral, à taba dos brancos, como disse Peri.

XII - SALVE, RAINHA!

Chegou outra noite e a canoa vogava ainda sobre as águas. Cecília repassava na memória toda a sua vida, até agora plena de inocência. Tudo mudara em sua existência e ela estava misteriosamente transformada de menina em mulher. Peri, crendo que ela dormia, remava docemente para não perturbar seu repouso. Depois, apesar de toda sua força e esforço, sentiu-se vencido pelo cansaço. Parou a canoa e adormeceu. Cecília abriu os olhos e, embora se impressionasse com a sensação de falta de vida em redor, sentiu que devia velar pelo amigo, admirando-se da beleza inculta dos traços e da expressão de força e inteligência que animava aquele busto selvagem, moldado pela natureza.

Quando Peri acordou, o dia estava para raiar, e Ceci o convidou para rezar a oração *Salve, rainha!*. O índio ajoelhou-se ao seu lado, juntou as mãos como ela o fizera e repetiu como um eco as palavras sagradas, como a jovem lhe pedira.

XIII - A REFEIÇÃO

Terminada a prece cristã, a viagem continuou até o meio-dia, quando Peri parou e procurou uma sombra para sua senhora descansar. Deixando-a só, com uma flor, e dizendo que sua alma ficaria ali dentro, fazendo-lhe companhia, partiu o índio à procura de alimentos. *"A sombra das árvores já beijava as águas do rio, e Peri ainda não tinha voltado; Cecília assustou-se e temendo que lhe tivesse sucedido alguma coisa, chamou por ele."* (p.357)

Voltou o índio com favos de mel e frutos como araçás, jambos corados, ingás de polpa macia e cocos de várias espécies. Durante a refeição os dois conversam e Peri diz que estão indo para sua tribo, de onde partirão para a terra dos brancos, mas com barcos melhores e mais velozes. Ceci insiste que não quer ficar só, desejando que ele sempre a acompanhe, mas ele explica que não poderia, por ser um selvagem e também porque entre os brancos nada mais seria do que um escravo. Os outros não teriam por ele a mesma consideração que Ceci. Durante todo o diálogo, Cecília o chama de irmão e o trata como tal.

XIV - A FILHA DO DESERTO

Cecília toma uma decisão com a mesma resolução firme típica de seu pai. Soltou a canoa, sem que Peri notasse. Enquanto ela deslisava pelas águas, encoberta pelo corpo da moça que postou-se bem na frente do índio, pedindo-lhe para conseguir muito algodão e uma pele de animal, com que faria uma veste e um calçado rudes e explica: *"Peri não pode viver junto de sua irmã na cidade dos brancos; sua irmã fica com ele no deserto, no meio das florestas".* (p.362)

Peri recupera a canoa que ficara embaraçada numa ilha de plantas aquáticas e retomam a viagem. Peri adivinha um perigo no horizonte.

XV - A TEMPESTADE

Chega a noite e Peri impele a canoa para a terra. Sons subterrâneos denunciando trovões e enchentes fazem com que o índio leve sua senhora adormecida para a copa de uma palmeira. A inundação vai cobrindo tudo até que em certo momento tudo era água e céu. A cúpula da palmeira em que se achavam parecia uma ilha de verdura banhando-se nas águas da corrente. Peri conta a lenda de Tamandaré, relato mítico semelhante ao de Noé. Sentindo que a água vai cobrir também a palmeira, Peri num gesto heróico arranca a árvore num esforço estupendo. *"A palmeira arrastada pela torrente impetuosa fugia...*

E sumiu-se no horizonte..." (p.373)

V - SÍNTESE DO RESUMO

D. Antônio de Mariz, para não se submeter ao jugo espanhol, retira-se para o interior do continente fixando residência na Serra dos Órgãos, em lugar deserto e selvagem. Aí vive com sua mulher, D. Lauriana; seu filho, D. Diogo; sua filha, D. Cecília, jovem loira de dezoito anos. Convivem também Álvaro, que ama Cecília, mas é amado por Isabel, mestiça, filha de D. Antônio, mas que passa por sobrinha. Complementam essa sociedade elementar os aventureiros que seguem o fidalgo e um índio, Peri, que se tornou como que escravo de Cecília, a quem obedece e atende todos os desejos e fantasias.

Entre os aventureiros, encontra-se Loredano, ex-religioso que se torna bandido ao ter em mãos o mapa das minas de prata. Ele também deseja Cecília, tanto quanto o tesouro. Para isso, planeja matar a todos, mas é sempre impedido pela valentia de Peri e Álvaro. Acidentalmente, o filho de D. Antônio mata uma índia e os aimorés atacam para vingar-se. Peri salva Ceci, fugindo de canoa pelo rio Paquequer. D. Antônio explode o depósito de munições, dando fim a todos. Ocorre uma inundação e Peri coloca sua senhora na copa de uma palmeira, que após ser arrancada por ele, fica boiando sobre as águas.

VI - ESTRUTURA DA OBRA

O romance *O guarani* está dividido em quatro partes (Os aventureiros, Peri, Os aimorés, A catástrofe), contendo 15 capítulos a primeira e a última e 14 capítulos as duas outras. Alencar vale-se freqüentemente de retrospectiva ou *flash back* para resolver ou explicar momentos que ficaram elípticos, propositalmente para criar suspense ou prender o interesse do leitor.

Este romance pode ser também dividido, conforme a tradição crítica, em três partes:

- **princípio**, que compreende a parte inicial desde a descrição do cenário e a apresentação das personagens, numa convivência ainda sem conflitos;
- **clímax**, que se delineia a partir do momento em que os conflitos se apresentam e as personagens conflitantes entram em luta;
- **desfecho**, terceira e última parte que vai da destruição de quase todos os personagens e acompanha os sobreviventes até o final em aberto com a palmeira e o casal desaparecendo na linha do horizonte.

Na organização estrutural interna podemos perceber sistemas binários de ordenação, como por exemplo, a oposição entre o natural (aimorés e guaranis) e o cultural (D. Antônio e os aventureiros), ou entre o mal (Loredano e aimorés) e o bem (Peri e Álvaro). Muitas outras oposições podem ser percebidas: Ceci (loura, raça pura, beleza divinal) e Isabel (morena, mestiça, beleza humana e sensual); D. Antônio (fidalgo português, aceita Peri com dignidade e sem preconceito) e D. Lauriana (não fidalga de origem paulista, rejeita Peri com forte preconceito).

Personagens principais:

- **D. Antônio de Mariz**, é personagem histórico tendo participado na fundação do Rio de Janeiro e na luta contra os invasores franceses, mas pouco mais se sabe de sua pessoa. Alencar, como sempre, idealiza-o, apresentando-o ao leitor como fidalgo excelente, marcado pelos traços típicos de um líder, pela superioridade moral, pela inteligência e coragem. Sobre o tratamento que lhe é atribuído pelos vizinhos, comenta o narrador: "*O fidalgo os recebia como um rico-homem que devia proteção e asilo aos vassalos; socorria-os em todas as necessidades, e era estimado e respeitado por todos que vinham, confiados na sua vizinhança, estabelecer-se por esses lugares.*"

- **D. Lauriana**, esposa de D. Antônio, *"dama paulista, imbuída de todos os prejuízos de fidalguia e de todas as abusões religiosas daquele tempo; no mais, um bom coração, um pouco egoísta, mas não tanto que não fosse capaz de ato de dedicação."*
- **D. Diogo de Mariz**, filho de D. Antônio, *"jovem fidalgo"* que *"na flor da idade"*, *"gastava o tempo em correrias e caçadas".*
- **Ceci** ou **D. Cecília**, filha de dezoito anos, moça alegre de gênio travesso, mas muito faceira e meiga.
- **D. Isabel**, moça companheira de Ceci, que passa por sobrinha do fidalgo D. Antônio, mas que deve ser sua filha com uma índia que ele cativara em uma de suas explorações. É morena e formosa, dotada de olhos grandes e negros, assim como os cabelos. Tem um sorriso provocador e lábios desdenhosos, o que lhe confere "*um poder de sedução irresistível*".
- **Loredano**, ex-padre, italiano, vilão da narrativa, rosto moreno e barba negra, sorriso desdenhoso, olhos vivos e fronte larga. É um homem alto, musculoso.

Foco narrativo: O relato é feito em terceira pessoa por um narrador onisciente, isto é, todo poderoso, capaz de tudo ver e saber, desde as cenas visíveis até os pensamentos e sentimentos mais profundos das diversas personagens.

Tempo: Prevalece o tempo cronológico, remontando a ação ao início do século XVII, marcado explicitamente pelo narrador: *"No ano da graça de 1604..."*, ou *"Corria o mês de março de 1603."*

Espaço: A narrativa apresenta a natureza como espaço privilegiado, com a maior parte das ações desenvolvendo-se na região interior e selvagem de um Brasil primitivo e edênico. Outro espaço privilegiado é a casa de D. Antônio, perfeitamente integrada à natureza, vivendo com ela numa nítida simbiose. No final, com a explosão da casa, o espaço natural reina absoluto.

Ação: Predomina a ação externa, revelando domínio seguro da efabulação, apesar da estrutura simples da obra. O jogo de suspense e interesse é mantido com informações omitidas ou dadas pela metade, mas completadas mais tarde com inserções, através da técnica do f*lashback*, lembrando-nos muitas vezes as narrativas de Alexandre Dumas. Recentemente, foi lançada a adaptação cinematográfica dirigida por Norma Benguel.

VII - ESTILO DE ÉPOCA E ESTILO INDIVIDUAL

Alencar não destoa do Romantismo em voga, como o faz Manuel Antônio de Almeida. A sua visão de mundo é baseada no coração e o mundo urbano com seus problemas políticos e econômicos o aborrecem, por isso foge para o passado; escapa para os lugares selvagens. Suas obras procuram retratar um Brasil e personagens mais ideais do que reais, mais como ele gostaria que moralmente fossem (românticos) do que objetivamente eram (realistas). *Senhora* é uma crítica ao que ele reprova na sua sociedade. Seu estilo é uma reação contra a invasão estrangeira, buscando o espírito conterrâneo não só no assunto, mas também na seleção vocabular e na escolha de torneios sintáticos mais brasileiros que lusitanos. Sua obra, como a quase totalidade das criações românticas, tem duas finalidades fundamentais, divertir e moralizar.

O estilo romântico de Alencar supervaloriza o sentimento, o individualismo, o nacionalismo, e idealiza a mulher e a natureza, procurando sempre o que ambas têm de belo e grandioso. O amor prevalece sobre tudo mais, sendo o elemento propulsor de toda a narrativa.

A linguagem de Alencar é rica, colorida, exuberante, recheada de termos bonitos, de imagens e metáforas atraentes, e generosa no emprego da adjetivação, desagradando alguns leitores que preferem um estilo mais singelo e realista. Em alguns momentos, sua linguagem torna-se tão plástica e musical que se aproxima da poesia. Sobre ela, observa o crítico Antonio Candido: *"Na língua d'O guarani ainda há um pouco da deslumbrada facúndia de quem descobre uma fórmula de prosa; daí, em mais dum passo, algum desfibramento do estilo, que, embora belo, tem menos mordente do que terá em Lucíola, e menos densidade lírica do que em Iracema. Em nenhum outro, porém, aparece melhor o trabalho de visualização artística, compondo uma atmosfera de cores, formas e brilhos para celebrar a poesia da vida americana."*[44]

---

[44]Candido, Antonio - *Formação da literatura brasileira* vol.2, SP, Martins, p.233.

VIII - TEMÁTICA

Entre os temas fundamentais podemos apresentar a vitória da dignidade sobre a vilania, a força poderosa do sentimento amoroso, o sofrimento provocado pelos preconceitos raciais, o respeito e a fidelidade ao juramento e à palavra dada, o respeito pela família e por seus laços de sangue.

A narrativa de Alencar revela uma ideologia romântica e medieval que pode estar bem expressa e sintetizada na descrição do rio Paquequer e na sua confluência com o Paraíba, de forma que este é apresentado como o rei e aquele como o súdito, que se humilha. Assim também é mostrado como natural e aceitável o domínio de D. Antônio sobre os aventureiros e toda a família, e a submissão de Peri a Cecília. Preso a essa ideologia, não ousa provocar a união carnal do índio e da filha do fidalgo, idealizando a relação entre ambos, principalmente através da insistência da menina em chamar o índio de irmão e nunca de amado. Reforça a constatação dessa sua dificuldade como escritor que se dirige a uma sociedade escravocrata a infeliz situação de Isabel, que por ser mestiça não encontra seu lugar nem na família, nem na sociedade, sendo conduzida à morte. Poderíamos inferir, então, que outro tema importantíssimo é que amantes de raça diversa não podem unir-se nem encontrar a felicidade.

BIBLIOGRAFIA CONSULTADA

Alencar, José de - *O Guarani* - SP, Editora Melhoramentos, 1968.
Candido, Antonio - *Formação da literatura brasileira* vol.2, SP, Martins.
De Marco, Valéria - *A perda das ilusões*, SP, Ed. da UNICAMP, 1993.
Menezes, Raimundo de - *José de Alencar - literato e político*, Rio, LTC, 1977.
Sant'Anna, Affonso R. de - *Análise estrutural de romances brasileiros*, Petrópolis, Ed. Vozes, 1984.
Taunay, Visconde de - *Reminiscência*, Rio, Liv. Francisco Alves, 1908.

SUGESTÃO:
Recomendamos, para complementação, que o estudante pesquise da página 19 à página 91 da obra *A perda das ilusões*, e da página 56 à 84 da obra *Análise estrutural de romances brasileiros*, ambas citadas na bibliografia acima.

EXERCÍCIOS

Leia o texto com atenção:

"Azul e branco eram as cores de Peri; eram as cores dos olhos e do rosto de Cecília.

"Um dia a menina, semelhante a uma gentil castelã da Idade Média, tinha se divertido em explicar ao índio, como os guerreiros que serviam uma dama, costumavam usar nas armas de suas cores.

"– Tu dás a Peri as tuas cores, senhora? disse o índio." (p.182)

1. Indique características do Romantismo que estejam presentes no fragmento transcrito.
2. Que termos empregados pelo narrador no fragmento transcrito permitiriam ao leitor reportar-se à Idade Média, mesmo que esta expressão aí não estivesse explícita?
3. Como podemos entender a relação Peri/Ceci com nossa visão crítica atual, mesmo que Alencar não tivesse pensado nisso conscientemente?
4. Destaque do texto um adjetivo que deixa evidente a intenção do autor em idealizar a protagonista.
5. Que tipo de discurso foi utilizado pelo narrador no texto referido? Explique.

Leia:

Foi um dia. - Infanção mouro
Deixou
Alcáçar de prata e ouro.

Montado no seu corcel.
Partiu
Sem pajem, sem anadel.

Do castelo à barbacã
Chegou,
Viu formosa castelã.

Aos pés daquela a quem ama
Jurou
Ser fiel à sua dama.

A gentil dona e senhora
Sorriu;
Ai! que isenta ela não fora.

"Tu és mouro; eu sou cristã"
Falou
A formosa castelã.

"Mouro, tens o meu amor;
Cristão,
Serás meu nobre senhor."

Sua voz era um encanto,
O olhar
Quebrado, pedia tanto!

"Antes de ver-te, senhora,
Fui rei;
Serei teu escravo agora.

Por ti deixo meu alcáçar
Fiel;
Meus paços d'ouro e nácar.

Por ti deixo o paraíso
Meu céu
É teu mimoso sorriso."

A dona em um doce enleio
Tirou
Seu lindo colar do seio.

E duas almas cristãs,
Na cruz
Um beijo tornou irmãs.

6. Cecília canta essas palavras em que momento da narrativa *O guarani*?

7. Por que podemos dizer que a canção está inserida no texto com muita pertinência, ou seja, qual a sua relação com a história de Ceci e Peri?

8. Que característica da estética romântica evidencia-se com a inserção desta cantiga?

Respostas:

1. Indianismo, idealização da mulher e retomada ou valorização da Idade Média.
2. Castelã é o termo mais evidente, mas também a expressão "guerreiros que serviam uma dama", ou "usar nas armas suas cores", dois elementos aliás que foram bastante satirizados e parodiados por Cervantes na narrativa do seu Quixote.
3. A idéia da miscigenação, que deve ter sido o motivo inicial mais desejado por Alencar, encontra um grande obstáculo nas divergências culturais e principalmente no preconceito dos civilizados (reveja o relacionamento D. Antônio / Isabel / Álvaro). Por isso, provavelmente o autor preferiu o final em aberto, sem determinar o casamento feliz dos dois (*happy end* desejado pelos leitores), mas também sem marcar a separação. Podemos ainda dizer que Peri representa metonimicamente o indivíduo americano selvagem que deve se submeter ao branco europeu civilizado.
4. Gentil.
5. Discurso direto, pois o narrador explicita a voz da personagem representando gráfica ou gramaticalmente a separação entre seu discurso e a fala da personagem.
6. Logo depois de dizer a Peri que lhe iria ensinar as leis cristãs e a escrever, transformando-o em um cavaleiro e receber dele uma recusa decisiva.
7. Assim como a mulher da canção, Cecília é uma mulher cristã, que se relaciona com um um homem pagão, Peri, que assim como o mouro, vive de uma outra religião, contrária à fé cristã, portanto, vivendo em pecado, do qual se livrará, caso negue sua crença e abrace o cristianismo pelo batismo. No final, para poder salvar sua senhora, Peri aceita o batismo e chega a rezar com ela a "Salve, rainha!".
8. A retomada e valorização da Idade Média, com seu mundo de castelos e cruzadas, com seu clima cavalheiresco e idealização da mulher.

AMOR DE PERDIÇÃO

de Camilo Castelo Branco

por MIriam Chagas

A obra utilizada para citação foi *Amor de Perdição*, de Camilo Castelo Branco, 6a. ed., Editora Ática, SP, 1979.

I - BIOGRAFIA

Quando tomamos conhecimento da vida pessoal do escritor Camilo Castelo Branco, não podemos deixar de associá-la aos seus escritos.

Nasceu em Lisboa, no ano de 1825. Órfão de mãe aos dois anos, e aos dez, perdendo também o pai, é levado para Vila Real, com sua irmã, para a casa de uma tia. Recebeu educação religiosa e boa formação intelectual graças ao interesse do padre Antônio de Azevedo, um parente distante. Porém, aos dezesseis anos, casou-se com Joaquina Pereira, uma aldeã, abandonando-a e a uma filha, pouco mais tarde.

Seguiu para o Porto, onde passou a freqüentar, em vão, o curso de Medicina. Durante uma breve estada em Vila Real, envolveu-se num caso amoroso com Patrícia Emília. De volta ao Porto, decidiu-se pela vida literária (1848), sucedendo-se fatos aventurescos, em que não faltam amores proibidos (inclusive com uma freira), duelos, discórdias, etc.

Apaixona-se, então, por uma mulher casada, Ana Plácido, mas é obrigado a esperar anos pela consumação deste amor. Em 1858, Ana Plácido abandona o marido e passa a viver com ele. Os dois sofrem um processo por adultério, são levados à prisão, mas absolvidos tempos depois. O fato trouxe notoriedade ao escritor que consegue tornar bastante conhecida sua obra, em especial a novela *Amor de perdição*, publicada em 1862.

Com a morte do marido de Ana Plácido, os dois passam a viver na quinta que lhe ficara de herança. Seguiram-se anos de muito trabalho (os gastos no sustento da família não eram poucos) e de inúmeros percalços. Seu filho com Ana Plácido sofre de perturbações mentais; morre seu melhor amigo, Vieira de Castro, depois de ter assassinado a mulher; perde também uma nora. Para culminar, perde também uma neta, e morre o filho de Ana Plácido com o primeiro marido.

Outro de seus filhos é um esbanjador irresponsável e Camilo, em dado momento, é obrigado a vender a própria biblioteca para saldar dívidas.

Para completar o quadro, os problemas com a visão aumentam gradativamente, em conseqüência da sífilis. Em junho de 1890, completamente cego, mata-se com um tiro, pondo fim a uma vida bastante produtiva, intensa, mas repleta de acontecimentos dramáticos.

II - BIBLIOGRAFIA

A obra de Camilo Castelo Branco é muito extensa e variada. Citaremos somente alguns dos títulos mais conhecidos e gêneros literários a que pertencem. No entanto, vale ressaltar que as novelas passionais foram as mais marcantes (tanto para o público como para a crítica).

- **Novelas passionais**: *Estrelas funestas* (1862); *Amor de perdição* (1862); *Onde está a felicidade* (1856); *Estrelas propícias* (1863); *Amor de salvação* (1864); *Novelas do Minho* (12 vols., 1876).
- **Novelas históricas**: *O Santo da montanha* (1866); *Luta de gigantes* (1865).
- **Novelas de mistério e terror**: *Os mistérios de Lisboa* (1854); *Coisas espantosas* (1862).
- **Poesia**: *Os pundonores desagravados* (1845); *Nostalgias* (1888); *Nas trevas* (1890).
- **Teatro**: *O Marquês de Torres Novas* (1849); *Agostinho de Ceuta* (1847).
- **Romances**: *Eusébio Macário* (1879); *A corja* (1880).

III - INTRODUÇÃO

Camilo se insere na Literatura Portuguesa eminentemente romântica. Ressalta o valor dos sentimentos puros que nem sempre obedecem às convenções sociais. Em suas novelas passionais, porém, amores e personagens serão frustrados e suplantados pelos interesses de uma sociedade assentada em tradições decadentes e relações hipócritas. Em *Amor de perdição* temos um apanhado muito bem feito da vida rural e urbana do século XIX em que, apesar do sentimentalismo predominante, não faltam críticas ao clero, à monarquia e às camadas dominantes, que estão sempre em busca de seus próprios interesses.

IV - RESUMO DO ENREDO

O narrador dá notícias de que encontrou, em antigos livros no cartório das cadeias da Relação do Porto, a nota sobre a entrada de um jovem – Simão A. Botelho – estudante na Universidade de Coimbra, 1805, aos 18 anos, seguida de degredo para a Índia em 1807.

Lamenta a desgraça de tal ocorrência, em idade tão precoce, lembrando que irá contar uma história que deverá provocar lágrimas nos leitores.

Capítulo I

No primeiro capítulo, temos a apresentação e trajetória daquele que é pai do personagem principal, Domingos Botelho. Este, fidalgo de família tradicional interiorana, de feio aspecto físico, recursos escassos e bastante rude no modo de ser, formado bacharel. Domingos dirige-se a Lisboa, onde obtém certo trânsito no Paço, junto aos imperadores D. Maria I e D. Pedro III.

Enamora-se de uma dama da rainha e consome anos tentando conquistá-la. Enfim, casa-se com D. Rita Preciosa atingindo seu objetivo. Domingos Botelho é nomeado juiz de fora de Cascais. Consegue transferência para a Vila Real, de onde se origina sua família, e para lá segue com a esposa.

Do casamento nascem 5 filhos: dois rapazes e três meninas. No entanto, D. Rita Preciosa, bela de aparência, sente falta da vida na corte. Descontente, ridiculariza o parentesco do marido e situações da vida provinciana, despertando o interesse de outros cavalheiros e o conseqüente ciúme do marido.

Após 6 anos, transferem-se para Lamego. Lá são recebidos com desdém e, passado algum tempo, instalam-se em Viseu. Aí, em 1801, Domingos Botelho exerce o cargo de corregedor. Manuel, filho mais velho, tem 22 anos, estuda Direito. Simão, com quinze anos, estuda Humanidades em Coimbra.

Manuel reclama do gênio agressivo e dado a arruaças de seu irmão mais jovem. Quer afastar-se de sua convivência. Depois de queixar-se ao pai, dirige-se a Bragança em busca de uma carreira militar. Simão, durante as férias, volta para casa e envolve-se numa contenda de rua, distribuindo fartamente golpes violentos. Os feridos clamam justiça na porta do magistrado, que se vê obrigado a dar ordem de prisão contra o próprio filho. A mãe o ajuda financeiramente, a fim de que possa fugir para Coimbra.

Capítulo II

Aos dezesseis anos Simão Botelho está convicto de sua valentia. Devido a todo um contexto histórico-político, assume idéias libertárias, anti-monárquicas, comuns na vida acadêmica da época. Chega a defender publicamente a idéia de uma regeneração de Portugal por meio de um "batismo de sangue". Delatado por seus condiscípulos, é preso e mantido em cárcere acadêmico por seis meses. Simão perde o ano letivo e retorna à casa paterna, em Viseu. A mãe intercede em seu favor, junto ao pai. O rapaz, secretamente, apaixona-se por Teresa Albuquerque e é correspondido. Trata-se de uma menina de 15 anos, rica herdeira, cuja família desagrada-se profundamente dos Botelho, por questões de terra e por ter empregados envolvidos na pancadaria, já mencionada, promovida por Simão. O rapaz tem sua vida transformada pelo amor. Torna-se recatado e pensa em se formar, obter um cargo de renome para poder casar e sustentar a moça que ama. Retorna à Universidade onde se torna um dos melhores estudantes, correspondendo-se com Teresa.

Cap. III e IV

Teresa e Rita, a irmã mais nova de Simão, aproximam-se e conversam das janelas de suas casas, até que Domingos Botelho toma conhecimento. Dirige ofensas à casa vizinha.

O pai de Teresa a repreende suavemente, pois está tratando de seu futuro casamento com um sobrinho, Baltasar Coutinho. Chama-o a Viseu e dá-lhe instruções. O rapaz a corteja e apaixona-se por ela. Declara-se e ouve a resposta convicta de que Teresa ama a outro, como já era de seu conhecimento. O pai, ao saber da resposta firme, comunica à filha que jamais permitirá a consumação deste amor, nem que tenha de colocá-la num convento. Ela, de forma admirável, nega-se ao casamento com o primo, mas promete cortar relações com Simão para escapar ao convento, com que o pai a ameaça. Escreve ao amado uma carta relatando o acontecimento, mas omite as ameaças de Baltasar. O pai não mais a molesta e ela se corresponde semanalmente com o namorado. Numa manhã de junho de 1803, Teresa é chamada para ir à missa e ouve de seu pai que sua mão será dada em casamento ao primo. Ela recusa. O pai a amaldiçoa. Baltasar o persuade a não mandá-la para o convento, garantindo que irá livrar-se de Simão assim que ele vier a Viseu. Teresa escreve, relatando todos os fatos. Simão luta contra seus ímpetos de matar Baltasar. Vai a Viseu secretamente e marca um encontro com a namorada. Esse encontro deverá ocorrer no portão da casa de Teresa, na noite de seu aniversário.

Capítulo V e VI

Na casa, as irmãs de Baltasar tentam persuadir Teresa a aceitar o casamento. Ela transfere o encontro com Simão para a noite seguinte, percebendo a ausência de Baltasar e temendo ser seguida. Realmente, o primo, envolto na escuridão, é visto por Simão, mas se faz passar por um rapaz que fora à casa na esperança de encontrar alguém, assim como o próprio Simão. De volta, Simão conversa com o mestre ferrador João da Cruz, que relata dever um favor a seu pai, o corregedor, obtendo abrigo e apoio a partir dali.

O ferrador conta ainda ao protagonista que, há cerca de dois meses atrás recebera uma grande oferta de Baltasar, para pôr fim a sua vida, pois tinha sido antigo empregado da família. Por isso, desaconselha o encontro previsto por temer maus acontecimentos. O mesmo faz sua filha, Mariana, cheia de pressentimentos ruins.

Na noite seguinte, Simão se dirige ao local porém, antes dele, ali haviam estado o mestre ferrador e seu cunhado abrindo caminho, pois era esperado por dois assassinos a mando de Baltasar.

Os assassinos afastam-se da casa, indo esperar os visitantes fora da cidade. Simão encontra brevemente Teresa. João da Cruz e o cunhado defrontam-se com os assassinos na estrada, ali matando um deles. Simão é ferido levemente. Resta o outro que, apesar dos protestos de Simão, é morto friamente pelo ferrador para não testemunhar contra os três.

Capítulo VII e VIII

O pai de Teresa e Baltasar resolvem nada comentar sobre o ocorrido para não chamar suspeitas sobre si. Teresa é mandada a um convento em Viseu, temporariamente, sob ordens de confinamento, e conhece ali pessoas com um modo de vida mesquinho e degradante.

Simão recupera-se desfrutando dos cuidados da filha do ferrador, Mariana, que o ama em segredo. Ele recebe cartas de Teresa relatando sobre a vida no convento. Responde-lhe, dizendo que a irá tirar de lá. Mariana percebe que ele se encontra sem dinheiro. Em concordância com o pai, inventa que a mãe de Simão soubera de sua estada lá e mandara-lhe dinheiro.

Capítulo IX a XI

Teresa recebe a comunicação de que será transferida para o convento de Monchique, na cidade do Porto. Impedida de se corresponder com Simão, recebe a visita de Mariana que passa a auxiliar os enamorados. A filha do ferrador traz uma carta de Simão e retorna com o pedido de Teresa para que Simão a espere no Porto e para que não faça tentativas de raptá-la, pois sua transferência será acompanhada por uma comitiva, inclusive com o primo Baltasar Coutinho.

Simão fica enciumado e, tomado de revolta, propõe-se a não esperar os fatos que se preparam. Escreve uma carta de despedida e toma-se de angústia. Sai de madrugada, mas é visto por Mariana que avisa seu pai.

Simão aguarda até o amanhecer na frente do convento. Chegam as irmãs de Baltasar, ele próprio e o pai de Teresa, Tadeu Albuquerque. Teresa surge, discute com Baltasar. Simão, completamente determinado, e de espírito entregue à própria sorte, mata Baltasar e é preso em flagrante.

Teresa segue para Monchique desacordada. Simão é levado à prisão, e seu pai o repudia violentamente.

Mariana vai visitá-lo.

Cap. XII a XX.

O corregedor, pai de Simão, transfere-se para Vila Real com a família, a fim de não participar de modo algum no processo que se instaura.

O casal se separa por não concordar nos procedimentos em relação ao filho - o pai se mostra inflexível e a mãe tenta ajudá-lo. Escreve-lhe, mas a correspondência é toda interceptada pelo marido. Simão é condenado à forca, o que significa grande desonra. O pai só passa a lutar pela mudança da pena ao ser obrigado por um tio-avô que o chama à razão.

Chega o dia do julgamento. Simão, impassível, reafirma seus atos. Passam-se sete meses durante os quais Mariana, a filha do ferrador, o atende com todo o desvelo. Por fim, sofre tanto que perde o juízo e é levada à força para casa pelo pai.

Teresa, no convento, entrega-se ao desânimo e está prestes a morrer. No entanto, recebe uma carta de Simão, falando de sua transferência para as cadeias do Porto e da esperança em ter a absolvição ou comutação[45] da pena. Com isto, recebe um novo alento.

O pai de Teresa vem ao convento e tenta de todas as maneiras retirá-la de lá, para que não permaneça na mesma cidade que o namorado. Não consegue, pois a saúde da moça está abalada.

Simão recebe a visita de João da Cruz, que trouxera a filha Mariana, já recuperada das perturbações mentais. Ele mesmo leva carta de Simão a Teresa e, por meio de uma criada, acertam o ir e vir da correspondência. Mariana passa a servir Simão e a ser sua única companhia.

---

[45] Atenuação da pena através da sua substituição por outra mais leve. NE

Manuel Botelho, o irmão mais velho, volta da Espanha acompanhado por uma amante, pois os recursos que sua mãe enviava acabaram-se. O pai toma conhecimento do fato. Faz com que a senhora volte para junto de sua mãe, em Açores. Manuel é preso como desertor da cavalaria de Bragança. Mais tarde, obtém o perdão e transfere-se para Lisboa.

João da Cruz, cheio de pressentimentos, é assassinado. Simão e Mariana se comovem. Mariana, de posse da herança paterna, entrega sua vida e destino a acompanhar Simão, determinando-se a morrer, inclusive.

Simão tem sua pena transformada em degredo para a Índia, por dez anos. Seu pai intervém e consegue nova mudança: dez anos de cadeia. Simão prefere o degredo à prisão, apesar do pedido de Teresa, cuja saúde piora bastante. Os dois trocam suas últimas cartas.

Ao todo, dois anos de cárcere haviam se passado, tanto para Teresa quanto para Simão.

Chega o dia da partida. Teresa sobe ao mirante do convento e vê o navio se afastar. Simão reconhece de longe o vulto. Teresa não resiste e falece.

Conclusão

Simão é acometido de febre alta, ao saber da morte da amada. Após 9 dias, morre ao amanhecer.

"Mariana colou os ouvidos aos lábios roxos do moribundo, quando cuidou ouvir o seu nome.

"Tu virás ter conosco; ser-te-emos irmãos no Céu... O mais puro anjo serás tu... se és deste mundo, irmã; se és deste mundo, Mariana..

"A transição do delírio para a letargia completa era o anúncio infalível do trespasse.

"Ao romper da manhã apagara-se a lâmpada. Mariana saíra a pedir luz, e ouvira um gemido estertoroso. Voltando às escuras, com os braços estendidos para tatear a face do agonizante, encontrou a mão convulsa, que lhe apertou uma das suas, e relaxou de súbito a pressão dos dedos.

"Entrou o comandante com uma lâmpada, e aproximou-lha da respiração, que não embaciou levemente o vidro.

"– Está morto! – disse ele.

"Mariana curvou-se sobre o cadáver, e beijou-lhe a face. Era o primeiro beijo. Ajoelhou depois ao pé do beliche com as mãos erguidas, e não orava nem chorava.

"Algumas horas volvidas, o comandante disse a Mariana:

"– Agora é tempo de dar sepultura ao nosso venturoso amigo... É ventura

morrer quando se vem a este mundo com tal estrela. Passe a senhora Mariana ali para a câmara, que vai ser levado daqui o defunto.

"Mariana tirou o maço das cartas debaixo do travesseiro, e foi a uma caixa buscar os papéis de Simão. Atou o rolo no avental, que ele tinha daquelas lágrimas dela, choradas no dia da sua demência, e cingiu o embrulho à cintura.

"Foi o cadáver envolto num lençol, e transportado ao convés.

"Mariana seguiu-o.

"Do porão da nau foi trazida uma pedra, que um marujo lhe atou às pernas com um pedaço de cabo. O comandante contemplava a cena triste com os olhos úmidos, e os soldados que guarneciam a nau, tão funeral respeito os impressionara, que insensivelmente se descobriram.

"Mariana estava, no entanto, encostada ao flanco da nau, e parecia estupidamente encarar aqueles empuxões que o marujo dava ao cadáver, para segurar a pedra na cintura.

"Dois homens ergueram o morto ao alto sobre a amurada. Deram-lhe o balanço para o arremessarem longe. E, antes que o baque do cadáver se fizesse ouvir na água, todos viram, e ninguém já pôde segurar Mariana, que se atirara ao mar.

"À voz do comandante desamarraram rapidamente o bote, e saltaram homens para salvar Mariana.

"Salvá-la!...

"Viram-na, um momento, bracejar, não para resistir à morte, mas para abraçar-se ao cadáver de Simão, que uma onda lhe atirou aos braços. O comandante olhou para o sítio donde Mariana se atirara, e viu, enleado no cordame, o avental, e à flor da água, um rolo de papéis, que os marujos recolheram na lancha. Eram, como sabem, a correspondência de Teresa e Simão.

"Da família de Simão Botelho vive ainda, em Vila Real de Trás-os-Montes, a senhora d. Rita Emília da Veiga Castelo Branco, a irmã predileta dele[46]. A última pessoa falecida, há vinte e seis anos, foi Manuel Botelho, pai do autor deste livro."

V - SÍNTESE DO ENREDO

Simão Botelho, jovem estudante de 18 anos, filho de um magistrado da cidade de Viseu, tem um temperamento agressivo e desordeiro. Depois de se envolver em contendas político-universitárias, permanece por alguns meses preso e vai passar uma temporada na casa dos pais.

Lá, apaixona-se pela filha de uma família vizinha, Teresa Albuquerque, 15 anos de idade, e tem seu comportamento transformado, tornando-se pacífico e estudioso.

---

[46] Consta na quinta edição da obra que esta falecera em 1872.

Existem rixas antigas entre as famílias e o pai da Teresa apressa um casamento arranjado com o sobrinho, Baltasar Coutinho. Teresa o repele e afirma seu amor por Simão.

Baltasar encarrega dois empregados de matá-lo, ao saber que ele estaria próximo à casa da prima. Simão recebe ajuda do mestre ferrador João da Cruz que termina por liquidá-los. O jovem Simão, ferido, esconde-se e é tratado na casa do ferrador pela sua filha Mariana, que se apaixona por ele. Teresa é afastada para um convento próximo por se recusar ao casamento forçado. Diante da perspectiva de nova remoção para um convento no Porto, Simão, percebendo a impossibilidade de juntar-se a Teresa, resolve, ao menos, livrá-la do assédio do primo. Perante todos, mata o rival Baltasar e Teresa é, por fim, transferida. Simão é preso e assume integralmente seus atos, sendo condenado à forca. É repudiado pelo pai, que lhe nega ajuda. Durante o processo é conduzido para a cidade do Porto, onde permanece no cárcere por dois anos, sempre sendo servido por Mariana e seu pai. Corresponde-se com Teresa, reclusa num convento próximo, cuja saúde se encontra muito debilitada. Sua pena é transformada em dez anos de degredo para a Índia.

A amada perde a vontade de viver e no dia da partida do navio, depois de acenar-lhe, falece. Simão, ao saber de sua morte, passa por 9 dias de febre intensa. Morre em alto-mar e seu corpo, ao ser lançado nas águas, é acompanhado por Mariana, a jovem devotada, que se suicida.

VI - ESTRUTURA DA OBRA

O romance *Amor de perdição* inicia-se com uma Introdução onde o narrador, em terceira pessoa, fala de um caso ocorrido já há muitas décadas. Adverte os leitores para o fato de tratar-se de uma história comovente, e que causará a indignação ao saberem dos motivos que levaram o jovem Simão Botelho ao degredo antes dos 20 anos de idade. De antemão, fala de almas enamoradas, cujo pecado foi não se curvarem perante as imposições paternas.

Do capítulo I ao IX narra-se a aproximação dos jovens. O décimo capítulo pode ser considerado o clímax, pois Simão mata o pretendente de Teresa, é preso, e ela é confinada num convento. Daí até o vigésimo capítulo, teremos os sofrimentos amorosos advindos da separação, balanceados por esperanças que se tornam infrutíferas. Ao casal, junta-se outra personagem que ama e sofre: Mariana, a filha do ferrador, que dedica a Simão um amor sincero e totalmente desprovido de interesses.

Ao final, a partida de Simão para o exílio representa o fim trágico dos três envolvidos.

Lembramos, no entanto, que o fato em si gerou outras mortes, como a de João da Cruz (aliado de Simão).

Por último, há uma Conclusão, em que o narrador revela-se sabedor dos fatos por ter tido acesso à correspondência dos jovens, e pelos relatos da irmã caçula de Simão, que vem a ser sua tia, pois é filho de Manuel Botelho, o primogênito.

a) Tempo Cronológico:

O narrador apresenta-se com a pretensão de contar uma trágica história de amor, da qual já se passam muitos anos.

- 1767 a 1801: trajetória de Domingos Botelho até constituir família e instalar-se em Viseu.

- 1801 a 1803: Simão, com 15 anos, tem uma vida estudantil turbulen ta, até apaixonar-se, aos 18 anos, por Teresa Albuquerque.

- 1805 a 1807: Simão permanece preso na cidade do Porto, enquanto corre o processo que o condenará pela morte de Baltasar; Teresa fica enclausurada no convento de Monchique, na mesma cidade.

- 1807 (março): partida do navio de degredados para a Índia; morte dos três principais protagonistas: Simão, Teresa e Mariana.

Volta o narrador, dando-nos a idéia de um tempo presente, já distanciado em aproximadamente seis décadas do final dos fatos.

b) Espaço:

Basicamente, temos:

Viseu - cidade provinciana, bastante tradicional e de hábitos conservadores. A sociedade local assenta-se sobre as divisões de classe, bem definidas. As famílias das personagens principais são destacadas dentro dessa hierarquia.

Vê-se as classes sociais mais baixas (empregados, prestadores de serviços etc.), ora bastante servis e leais, ora rudes, a serviço de todo e qualquer desígnio dos patrões.

Cidade do Porto - centro urbano, onde as grandes decisões são tomadas.

Em especial, temos o cárcere, onde não há preocupação em manter um mínimo de conforto e dignidade para os detentos; e o convento de Monchique, que não é exatamente um modelo de virtudes e de vida regrada, como se poderia pensar.

c) Personagens:

Simão Botelho: jovem estudante, filho do corregedor Domingos Botelho. De caráter impetuoso e dado a desordens, ao apaixonar-se torna-se pacífico e retoma os estudos com toda a dedicação. Perante a iminência de perder a amada, dispõe-se a matar o pretendente e a assumir as conseqüências.

Teresa Albuquerque: moça altiva e decidida, pertencente a uma família de posses da região. Enfrenta a autoridade paterna, preferindo a clausura a um casamento arranjado.

Mariana: moça de família humilde, filha do ferrador que será o grande aliado de Simão. Entrega seu coração e seus préstimos ao homem que ama (Simão), mesmo sabendo que dele só terá a amizade e o reconhecimento.

VII- ESTILO DE ÉPOCA E ESTILO INDIVIDUAL

A obra em foco pertence à corrente literária e artística denominada Romantismo, o que é facilmente comprovável, dadas as suas características maiores: o conflito principal gira em torno da realização amorosa; os sentimentos, não a razão, conduzem as ações das personagens; diante da impossibilidade da união, os jovens procuram ou aceitam a morte como única solução.

Assim, o amor torna-se o mais valoroso motivo para a existência dos apaixonados, que agem impulsiva e irracionalmente. Ao seu redor, os obstáculos se interpõem, em forma de interesses grosseiros, birras paternas e instituições moralistas e insensíveis. Não falta o ingrediente do suspense, que deixa por resolver os fatos no capítulo seguinte ou enxerta outros “casos” na trama principal, prolongando a expectativa.

O herói (Simão) é arrojado, é passional no sentido pleno da palavra, pois não hesita perante a morte em busca de seu ideal.

É importante ressaltar: a linguagem camiliana é admirável; a técnica de narrar bem uma história lhe pertence, pois sabe como prender o leitor pela emoção e sucessão de episódios. No dizer do estudioso Massaud Moisés, *"suas novelas, não obstante a repetição de motivos e o derramado passional e trágico, contêm verdade e vida..."* (*A Literatura Portuguesa,* Massaud Moisés, Ed. Cultrix, SP, 1984, pág. 183). Camilo Castelo Branco está entre os maiores prosadores em Língua Portuguesa do séc. XIX.

VIII- TEMÁTICA

Fundamentalmente, temos a realização amorosa e os impedimentos impostos a ela pela sociedade. Os sentimentos são colocados em primeiro plano (um plano idealizado), entrando em choque com a realidade (onde predomina a racionalidade).

Principais temas:

a) luta pela realização dos desejos amorosos;
b) conflito de interesses (indivíduo x sociedade);
c) autoritarismo paterno;
d) impedimento do ideal amoroso;
e) o amor platônico (doação de Mariana);
f) a amizade ilimitada (João da Cruz).

EXERCÍCIOS

1. Entre os inúmeros gêneros ou espécies literárias a que se dedicou, qual é aquela em que Camilo obteve maior consagração?

2. Assinale o tema a que mais está ligada a obra do autor em questão (que melhor sintetiza):

a) a intransigência paterna
b) conflito de ordem religiosa
c) a rebeldia filial
d) conflito amoroso
e) disputa pelo poder

3. Quem é a personagem que dedica a Simão Botelho um amor desmedido e desinteressado, e cuja presença circunscreve um "triângulo amoroso" na trama principal?

a) Rita Preciosa
b) Ana
c) Mariana
d) Teresa

4. Qual a única seqüência que aponta características irrefutáveis da personalidade do jovem Simão Botelho?

a) tranqüilo, racional, apaixonado
b) valente, intempestivo, ardoroso
c) cauteloso, comedido, desordeiro
d) irresponsável, ingrato, calculista
e) aproveitador, cínico, irreverente

5. O conflito principal de *Amor de Perdição*, culminando no final trágico, faz lembrar outro drama que vem a ser:

a) *Ilíada*, de Homero
b) *Otelo*, de Shakespeare
c) *Werther*, de Goethe
d) *Romeu e Julieta*, de Shakespeare
e) *Madame Bovary*, de Flaubert

Respostas:

1. Novela passional.
2. d
3. c
4. b
5. d

LEIA TAMBÉM O SEGUNDO LIVRO DESTA COLEÇÃO DE ANÁLISE PARA VESTIBULARES

Literatura Portuguesa
e
Brasileira

VOLUME 1

Análise e resumo das obras:	**Vestibulares que solicitaram para 1997**
Auto da Barca do Inferno	FUVEST
Lira dos Vinte Anos	FUVEST - PUC
Memórias de um Sargento de Milícias	FUVEST- PUC
A Cidade e as Serras	FUVEST
Dom Casmurro	FUVEST,PUC,UNISANTOS,UNIMES,UNIMEP,UNISANTA
Contos Novos	FUVEST
São Bernardo	FUVEST,PUC,UNISANTOS,UNIMES,UNIMEP,UNISANTA
Campo Geral	FUVEST
Morte e Vida Severina	FUVEST, PUC, UNICAMP, PUCCAMP
Memorial do Convento	FUVEST, UNICAMP

AMAR, VERBO INTRANSITIVO
de Mário de Andrade
por José Paulo Ferrer

Tomamos como base desta análise *Amar, Verbo Intransitivo*, Villa Rica Editoras Reunidas Ltda., 18ª edição, 1992, Belo Horizonte. Esta edição é recomendável por trazer um estudo introdutório de Telê Porto Ancona Lopez, além de textos do próprio Mário.

I - BIOGRAFIA

O escritor Mário Raul de Morais Andrade nasceu em São Paulo, no dia 9 de outubro de 1893. Estudou piano, de 1911 a 1917. Neste mesmo ano, publicava seu primeiro livro, *Há uma gota de sangue em cada poema*, assinado com o pseudônimo Mário Sobral, com poesias parnasianas, obra que não alcançou repercussão.

Em 1922, Mário passa a lecionar Estética e História da Música, no Conservatório Dramático e Musical. Participa, com destaque, da Semana de Arte Moderna. Ainda em 1922, publica *Paulicéia desvairada*, livro em que ele fixa, no "Prefácio Interessantíssimo", as diretrizes estéticas do movimento modernista.

Publicou *A escrava que não é Isaura* em 1925, ensaio em que apresenta a teoria poética do modernismo. Em 1926, saem *Losango cáqui* (poesia) e *Primeiro andar* (contos). Em 1927, *Clã do jabuti* (poesia) e *Amar, verbo intransitivo* (romance). *Macunaíma*, sua obra mais conhecida, é publicada em 1928.

Paralelamente à sua obra literária, fez viagens de pesquisa folclórica e histórica, a Minas Gerais e ao Norte do Brasil; escreveu crônicas, fez crítica literária, realizou extensa obra tratando de artes plásticas, musicologia e folclore. E existe ainda uma intensa troca de correspondências de Mário de Andrade com Manuel Bandeira, Carlos Drummond de Andrade, Paulo Duarte, Fernando Sabino, dentre muitos outros representativos intelectuais de nosso país.

Mário de Andrade, em colaboração com Paulo Duarte, criou em 1935 o Departamento Municipal de Cultura de São Paulo, realizando, como seu primeiro diretor, um trabalho da maior significação: os primeiros parques infantis, a Biblioteca Municipal, a Discoteca Pública. Elaborou, em 1936, o anteprojeto da criação do Patrimônio Histórico e Artístico Nacional, promovendo o tombamento dos principais monumentos históricos do período colonial. Em 1937, Mário fundou a Sociedade de Etnografia e Folclore de São Paulo. Em 1939, elaborou o anteprojeto da futura *Enciclopédia Brasileira.*

Com sua obra multifacetada, de poeta e ficcionista, crítico e historiador, professor e jornalista, Mário foi a personagem mais significativa do modernismo brasileiro, imprimindo à sua obra uma crescente preocupação social e uma busca incessante do falar brasileiro.

Mário de Andrade faleceu em São Paulo, a 25 de fevereiro de 1945.

II - BIBLIOGRAFIA

A) Poesia: *Há uma gota de sangue em cada poema* (1917); *Paulicéia desvairada* (1922); *Losango cáqui* (1926); *Clã do jabuti* (1927); *Remate de males* (1930); *Poesias* (1941); *Lira paulistana* (1946); *O carro da miséria* (1946); *Livro azul*; *A costela do Grã Cão*; *Café* (1955).

B) Contos: *Primeiro andar* (1926); *Os contos de Belazarte* (1934); *Contos novos* (1946); *Balança, Trombeta e Battleship* (1994).

C) Romances: *Amar, verbo intransitivo* (1927); *Macunaíma* (1928); *O banquete* (1977).

D) Crítica e Teoria Literária: *A escrava que não é Isaura* (1925); *Aspectos da literatura brasileira* (1943); *O empalhador de passarinho* (1944); *Vida literária* (1993).

E) Crônica: *Os filhos da Candinha* (1943); *Táxi e crônicas no Diário Nacional* (1976); *Será o Benedito!* (1993); *Crônicas de Malazarte* (1993).

F) Música e Folclore: *Ensaio sobre a música brasileira* (1928); *Compêndio de história da música* (1929); *Modinhas imperiais* (1930); *Música, doce música* (1933); *Namoros com a medicina* (1939); *Música do Brasil* (1941); *Danças dramáticas do Brasil*, 3 vols. (1959); *Música de feitiçaria no Brasil* (1963); *Aspectos da música brasileira* (1965); *Introdução à estética musical*; *Dicionário musical brasileiro* (1989); *Os cocos*; *Vida do cantador* (1993); *Música e jornalismo* (1993).

G) Artes Plásticas: *Aspectos das artes plásticas no Brasil*; *Padre Jesuíno do Monte Carmelo* (1945).

H) Cartas: *Cartas a Manuel Bandeira* (1958); *71 Cartas de Mário de Andrade* (s/d.); *Mário de Andrade escreve cartas a Alceu, Meyer e outros* (1968); *Mário de Andrade por ele mesmo* (1971); *Itinerários* (1974); *Cartas a um jovem escritor* (1981); *Mário de Andrade: Cartas de trabalho* (1981); *Cartas a Murilo Miranda* (1981); *Correspondente contumaz* (1982); *A lição do amigo* (1982); *Cartas a Oneyda Alvarenga* (1983); *Cartas a Álvaro Lins* (1983); *Cartas a Prudente de Moraes, neto* (1985); *Cartas a Anita Malfatti* (1989); *Querida Henriqueta* (1990); *Cartas a Luís da Câmara Cascudo* (1991); *Postais* (1993); *Cartas a Mário de Andrade* (1993); *Cartas do irmão menor* (1994).

l) Outros: *O Baile das quatro artes* (1943); *O turista aprendiz* (1976); *A arte religiosa no Brasil* (1993); *A enciclopédia brasileira* (1993); *O fotógrafo Mário de Andrade* (1993).

III - APRESENTAÇÃO

Mário de Andrade foi o principal, mais versátil, mais influente dos autores do movimento modernista. Possuidor de uma consciência artística aguçada, buscou sempre a experimentação, tanto na estrutura de suas obras, como na linguagem e na temática.

Amar, verbo intransitivo ficou pronto em 1924, embora só fosse publicado três anos depois, às expensas de Mário de Andrade. Pouco tempo havia se passado desde a Semana de Arte Moderna. É um romance com enredo muito tênue e personagens pouco delineados. Montado de forma nada convencional, traz, intercaladas com os movimentos das personagens, constantes digressões[47] filosóficas e intromissões do narrador, em que ele, praticando a metalinguagem[48], hoje tão habitual, comenta e questiona o próprio romance ou discute com as personagens. Outro recurso são as referências intertextuais[49] (Bernardin de Saint-Pierre[50], Gonçalves Dias, Castro Alves, Heine e outros). A experimentação está presente desde o título, concluindo com um fim que ainda não é o final. E, na linguagem, Mário busca uma sintaxe popular, melodia nova, bem brasileira, com a utilização de regionalismos, galicismos, italianismos, gírias, palavras de origem tupi, onomatopéias, coloquialismos, colocações pronominais típicas da linguagem popular, inclusive erros propositais (como *trigres* e *xicra*).

Com o idílio[51] de Carlos e Elza, Mário de Andrade busca desnudar as relações inautênticas no seio de uma família burguesa, tradicionalista e convencional: na década de 20, o chefe da família tenta controlar a iniciação sexual de seu filho, contratando uma governanta alemã com a finalidade de lhe ensinar o amor.

---

[47]Digressões: fugas da narrativa para discorrer a respeito de temas paralelos.
[48]Metalinguagem: é o discurso que se centra nele mesmo.
[49]Referências intertextuais: que tratam de outros textos, dentro de uma obra, e de suas relações com o próprio texto.
[50]Bernardin de Saint-Pierre (1737-1814) é o autor do idílio *Paul et Virginie*, cuja história se passa numa ilha perdida no Oceano. Esta obra criticava a deturpação dos instintos puros pela civilização.
[51]Idílio: em grego, quer dizer pequeno quadro; forma literária, poética, que apresenta o quadro de um espaço pacífico, ingênuo, estilizado. Quadro lírico.

Obra de inegáveis méritos, mas pouco compreendida, devido às sutis relações que Mário de Andrade cria entre seu romance e múltiplas manifestações artísticas (a ópera de Wagner, o idílio de Bernardin de Saint-Pierre, poemas, pintura, cinema, teatro).

IV - RESUMO DO ENREDO

O livro é dividido em pequenos blocos de texto, sem subtítulos, divididos por simples espacejamentos, que não chegam a ser capítulos, mas seqüências aparentemente soltas.

Em seu quarto de pensão, Elza (Fräulein) se despediu de Felisberto Sousa Costa, pedindo-lhe que informasse a esposa a respeito do que eles haviam combinado. Fräulein chegou à casa dos Sousa Costa, no tradicionalíssimo bairro de Higienópolis. Conheceu seu novo quarto, comparando-o com os quartinhos de pensão. Fräulein ouviu os ruídos dos bondes, cuja discrição comparou ironicamente com a dos novos-ricos. Fräulein refletiu sobre seu modo de trabalhar: *"Nenhuma faceirice*[52] *por enquanto. No princípio tinha de ser simples. Simples e insexual."* (p.50). Pensou num marido idealizado, e no relógio de pulso, que "*marcava aluado*". Fräulein estava impaciente à espera do almoço.

Carlos e Maria Luísa, os filhos mais velhos dos Sousa Costa, estavam se empurrando no corredor. Ao ser apresentada ao rapaz, Fräulein concluiu que "*o menino era um forte*".

Fräulein havia se integrado discretamente à rotina da casa, determinando as horas de lição, disciplinando as meninas etc. Fräulein via-se como "*mecanismo novo da casa*" (p.54). O narrador reflete a respeito do nome "Fräulein", nome esquisito, mas que perdeu o encanto, pela banalização: *"Elza lhes fizera repetir muitas vezes, vezes por demais a palavra! Metodicamente a dissecara. 'Fräulein' significava só isto e não outra coisa. E elas perderam todo o gosto com a repetição."* (p.54)

O narrador compara os alemães (previsíveis) aos latinos, imprevisíveis e exclamativos.

Durante uma aula de alemão, Carlos respondeu em inglês, que ele conhecia melhor, a uma pergunta de Fräulein. *"Pra salvar a vaidade respondia em inglês."* (p.56) Ao terminar a aula, Carlos começou a provocar Maria Luísa. Fräulein tentou dominá-lo e ele se desvencilhou. *"Fräulein ficou imóvel. Deliciosamente batida."* (p.57)

O Narrador-Autor faz uma reflexão, à maneira de Machado de Assis,

---

[52]Faceirice: ostentação de elegância.

a respeito de seus prováveis 51 leitores. *"Cada um tinha a Fräulein dele na imaginação"* (p.57). Em seguida, passa à descrição da Fräulein que ele havia conhecido, e volta a falar em Carlos, de como ele começou a reparar em Fräulein.

O Narrador fala a respeito dos dois seres existentes no alemão, o homem-do-sonho e o homem-da-vida, e sobre a vontade de dominar o mundo, sobre as razões da primeira grande guerra: "***Vejo Serajevo***[53] ***apenas como bandeira****. Nas pregas dela brisam invisíveis as ambições comerciais. Pum! Taratá! Clarins gritando, baionetas cintilando, desvairado matar, hecatombes*[54]*, trincheiras, pestes, cemitérios... Soldados desconhecidos. A culpa era do homem-da-vida, não é? Porém a guerra foi inventada pelos proprietários das fábricas vizinhas, isso não tem güerê*[55] *nem pipoca! Não foi.*

"Culpa de um, culpa de outro, tomaram a vida insuportável na Alemanha." (p.61)

Carlos começou a mostrar um interesse repentino por aprender alemão e por tudo que dizia respeito à Alemanha. Vontade de aprender piano também. Fräulein estava começando a seduzir Carlos.

"É coisa que se ensine o amor? Creio que não. Pode ser que sim. Fräulein tinha um método bem dela. O deus paciente o construíra, talqual os prisioneiros fazem essas catitas cestinhas cheias de flores e de frutas coloridas. Tudo de miolo de pão, tão mimoso!" (p.63)

Fräulein começou a divagar a respeito do amor, do papel do homem e da mulher no lar.

"Fräulein engole quase um remorso porque se apanha a divagar. Queixumes do deus encarcerado. O homem-da-vida quer apagar tantas nuvens e afirma ríspido que não trata-se de nada disso: a profissão dela se resume a ensinar primeiros passos, a abrir olhos, de modo a prevenir os inexperientes da cilada das mãos rapaces[56]*. E evitar as doenças, que tanto infelicitam o casal futuro."* (p.63) E, em seguida, Fräulein comparou os alemães e os outros, considerando sua raça superior, passando a divagar a respeito do marido ideal, deixando seu pensamento oscilar entre o sonho e a realidade prática.

Carlos andava cismarento: *"Estava pertinho do suspiro, sem alegria nem tristeza, suspiro, no silêncio amigo do luar."* (p.66)

Aqui há um *flash-back*[57] sobre Fräulein e suas poucas relações na colônia alemã: leituras em grupo e piqueniques. Fräulein pensava no estado em que se encontrava a Alemanha.

A família iria ao cine Royal e Carlos, que nunca se interessava,

---

[53]Serajevo: o ponto de partida da Primeira Grande Guerra foi o assassinato do arquiduque da Áustria, em 1914, na cidade de Serajevo, na antiga Iugoslávia.
[54]Hecatombe: carnificina, sacrifício de numerosas vítimas.
[55]Güerê: termo não dicionarizado. Encontramos gueregueré, significando falatório, mexerico, intriga.
[56]Rapace: que rouba, rapinante.
[57]Flash-back é retrospecto, interrupção na seqüência temporal, para revelar fatos passados.

resolveu acompanhar as irmãs e, naturalmente, Fräulein. No quarto, descobriu-se apaixonado:

"Baixam rápidos do Empíreo[58] *os anjos do Senhor, asas, muitas asas. Tatalam produzindo brisa fria que refrigera as carnes exasperadas do menino. As massagens das mãos angélicas pouco a pouco lhe relaxam os músculos espetados, Carlos se larga todo em beata prostração. Os anjos roçam pela epiderme dele esponjas celestiais. Essas esponjas apagam tudo, sensações estranhas, ardências e mesmo qualquer prova de delito. Na alma e no corpo. Ele não fez por mal! são coisas que acontecem."* (p.70)[59]

Começaram a se verificar mudanças no comportamento de Carlos. Ele pedia que Fräulein tocasse piano, ficava passeando no jardim, não importunava mais suas irmãs.

Durante uma aula de alemão, Fräulein ditou a Carlos uma poesia de Heine. Ao corrigir o ditado encostou-se em Carlos: *"O rosto se apoiou nos cabelos dele. Os lábios quase que, é natural, sim: tocaram na orelha dele. Tocaram por acaso, questão de posição. Os seios pousaram sobre um ombro largo, musculoso, agora impassível escutando. Chuvarada de ouro sobre a abandonada barca de Dânae*[60]*... Carlos... êta arroubo interior, medo? vergonha? aterrorizado! indizível doçura... Carlos que nem pedra. Fräulein com a mão dele escreveu em letras palhaças: 'Tiefe ruht'.*

"Não tinham mais nada pra se falar, não tinham.

"Quando saíram da biblioteca, pela primeira vez, uma desesperada felicidade de acabar com aquilo." (p.75)

Dona Laura, ao perceber as alterações no comportamento do filho, foi ao quarto de Fräulein, pedindo-lhe que deixasse a casa. Então, Fräulein e ela procuraram Sousa Costa, que não tinha dito à esposa o que ela viera fazer ali. Sousa Costa tentou se justificar. Fräulein, indignada, disse que deixaria a casa no dia seguinte, retirando-se para seu quarto. Continuou o diálogo dos pais, na biblioteca, após a saída de Fräulein. Sousa Costa manifestava sua preocupação com os vícios da juventude. Resolveram continuar com Fräulein, discutindo para decidir quem se desculparia com ela.

O narrador faz uma descrição irônica do casal Sousa Costa dormindo.

No dia seguinte, à hora do café, o mordomo Tanaka aproveitou a ausência dos patrões para servir mal a Fräulein. Ela, nesse momento, *"é uma mulher desfeita, uma Fräulein que sofre"* (p.84). Ela sonha com o casamento idealizado. Pensa nas notícias tristes que lhe chegavam da Alemanha. *"A*

---

[58] Empíreo: Céu, morada dos deuses.

[59] Observe a sutileza com que o Narrador insinua a masturbação de Carlos.

[60] Dânae: mãe de Perseu, fruto de sua união com Zeus, que, disfarçado em chuva de ouro, penetrara na torre onde o pai a mantinha presa.

última carta do irmão eram dois braços implorantes pra América..." (p.85)

Sousa Costa mandou chamá-la à biblioteca e se desculpou. Fräulein concedeu. Carlos, durante a aula, perguntou a Fräulein o que sucedera. Ela desconversou, encostando-se em Carlos. Ele beijou Fräulein na boca, assistidos pelos livros da biblioteca: *"Das lombadas de couro, os grandes amorosos espiavam, Dante, Camões, Dirceu."* (p.90)

O Narrador faz uma reflexão sobre a felicidade: *"A felicidade é tão oposta à vida que, estando nela, a gente esquece que vive."* (p.90) Carlos começou a se declarar. Exigiu um encontro com Fräulein.

Descrevendo Carlos, o Narrador compara sua carne com carne bovina. Carlos estava aos beijos e provocações com as irmãs. O Narrador faz comentários sobre as pequenas malvadezas próprias das crianças.

Continuaram as turras entre os irmãos. Fräulein murmura a Carlos: *"– Meia-noite."*

Carlos ficou à espera da hora combinada, mas adormeceu. Acordou assustado e correu ao quarto de Fräulein. O Narrador se nega a contar a cena do quarto e faz considerações sobre as relações entre Fräulein e Tanaka, comparando-os com animais selvagens, tigres unidos para escapar de um incêndio, mostrando que, se durante o dia eles se alfinetavam, à noite conversavam: *"Principalmente o nipônico falava, que o alemão tinha as pernas mais altas do estudo pra se rojar no lamedo. Porém se percebia que escutava com prazer. E os dois tigres se aproximavam, olhos úmidos, eram irmãos."* (p.98) *"E têm isso de imensamente cômico, que no fundo se odeiam. Mas ali estão unidos por causa da 'Queimada'*[61] *de Castro Alves. Por causa das recordações, do exílio e da esperança."* (p.99)

Quando Carlos saiu cuidadoso do quarto de Fräulein, ela ficou encafifada (embora não fique claro o porquê).

No dia seguinte, quando Fräulein apareceu, Carlos ficou a admirá-la, encabuladíssimo, e foi chamado para a lição. Durante a aula, eles se beijaram e se agarraram.

Fräulein perguntou a Carlos acerca das outras mulheres que ele teria tido, ao que ele respondeu que ela havia sido a primeira. Ela não acreditou e ele respondeu: *"– Estar não é gostar, Fräulein!"*. Carlos confessou que já fizera sexo, anteriormente. *"O fato de Carlos não lhe ter dado a inocência, preocupava-a. Sejamos sinceros: aquilo machucou-lhe o orgulho profissional."* (p.102) Fräulein repeliu Carlos, chorou e a aula prosseguiu.

"...Fräulein pouco a pouco mecanizara a sua concepção pobre do amor. Ali

---

[61]Queimada: referência ao poema "A Queimada", de Castro Alves, em que o poeta condoreiro refere-se ao tigre e à corça, numa paisagem brasileira. "E às vezes sobre o cume de um rochedo / A corça e o tigre – náufragos de medo – / Vão trêmulos se unir!"

o homem-da-vida e o homem-do-sonho vinham se confundir na pregação duma verdade só e, bem mais engraçado ainda, na visão do mesmo quadro. Professora de amor... porém não nascera pra isso, sabia. As circunstâncias é que tinham feito dela a professora de amor, se adaptara. Nem discutia si era feliz, não percebia a própria infelicidade. Era, verbo ser." (p.103) Novamente, ela voltava à idealização do amor e do casamento. Fräulein teria sempre a sensação, em relação à primeira experiência sexual de Carlos, "*de que tinham lhe passado a perna*".

Carlos ficou em dúvida, se contava ou não aos seus camaradas o que sucedera entre eles.

Durante o almoço, no dia seguinte, Fräulein não se lembrava do que queria dizer uma palavra alemã, e Carlos ficou com medo de descobrirem o que havia entre eles. A família fez uma viagem de carro, à nova chácara de Sousa Costa, em Jundiaí. Maria Luísa ficou febril, no retorno. Fräulein, durante o jantar, lembrou qual era a palavra: "*– É segredo*!" Carlos ficou tranqüilizado: *"Nunca ninguém descobrirá! Sousa Costa, não sei, porém me parece que teve uma intuição genial: olha malicioso pros dois."* (p.111)

A família ficou consternada com a gripe de Maria Luísa. Dona Laura fez um chá para a filha, mas quem levou o chá para a menina foi Fräulein, que assumia uma atitude maternal em relação a quase todos, com exceção de Carlos.

A família foi para o Rio. O narrador tece considerações a respeito do método de trabalho de Fräulein: *"... sem sacrifício mútuo não tem felicidade nem paz, não é? (...) E se esmerava eloqüente, não se esquecendo nunca de contar o caso de Hermann e Dorotéia*[62]*. Porém não impressionava os discípulos. Aceitavam com facilidade, isso aceitavam, concordavam, olhavam pra ela francos, olhos rasgados com o luar da abnegação: ôh! sim! me sacrificar por ti!... E chegava o mal-entendido. Um menino alemão é possível que entendesse bem, mas estes brasileiros úmidos..."* (p.116)

A família fez um passeio na Tijuca. Aldinha pediu à mãe uma caixinha-de-música. Os pais ficaram imaginando que ela viesse a se tornar uma grande pianista. Novas considerações do narrador, comparando o modo de Fräulein e o dos Sousa Costa de passear: *"Estes brasileiros iam levar o corpo se gastar. Fräulein ia levar o corpo ganhar. (...) Ela se igualava às coisas de terra, eles se resguardavam indiferentes."* (p.118) *"Fräulein parecia uma criança. Criança brasileira? Não, criança alemã."* (p.118) Fräulein e Carlos passearam sozinhos nas Furnas. Sousa Costa chamou os dois. Carlos encontrou Fräulein acabrunhada, com vontade de chorar. Retorno. Uma última parada na gruta da Imprensa.

---

[62]Hermann e Dorotéia: idílio escrito por Goethe, publicado em 1797.

"Fräulein estacara devorando pela moldura das arcadas o mar. A tarde caía rápida. A exalação acre da maresia, o cheiro dos vegetais... Oprimem a gente. E os mistérios frios da gruta... Tanta sensação forte ignorada...a imponência dos céus imensos...o apelo dos horizontes invisíveis...Abriu os braços. Enervada, ainda pretendeu sorrir. Não pôde mais. O corpo arrebentou. Fräulein deu um grito." (p.121)

Todos se assustaram, devido ao grito de Fräulein.

Partida de volta ao Rio, no trem. O Narrador comenta que foi Fräulein quem havia feito, de fato, os preparativos do passeio. Laurita soletrava os nomes das estações. A pretinha Marina se deliciava com a viagem: *"A casa do pai dela, carapina de Jundiaí, era justo numa curva de apitar, e o apito nascera dentro dela como a suprema expressão da dignidade dos veículos.*

"Só uma coisa Marina ainda achava superior ao trem: ter dor de dente. Chegara a rezar a Deus pedindo que lhe mandasse uma dor de dente, nem que fosse uma dorzinha só, bem pequenina, porque achava muito lindo a gente andar com um lenço vermelho amarrado na cara. Achava lindíssimo." (p.123)

A família Sousa Costa deixou as janelas do trem abertas, incomodando os outros passageiros. Aldinha flertava com um garoto norueguês. *"A norueguesa olhou com ódio para Aldinha, e Fräulein, assim viajando de costas, captou o olhar da outra. Ficou envergonhada, aliás tudo a envergonhava naquela viagem brasileira, e tratou autoritariamente de fazer Aldinha sentar. Mas as crianças, com os pais ali, não obedeciam."* (p.124) As crianças queriam comer. Aldinha levou um sanduíche para o menino. Com o movimento do trem, Sousa Costa caiu por duas vezes em cima de Fräulein. Laurita errou o nome de uma estação, e Marina acertou. Com a atenção das pessoas, Marina foi tomada de um riso histérico. Laurita leu novo nome de estação, porém, leu a placa errada: Miquitório! Dona Laura, Fräulein e Sousa Costa envergonharam-se.

De volta a São Paulo, *"recomeçaram os encontros noturnos, que bom! Carlos evoluía rápido."* (p.129) *"No dia seguinte principia matutando com o desfecho, vem vindo a hora de acabar. Cumpriu a missão dela, o que sabia ensinou. O homem-da-vida e o homem-do-sonho passeiam braços-dados. Quatro contos pra cada um. Vamos tomar um chope. Fräulein sente uma fraqueza, sorri de amorosa. Pobre Carlos, vai sofrer... Vem uma revolta: que sofra! e ela então? Grande Alemanha sem recursos, desmantelada. Tudo rapidamente. Porém permanece um desejo mole pelo rapaz. Talvez a ensombre um arrependimento. O homem-da-vida afirma: Não. E vira o chope."* (p.131)

Fräulein e Sousa Costa tinham combinado pregar um susto em Carlos. Sousa Costa estava indeciso, dividido. Ora achava a idéia divertida, ora se irritava, sentindo inexplicáveis ciúmes do filho. Temia que Carlos fizesse barulho:

"– Mas Fräulein, não seria possível acabarmos de outra forma?... mansamente? Meu filho vai sofrer muito, é tão amoroso! Depois... depois eu falo tudo pra ele.

"Porém Fräulein já sabe que Sousa Costa promete e não cumpre, insistiu. De mais a mais assim, violentamente, a lição ficava mais viva no espírito, isto é, no corpo de Carlos." (p.132)

Sousa Costa surpreendeu Fräulein e Carlos juntos no quarto dela. Mandou o filho para seu quarto e depois foi conversar com ele, "desmascarar" Fräulein, como aventureira e mercenária. Assustou-o com o risco de uma gravidez indesejada. *"Não o obrigasse mais a gastar dinheiro com essas coisas. Carlos tira a cara das mãos, quer ver se o dinheiro é verdade."* (p.134)

Carlos se desesperou. Correu ao quarto de Fräulein, que se trancara e lhe pediu que fosse embora. Os pais acordaram, a mãe veio consolar o filho. Choravam os dois. As irmãs maiores acordaram com o barulho. Laurita adormeceu chorando.

Ficou decidido que Fräulein pegaria um trem para Santos. Dona Laura acordou Carlos, para se despedir de Fräulein. Os dois se despediram. Fräulein lhe beijou a testa.

"Os braços dele foram ficando vazios. Os braços dele ficavam compridíssimos. Foram descendo cansadíssimos. Teve uma vaga lembrança de que nem a beijara. Não, só um verbo naturalista: não aproveitara. E agora nunca mais. Porta que fecha. Sonolência. Não chorava. Foi andando. Parou calçando o chinelo. Subia os degraus." (p.137)

Fräulein entrou no carro, *"sacudida pelos soluços nervosos"*. Tanaka fechou o portão, *"se rindo"*. Carlos ficou à janela do quarto, vendo o carro se afastar. Na estação, Sousa Costa comprou o bilhete de Fräulein, que se despediu dizendo que desejava a felicidade de Carlos.

Fräulein ia pensando, durante a viagem: *"Assegurou-se de que a maleta estava ali, estava. Oito contos. Mais dois ou três serviços e descansava. Apesar de tudo, Carlos... que alma bonita, um homem. Tomou-a novo relaxamento de vontades. Doía. Talvez o amasse? Fräulein murmurou severamente o 'não', quase que os outros a escutaram. Sorriu. Uma ternurinha só. Muito natural; era um bom menino, e não pensemos mais nisso. Estava muito calma.*

"E o idílio de Fräulein realmente acaba aqui. O idílio dos dois. O livro está acabado.

FIM" (p.138)

O narrador, mesmo tendo dito que o livro terminara, continua acompanhando suas personagens. Continuam os pensamentos de Fräulein a respeito de Carlos, e sua fantasia a respeito do casamento idealizado.

Todos sofriam na casa. Naquele dia, Carlos não saiu do quarto, não tinha fome. Depois da janta, andou pelas ruas e ao voltar, trancou-se no quarto.

"Souza Costa seriamente preocupado, uma semana já e nada de melhorar... O rabicho tinha ido longe por demais. Se fossem pra fazenda?..." (p.141) A viagem à chácara foi um fiasco, sob a chuva, sem ninguém ter o que fazer lá. De volta a São Paulo, Carlos foi ao teatro, irritou-se e saiu no meio da sessão.

Aldinha falava do circo para Carlos. A mãe disse que ela estava "caceteando" o irmão. Ele negou.

"Quando aquilo acaba, Carlos se ressente. (...) Aceita corajoso toda dor. Porém que pena a pararaca[63] ter parado de falar!... (...) As imagens da saudade entulham tanto o caminho!... Varra isso daí! Tenho pressa e a vida inteira ainda por viver..." (p.144)

Carlos começava a se libertar, a esquecer Fräulein: *"Quer dizer que a amante principiava a ser idealizada. Breve se chamaria Nize, Marília, Salutáris Porta e outros nomes complicados. Não, isso pra Carlos é impossível. Breve Fräulein irá pra esse sótão da vida, quartinho empoeirado, aonde a gente joga os trastes inúteis. Até desagradáveis. Mas por agora ela apenas fôra viver num quarto andar. Sem elevador. Carlos já carecia de procurar a imagem dela muito alto."* (p.144)

Durante o corso[64], na avenida Paulista, Fräulein se divertia com outra família, em novo idílio. Fräulein comparava mentalmente os brasileiros com o marido alemão de suas idealizações. De repente, encontrou Carlos em outro carro, e ele lhe fez um gesto rápido de cabeça, o que mortificou Fräulein. Ela pensou no futuro e provável casamento de Carlos, em seus vários discípulos, e em Luís, o menino do momento:

"Porém como ele apenas esperasse um gesto dela pra recomeçar o aprendizado, Fräulein molemente buscou entre as mãos dele a fita da serpentina. O gesto preparado aproximara os corpos. Ondulação macia de auto é pretexto que amante não deve perder. Descansando um pouco mais pesadamente o ombro no peito dele, Fräulein se deixou amparar. Ensinava assim o mais doce, mais suave dos gestos de proteção." (p.147)

V - SÍNTESE DO ENREDO

Felisberto Sousa Costa, rico industrial de São Paulo, contrata a alemã Elza (Fräulein), professora de alemão e piano, para iniciar seu filho Carlos nas práticas amorosas, a fim de evitar que o rapaz seja iniciado por prostitutas, eliminando riscos financeiros e evitando problemas de saúde. Fräulein exige que ele informe a esposa do combinado, o que ele não faz. Dona Laura, ao perceber as evidentes transformações por

[63]Pararaca: termo de origem tupi, usado para designar pessoa tagarela, por associação ao barulho da água corrente sobre pedregulhos.

[64]Desfile de automóveis muito comum nos antigos carnavais paulistanos.

que passa o filho, pede a Fräulein que deixe sua casa. Fräulein percebe que Sousa Costa não havia contado nada à esposa, e as duas vão falar com ele. Fräulein continua seu duplo trabalho (pois, além da iniciação amorosa do rapaz, ela desempenha de fato, e bem, as funções de governanta e preceptora). Ela e Carlos começam a ter um caso. Sousa Costa, conforme o combinado com ela, surpreende de propósito os dois amantes no quarto de Fräulein, finge-se indignado e a demite. Carlos sofre, mas com o tempo supera a dor da perda, enquanto Fräulein continua a exercer sua profissão. Tempos depois, Fräulein e Carlos se encontram num corso de carnaval.

VI - ESTRUTURA DA OBRA

A) Foco Narrativo: o romance é narrado na terceira pessoa, por um narrador onisciente,embora demonstre algumas vezes a falta de um entendimento total da história, ou assuma freqüentemente uma atitude ambígua ou de dúvida: *"Fräulein não podia se sentir a gosto com aquela gente! Podia porque era alemã."* (p.59) *"É coisa que se ensine o amor? Creio que não. Pode ser que sim."* (p.63) *"Parece que sim. Afirmo que não. Ah! ninguém o saberá jamais!..."* (p.55) É um narrador que faz constantes comentários, à maneira de Machado de Assis, a respeito das personagens e de uma infinidade de temas: política, música, literatura, hermafroditismo, Freud, a felicidade, a consciência, a mediunidade etc.

O narrador, através da blague[65], da ironia, adota muitas vezes o ponto-de-vista das personagens, buscando construir um romance polifônico[66].

B) Tempo: a sucessão temporal é em geral, linear, mas entrecortada por abundantes comentários do narrador, e alguns *flash-backs,* como quando o narrador comenta as relações de Fräulein na colônia alemã, ou quando os dois amantes estão juntos pela primeira vez e ele passa a analisar as relações de Fräulein com Tanaka. O tempo verbal da voz narrativa em geral é o pretérito perfeito, mas em certos momentos, o narrador passa para o presente: "*Vejo esta cena.*

"No leito grande, (...) dormem marido e mulher." (p.83)

A ação se passa no início do século XX, como demonstram as referências à situação da Alemanha após a Primeira Guerra Mundial.

C) Espaço: o interior dos muros da mansão dos Sousa Costa, no bairro de Higienópolis, São Paulo, predomina, com algumas cenas transcorrendo em outros cenários: quarto de pensão de Fräulein, matinê no cine

---

[65] Blague: história engraçada, imaginada para enganar; gracejo, embuste.

[66] Polifônico: formado de muitas vozes.

Royal, visita à chácara, visita ao Rio (passeio às grutas, viagem de trem), viagem de Fräulein a Santos, corso na avenida Paulista.

D) Personagens:

Carlos: vai fazer dezesseis anos, opõe-se aos valores da família, mas está destinado a ser, também ele, apenas um homem saudável, honesto e vulgar. É um rapaz musculoso, grandalhão, esportista. Está vivendo a passagem de menino para homem, e cai na teia de sedução armada por Fräulein.

Fräulein: cerca de 35 anos, nem feia nem bonita, imigrada da Alemanha, leitora de clássicos (Schiller e Goethe), traz uma duplicidade de temperamentos que o narrador apresenta como sendo própria dos alemães: o homem-da-vida, prático, esperto, autoritário e dominador, e o homem-do-sonho, *"trapalhão, obscuro, nostalgicamente filósofo, religioso, idealista incorrigível"* (p.60).

Felisberto Sousa Costa: pai de Carlos, burguês caricato, com seus bigodes brilhantinados, seu perfume e suas frases feitas. Femeeiro[67] e de caráter fraco.

Dona Laura: mãe de Carlos, *"meia malacabada"*, ondulações suspeitas nos cabelos (provável ascendência africana), gorda, maior que o marido, acomodada, entediada, preguiçosa. Uma convenção hipócrita funcionava entre os dois: ela fingia ignorar as infidelidades de Felisberto e ele procurava ser discreto.

Maria Luísa (13 anos, de pouca saúde), **Laurita** (8 anos) e **Aldinha** (6 anos), irmãs de Carlos.

Tanaka, mordomo japonês dos Sousa Costa, desenvolve uma relação ambígua com Fräulein, entre picuinhas e conversas comovidas (quando a sós).

Marina, empregada negra, de 14 anos, que só aparece por ocasião da viagem ao Rio.

VII - ESTILO DE ÉPOCA E DO AUTOR

Amar, verbo intransitivo, publicado poucos anos após a Semana de Arte Moderna, é um romance que pretende realizar os princípios do modernismo, sintetizados pelo próprio Mário de Andrade: ele rompe com as subordinações acadêmicas, investe contra o naturalismo, volta-se contra o espírito conservador e conformista. Reivindicando o direito à pesquisa estética, este romance se apresenta como um questionamento de si mesmo, enquanto gênero. Por exemplo, neste trecho: *"Aquilo de*

---

[67] Femeeiro: mulherengo.

falar que 'hoje a filosofia invadiu o terreno do amor' e mais duas ou três largadas que escaparam na fala dela, só vai servir pra dizerem que o meu personagem está mal construído e não concorda consigo mesmo. Me defendo já." (p.78) E o narrador passa a discorrer sobre a construção das suas personagens.

Em relação a outro princípio do modernismo, a *atualização da inteligência artística brasileira*, basta observar nesta obra o esforço de assimilar a estética expressionista[68] (uso do grotesco, uso de detalhes significativos em *close*).

Recorrendo a recursos cinematográficos (cortes, *flash-backs*, falso fim) e a uma sintaxe popular, Mário empreende a sistematização culta dessa linguagem popular, evitando o regionalismo fácil: para isso, ele se preocupou em recolher modos de falar de várias regiões do Brasil, segundo seu próprio depoimento, em busca de uma fala brasileira "desgeograficada": *"minha terra do Amazonas ao Prata"* (p.151).

Na busca da língua popular brasileira, Mário de Andrade recorre a transgressões gramaticais. A ortografia é desrespeitada: *"Falemos dos trigres"* (p.97) *"...bota a xicra numa cadeira qualquer..."* (p.114) Pronomes oblíquos iniciam períodos: *"Lhe deu um olhar de confiança."* (p. 49) *"Se rindo do chuvisco de tapinhas..."* (p.52) *"Me defendo já."* (p.78) Uso de pronomes retos na função de objeto direto: *"Elsa viu ele abrir a porta da pensão."* (p.49) *"Pra divertir, fez ela decorar uma transcrição..."* (p. 66) Advérbios flexionados: *"meia medrosa", "Dona Laura ficou meia incomodada...", "meia malacabada".* Pleonasmos: "*mais piores*". Verbos duplicados: *"De repente fogefugia assustado..."* (p.51) *"Carlos abaixou o rosto, brincabrincando com a página".*

Frases nominais em quantidade: "*Penca de livros sobre a escrivaninha, um piano. O retrato de Wagner. O retrato de Bismarck*" (p.49) *"Sacudida revirada, tiririca, socos."* (p. 51) *"Machucador apenas."* (p.53)

Regionalismos: "*cutuba*", *"quebreira", "candongas", "assuntou*". Palavras de origem indígena: *"pararaca", "tapejara", "cunhãs", "anhangás", "janaíras", "morubixaba".* Coloquialismos ou gírias: *"um qualquerzinho", "só mais esta uminha", "encafifou", "cabelos mudáveis".*

Vale destacar a utilização de onomatopéias: *"Plequepleque, pleque...pleque..."* (p. 1) *"Pum! Taratá!"* (p.61) *"...tampar o peito com a cabeça dele. Pampampam...acelerado."* (p.74) "*Chiuiii...ventinho apreensivo.(...)Pláaaa...*" (p.87)

Finalmente, observemos as inovações relativas à pontuação. Com freqüência, Mário acompanha as divagações de Fräulein com períodos carregados de reticências. Também é freqüente o enfileiramento de adjetivos sem vírgulas a separá-los: *"Empurrada sacudida revirada."* (p.51) *"Tanta sensação forte ignorada..."* (p.121)

---

[68] Expressionismo: tendência artística e literária, surgida na Alemanha nos últimos anos do século XIX.

A obra se apresenta com uma aparência de desorganização, mesmo de conversa fiada, a uma leitura desprevenida, mas todos os seus elementos são internamente motivados, mesmo as citações aparentemente mais soltas, exigindo, para sua compreensão integral, um leitor muito bem informado, conhecedor dos textos e/ou autores mencionados em profusão (incluindo-se aqui obras científicas, óperas de Wagner, livros de filosofia), o que explica de certo modo porque ainda hoje é tão pouco conhecida, em relação a sua importância e qualidade.

VIII - PROBLEMÁTICA E PRINCIPAIS TEMAS

Mário de Andrade constrói, em *Amar, verbo intransitivo,* uma crítica, em tom de escárnio, à moral da burguesia paulistana do início do século. O expediente buscado por Sousa Costa é um processo pedagógico profundamente repressivo. Daí, o título paradoxal da obra. A intransitividade do amor estaria referida a este combinado doentio, à tentativa de ensinar o que não é ensinável, de oferecer e frustrar. Conforme o combinado, Fräulein se nega a continuar seu envolvimento amoroso com Carlos. A Carlos é igualmente negado este direito. O amor friamente programado escapa do projeto e machuca os dois amantes. Fräulein surge como vítima sem saída, marginalizada num mundo de domínio masculino, sem lugar para o relacionamento autêntico. E esta personagem apresenta-se rica, em meio a suas contradições: transgressora dos valores estabelecidos, mas ao mesmo tempo defendendo-os; professora de amor que não se permite vivenciá-lo de verdade. O Narrador acompanha, com minúcias, o embate constante da consciência com o inconsciente, em Fräulein.

Este é um aspecto importante a assinalar: a utilização dos recursos da psicanálise, no questionamento das motivações das personagens: as oscilações de Fräulein entre o sonho e a vida prática, o ciúme do pai, o comportamento edipiano[69] do rapaz. E isso numa época em que a própria sociedade médica paulista relutava em aceitar a teoria freudiana.

Outro tema presente na obra é a reflexão do narrador a propósito da cultura alemã, e do seu autoritarismo. Não devemos nos esquecer de que, desde 1921, a influência nazista vinha crescendo na Alemanha.

A designação de *idílio* para este romance já mereceu várias interpretações. Manuel Bandeira via nessa escolha uma ironia de Mário. Telê Porto Ancona Lopes reconhece, entre *Amar, Verbo Intransitivo* e o livro de Bernardin de Saint-Pierre, vários pontos em comum: *Paul et Virginie* é contado por um narrador local, que se expressa no francês das colônias;

---

[69] Edipiano: ligado sexualmente à própria mãe.

apresenta a oposição Novo x Velho Mundo; contém uma lição de amor e faz a defesa da mulher. Diz uma personagem de *Paul et Virginie*, citada por Telê: *"as mulheres são falsas nas terras em que os homens são tiranos".* Mas a classificação da obra como idílio pode também, ainda segundo Telê, sugerir uma experimentação moderna. Idílio seria *"o romance que desenvolve o tema amor, o amor, verbo intransitivo na artificialidade do 'perfeito' idílio renascentista e verbo intransitivo no século XX da exasperação da mercadoria e da atividade do homem-da-vida."* (p.17) Ou seja, trata-se da semelhança deste amor programado, de laboratório, com um amor idealizado, isto é, sem grande sofrimento, próprio dos idílios renascentistas.

Aliás, a intertextualidade, ou seja, o intenso diálogo travado com outros textos, é um aspecto muito importante deste livro, pois através destas referências, Mário, ao mesmo tempo em que realiza o seu romance expressionista, põe em discussão o expressionismo e a estética da época.

EXERCÍCIOS

1. O que Felisberto pretendia, contratando a governanta alemã?
2. O que significam o homem-do-sonho e o homem-da-vida, dentro da obra?
3. Que características tornam *Amar, Verbo Intransitivo*, um livro modernista?
4. Por que Fräulein se incomodou ao saber que Carlos já não era virgem?
5. No texto abaixo, assinale exemplos das seguintes figuras de linguagem: onomatopéia e prosopopéia:

"***Vejo Serajevo apenas como bandeira****. Nas pregas dela brisam invisíveis as ambições comerciais. Pum! Taratá! Clarins gritando, baionetas cintilando, desvairado matar, hecatombes, trincheiras, pestes, cemitérios... Soldados desconhecidos. A culpa era do homem-da-vida, não é? Porém a guerra foi inventada pelos proprietários das fábricas vizinhas, isso não tem güerê nem pipoca!* (p. 61)

Respostas:

1. O pai pretendia que Carlos tivesse sua iniciação sexual controlada, evitando os riscos de doenças venéreas, da exploração e da influência viciosa das prostitutas.
2. O homem-do-sonho e o homem-da-vida representam os dois aspectos da alma dos alemães, presentes na personagem Fräulein: de um lado, um temperamento idealista, filosófico, religioso, e, de outro lado, um temperamento prático, esperto, facilmente adaptável.

3. O que o torna uma obra modernista é o experimentalismo formal, a sua organização anti-acadêmica e antinaturalista, a inovação da linguagem (transgressões gramaticais, freqüentes frases nominais, recursos de montagem cinematográfica).
4. Fräulein teve seu orgulho profissional machucado, sentia "que tinham lhe passado a perna".
5. *"Pum! Taratá!"* é onomatopéia, que consiste na imitação de sons da natureza.
   "*Clarins gritando"* é prosopopéia, que consiste na atribuição de características de seres vivos a seres inanimados.

VIDAS SECAS

de Graciliano Ramos
por Pedro Alcântara

I - BIOGRAFIA

Graciliano Ramos nasce em Quebrangulo (AL), aos 27 de outubro de 1892, sob o signo de Escorpião. De 1894 a 1910 muda-se diversas vezes, com a família, morando no interior do estado natal e em Pernambuco. Passa a maior parte da infância e adolescência no interior de Alagoas. Em sua obra de memórias *Infância*, Graciliano confessa que não viveu bem com os pais, sentindo-se um *"bezerro-encourado"*, isto é, um filho desprezado. Não é difícil entendermos seu sentimento se recordarmos que ele era o primogênito numa família com dezesseis filhos. Talvez por esse motivo, tenha se tornado um homem duro, amargo, quase rude, de pensamentos pessimistas e palavras francas. Como ele mesmo dizia: *"quem dormiu no chão deve lembrar-se disso, impor-se disciplina, sentar-se em cadeiras duras, escrever em tábuas estreitas. Escreverá talvez asperezas, mas é delas que a vida é feita: inútil negá-las, contorná-las, envolvê-las em gaze."*

Influenciado por um professor, dedica-se à leitura muito cedo e gosta de contar histórias para os freqüentadores da venda do pai. Paralelamente aos livros mais superficiais, de seu próprio gosto, seu professor impõe-lhe a leitura de autores profundos, como Machado de Assis, por exemplo, o que inicialmente o aborrece bastante.

Em 1915, estando no Rio de Janeiro, Graciliano trabalha para diversos jornais cariocas. No mesmo ano, retorna a Palmeira dos Índios, onde se torna pequeno comerciante e se casa. Em 1927, torna-se prefeito, tendo-se destacado como excelente administrador. Seus ofícios já revelam estilo literário, chamando a atenção de um editor carioca, também escritor, que o procura, oferecendo-se para publicar sua primeira obra. Isso ocorre em 1933, e seu romance de estréia é *Caetés*, seguido por *São Bernardo* (1934), *Angústia* (1936) e *Vidas secas* (1938).

A vitória política de Getúlio Vargas não foi boa para Graciliano Ramos, pois em 1936 é demitido, por motivos políticos, do seu cargo de diretor da Instrução Pública de Alagoas.

Em 1936, durante o governo de Getúlio Vargas, Graciliano é preso em Maceió como comunista e levado para o Rio de Janeiro. Não teve acusação formal ou julgamento. Sofreu diversas privações e teve sua saúde abalada na prisão. Desse período resultou uma de suas obras de memórias de maior vulto, na qual denuncia os arbítrios da ditadura:

Memórias do cárcere (1953). Essa obra foi transformada em um belíssimo filme por Nelson Pereira dos Santos.

Graciliano transporta para o resto do país, através das personagens e narrativas, sua terra natal. E é interessante notar que, embora tenha vivido no Rio, jamais escolhe qualquer paisagem carioca para cenário de suas narrativas. Seja pela proposta estética de seu tempo, seja pelo seu temperamento, manteve-se fiel ao cenário regional do Nordeste.

Em 1952, Graciliano, então filiado ao Partido Comunista Brasileiro, viaja pelos seguintes países: Portugal, França, Tcheco-Eslováquia e a antiga União Soviética. Ao regressar dessas viagens, adoece gravemente. Viaja para a Argentina e é internado num hospital em Buenos Aires para operar-se, mas sem resultados positivos. Retorna ao Rio de Janeiro, onde seu sexagésimo aniversário é comemorado com solenidade. Em 1953, uma piora leva-o à internação numa casa de saúde em Botafogo, falecendo no dia 20 de março, vítima de câncer.

II - BIBLIOGRAFIA

Romances: *Caetés* (1933), *São Bernardo* (1934), *Vidas secas* (1938) e *Angústia* (1936).
Memórias: *Infância* (1945) e *Memórias do cárcere* (1953).
Contos: *Insônia* (1947) e *Alexandre e outros heróis* (infantil) (1962).
Crônicas: *Linhas tortas* (1962).
Viagens: *Viagem* (1954).

III - APRESENTAÇÃO

O drama de Fabiano e sua família, enfrentando a seca nordestina, a humilhação e a miséria, associando-se ao estilo direto, objetivo e preciso do narrador, fazem um retrato da realidade brasileira, ou seja a realidade de uma época: o sertão nordestino na década de 30. *Vidas secas* é um romance cinematográfico, no sentido de que a perspectiva do narrador assemelha-se ao foco de uma câmera filmadora. Falamos de um romance pioneiro dentro da literatura brasileira, inovador. O autor desenvolveu um texto literário em forma de prosa, o qual enfoca o homem simples e retirante do sertão nordestino. Até aí não temos inovações. Porém, o tratamento dado à problematização psicossociológica das situações vivenciadas pelas personagens dão a *Vidas secas* um alto grau de significação dentro da literatura brasileira. A estruturação dos episódios como contos autônomos e, ao mesmo tempo, unidades interdependentes do todo, que funciona como um romance, é inovadora.

A partir das observações da realidade nacional, o romancista desenvolve suas personagens num ambiente hostil, precário, repleto de injustiças sociais. Fabiano, sinha Vitória, os meninos, a cachorra Baleia são personagens que lutam contra as dificuldades de sobrevivência.

Lançando mão da onisciência e do discurso indireto livre, o narrador em terceira pessoa vai penetrando no interior de cada personagem e expondo seus sentimentos, pensamentos. Pode-se dizer que o narrador onisciente chega a se fundir com a personagem em foco.

Vejamos como o próprio autor define sua proposta literária: *"O que me interessa é o homem, e o homem daquela região aspérrima. Julgo que é a primeira vez que esse sertanejo aparece em literatura* (...) *Procurei auscultar a alma do ser rude e quase primitivo que mora na zona mais recuada do sertão, observar a reação desse espírito bronco ante o mundo exterior, isto é, a hostilidade do meio físico e a injustiça humana. Por pouco que o selvagem pense – e os meus personagens são quase selvagens – o que ele pensa merece anotação."*

IV - RESUMO DO ENREDO

MUDANÇA

O cenário inicial é a catinga do sertão nordestino, aquecida por um sol abrasador: *"a catinga estendia-se de um vermelho indeciso salpicado de manchas brancas que eram ossadas. O vôo negro dos urubus fazia círculos altos em redor de bichos moribundos."* Os retirantes tinham caminhado o dia inteiro, estavam cansados e famintos. As personagens, Fabiano, sinha Vitória, o filho mais novo , o filho mais velho e a cachorra Baleia.[70] Havia também o papagaio que já não se conta, pois serviu de alimento: "*...a fome apertara demais os retirantes e por ali não existia sinal de comida*".

A mãe carregava um baú e o filho mais novo; Fabiano tinha os pés feridos de caminhar, *"as alpercatas dele estavam gastas nos saltos, e a embira[71] tinha-lhe aberto entre os dedos rachaduras muito dolorosas. Os calcanhares duros como cascos, gretavam-se[72] e sangravam"*. O filho mais velho, não suportando mais o sofrimento da situação, *"pôs-se a chorar, sentou-se no chão"*. A caminhada parou, Fabiano desejou matá-lo, mas depois mudou de idéia: *"impossível abandonar o anjinho aos bichos do mato"*.[73]

---

[70]Note-se que baleia é um animal aquático, talvez haja aí um sistema do pavor da seca. Pode-se também interpretar isso como uma ironia amarga, pois geralmente o cão de pobre é um vira-lata magro.

[71]Qualquer casca ou cipó usado para amarrar.

[72]Enchiam-se de gretas ou rachaduras.

[73]Note-se o emprego do discurso indireto livre. Trata-se de um narrador em terceira pessoa, mas a fala da personagem se sobressai do discurso do narrador, isto é, os pensamentos das personagens são revelados pelo narrador onisciente sem que apareçam os sinais gráficos que marquem essa separação.

O pai decide carregar o filho, que está bastante debilitado pela dura caminhada e pela falta de água e de comida. A viagem continua mais lenta do que antes, até que eles chegam a uma fazenda abandonada. *"O curral deserto, o chiqueiro das cabras arruinado e também deserto, a casa do vaqueiro fechada, tudo anunciava abandono. Certamente o gado finara e os moradores tinham fugido".* (p.12)

Os retirantes acomodam-se no lugar, enquanto Fabiano averigua o interior da casa. Nada encontrando voltou desanimado. Foi aí que Baleia sentiu cheiro de preás[74], usando o faro, conseguiu caçar um e trazer nos dentes. *"Aquilo era caça bem mesquinha mas adiaria a morte do grupo"*. Fabiano e sinha Vitória tinham estado a se olhar, somaram as suas desgraças e os seus pavores. O coração de Fabiano bateu junto com o coração de sinha Vitória, um abraço cansado aproximou os farrapos que os cobriam. Mas quando viram Baleia com o animalzinho entre os dentes, o ânimo acendeu. Os meninos e sinha Vitória foram preparar o espeto e Fabiano desceu até o rio seco onde havia um pouco de lama, *"cavou a areia com as unhas, esperou que a água marejasse, debruçando-se no chão, bebeu muito. Saciado, caiu de papo para cima, olhando as estrelas, que vinham nascendo."* Lembrou-se de seu Tomás da bolandeira[75], divagou, contou estrelas e deixou-se tomar por uma alegria doida. Sonhou com o fim da seca e com o fim daquele sofrimento - todos iriam gozar de fartura e ele seria o dono daquela fazenda[76].

Fabiano voltou trazendo água para a família. Fez um fogo e *"minutos depois o preá torcia-se e chiava no espeto de alecrim".* A esperança ressurge nos pensamentos de Fabiano, que sonha com melhores tempos. Enquanto isso a cachorra Baleia espera pacientemente os ossos do animal para, em seguida, descansar e dormir.

FABIANO

O capítulo inicia-se com Fabiano procurando a novilha[77] Raposa. O animal estava doente, por isso, *"levava no **aió**[78] um frasco de creolina"*, como não a encontrasse desistiu e fez uma reza, se o bicho estivesse vivo voltaria, *"a oração era forte"*. Fabiano caminhava pelo sertão, pisando na *"areia fofa à*

---

[74]Pequeno roedor pouco menor que um coelho.
[75]Máquina de descaroçar algodão ou de ralar mandioca.
[76]Aqui foi utilizada técnica do discurso indireto livre, pois a expressão final é o próprio pensamento do vaqueiro Fabiano, aqui inserido sem os sinais gramaticais que separam a fala da personagem do discurso do narrador.
[77]Vaca nova, bezerra.
[78]Espécie de capanga ou sacola.

beira do rio", andava de um modo peculiar, *"agitando os braços para a direita e para a esquerda."* A cachorra Baleia ia à sua frente, farejando o rastro da novilha. No caminho, Fabiano vai pensando: *"Sim senhor, arrumara-se."* A lembrança dos sofrimentos passados esmorecera.

Comentário:
Aqui o narrador penetra no íntimo da personagem, revelando seus pensamentos e sentimentos, para isso lança mão do discurso indireto livre.

Fabiano acende um cigarro de palha e fica pensando na fome e nos sofrimentos passados. Em um certo instante emite um som articulado, *"Fabiano, você é um homem."* Logo em seguida conteve-se, pois notou que os meninos estavam perto. Olhou em torno e murmurou: *"Você é um bicho, Fabiano."* Isso para ele era motivo de orgulho. A seca havia cessado, e o fazendeiro estava de volta, Fabiano era agora o vaqueiro da fazenda.

Fabiano faz um estalo com os dedos e a cachorra Baleia se aproxima, ele olha para ela e diz: *"– Você é um bicho, Baleia".* Fabiano era vaqueiro, montava a cavalo e *"falava uma linguagem cantada e monossilábica, gutural que o companheiro[79] entendia".* Com os homens não se comunicava bem, *"admirava as palavras compridas e difíceis da gente da cidade, tentava reproduzir algumas, em vão, mas sabia que elas eram inúteis e talvez perigosas."* (p.20) Enquanto Fabiano estava envolto em seus pensamentos, *"uma das crianças aproximou-se, perguntou-lhe qualquer coisa".* Como não soubesse responder, repreendeu-o e saiu pensando: *"queria entender-se com sinha Vitória a respeito da educação dos pequenos", pois "eles estavam perguntadores, insuportáveis".*[80] Em seguida, chamou os filhos, falou de coisas imediatas, procurou interessá-los. Bateu palmas. A cachorra Baleia saiu correndo entre os alastrados e quipás[81], farejando a novilha Raposa. Veio-lhe então a lembrança de seu Tomás da bolandeira, ele era um homem lido e educado, mas durante a seca *"o pobre do velho tão bom e tão lido, perdera tudo".* Lembranças de seu Tomás e de seu jeito de ser vinham-lhe à mente. *"Seu Tomás da bolandeira falava bem, estragava os olhos em cima de jornais e livros, mas não sabia mandar: pedia".* (p.22) *"Mas todos obedeciam a ele (...) O patrão atual, por exemplo, berrava sem precisão."* (p.22)

---

[79]Companheiro refere-se ao cavalo. Note-se aqui o processo de identificação ou nivelamento entre homem e animal.

[80]Não é difícil ao leitor perceber a problemática de Fabiano. É um homem ignorante e o desejo de saber dos filhos como que torna isso patente, fazendo-o sofrer por não ter as respostas para suas indagações. O melhor então é reprimir a curiosidade das crianças e, inconscientemente, classificar esse comportamento como errado, como falta de pulso dos pais no controle dos filhos.

[81]Vegetação típica da região nordestina, uma espécie de cardo rasteiro.

Nessa mesma seqüência, o narrador faz uma descrição analítica da vestimenta de Fabiano. É bastante minucioso, assemelhando-se a uma câmara fotográfica, ou, considerando-se o deslocamento de focos de conjuntos ou de partes, em verdadeiros "closes", mais precisamente a uma câmera cinematográfica.

Fabiano era uma coisa da fazenda, um traste, e seria despedido quando menos esperasse. Ao ser contratado, recebera o cavalo de fábrica, pederneiras, gibão, guarda-peito e sapatões de couro cru, mas ao sair largaria tudo ao vaqueiro que o substituísse. Em seguida, após terminar essa análise visual, o narrador penetra no plano psicológico, revelando preocupações de Fabiano: *"Sinha Vitória desejava possuir uma cama igual à de seu Tomás da bolandeira. Doidice. Não dizia nada para não contrariá-la, mas sabia que era doidice."* (p.23)

Fabiano pensa nas dificuldades e benze-se. Não queria morrer. Pensa nas dificuldades de sobrevivência e nos meios de superá-las. O capítulo do livro termina com o vaqueiro, os dois meninos e a cachorra Baleia retornando à casa, onde sinha Vitória preparava a janta. *"Fabiano sentiu vontade de comer. Depois da comida, falaria com sinha Vitória a respeito da educação dos meninos."*[82] (p.25)

CADEIA

Fabiano foi à feira da cidade comprar um corte de tecido, querosene, rapadura e outros mantimentos. Percorreu as lojas, mas tinha a impressão de que todos queriam enganá-lo. Mais tarde comprou o tecido, o querosene e resolveu tomar um trago de pinga, mas esta parecia ter água: *"– Por que é que vossemecê bota água em tudo?"* O dono do estabelecimento fingiu não escutar. Então Fabiano foi à rua ver se conversava com alguém. Lá fora, quando ainda pensava em seu Tomás, chegou um soldado amarelo, bateu em suas costas e convidou-o a jogar cartas.

Ele seguiu o soldado e chegaram-se à mesa onde outros homens já estavam jogando. Sentou, jogou e perdeu. Pensou: *"– Sinha Vitória ia danar-se, e com razão".* Resolveu sair e dirigir-se à bodega do seu Inácio apanhar os seus troços. Como saísse sem dizer nada, o soldado amarelo sentiu-se ofendido e foi atrás dele, pisando no seu pé, ofendendo-o, até que ele reagiu verbalmente. O soldado então apitou, mais soldados apareceram e o cabo o prendeu por desacato: *"Toca prá frente, berrou o cabo".* Na cadeia,

[82] Observem que na transcrição a primeira frase é parte do discurso do narrador, mas a segunda já é o pensamento de Fabiano, caracterizando aqui o emprego do discurso indireto livre, pois o narrador não avisa o leitor da mudança.

Fabiano foi surrado covardemente. O vaqueiro ficou indignado, mas não deixou de submeter-se: *"Então porque um sem-vergonha desordeiro se arrelia, bota-se um cabra na cadeia, dá-se pancada nele?"* Sabia perfeitamente que era assim, acostumara-se a todas as violências, a todas as injustiças. Por que vinham bulir com um homem que só queria descansar? Deviam bulir com os outros. Pensa na mulher, nos filhos e na cadela. *"Meteu os olhos pela grade da rua."*

O lampião da esquina se apagara. Adormece, mas logo acorda com o barulho que os outros presos fazem. Um bêbado berrava e uma prostituta chorava, por causa das picadas de pulga. Impotente e revoltado, Fabiano pensa em vingança, *"entraria num bando de cangaceiros".* O capítulo termina quando Fabiano, angustiado, dá um grito, assustando a todos.

SINHA VITÓRIA

Sinha Vitória fazia comida no fogão à lenha. Ela estava de mau humor, pois havia discutido com Fabiano, não suportava mais dormir numa cama de varas, por isso reclamou com o marido, este *"apenas grunhira: 'Hum! Hum!"* Chegou-se à janela e viu os meninos brincando com barro, *"fazia mais de uma vez que falava isso ao marido".* A cadela veio brincar. Por causa do mau humor sinha Vitória não estava para brincadeiras e deu um pontapé em Baleia. Sente raiva de Fabiano, pensa num passado distante, lembra-se de seu Tomás e do papagaio. *"Pobre do papagaio".* Chegou à porta, olhou as folhas amarelas das catingueiras. Suspirou.

Ela vai cuidar das galinhas e em seguida coloca os meninos para dentro, reclama da sujeira. Fabiano dorme, a cachorra coça-se cercada de moscas. A mulher estava inconformada, *"tinha que passar a vida inteira dormindo em varas?"* Havia uma certa prosperidade, agora se alimentavam, eram quase felizes. Só faltava uma cama. Era o que aperreava sinha Vitória. Pensa em vender as galinhas para comprar uma cama de verdade, mas a raposa comeu a mais gorda, sentiu raiva do animal, ia dar uma lição no bicho, *"quebrar o espinhaço daquela sem-vergonha*". Sentou-se na janela baixa da cozinha, desgostosa. Desejava uma cama real, de couro e sucupira, igual à de seu Tomás da bolandeira.

O MENINO MAIS NOVO

O menino mais novo observava o pai com a roupa de couro de vaqueiro, em cima do cavalo, *"era a criatura mais importante do mundo".* A égua em que Fabiano estava montado começa a pular, o garoto se assusta, mas o homem cai de pé, nada acontecendo de ruim. Enquanto a mãe, de cachimbo na boca, catava piolho no filho mais velho, o menino mais novo acordou a cadela, que descansava a cabeça na pedra de amolar. O animal não lhe deu atenção, por isso o garoto resolveu chamar a atenção da mãe, puxando-lhe o vestido. Ela se irrita e dá-lhe um cascudo. O menino sai aborrecido, achando o mundo todo ruim e insensato. Num momento seguinte, um pouco mais calmo, ele se dirige aos juazeiros, andando de maneira a se parecer com o pai. Surge-lhe então uma idéia: montar o bode velho na tentativa de imitar o vaqueiro. Teve medo do riso e da zombaria do irmão.

O menino, ainda com o mesmo projeto, observa os animais no momento em que *"as cabras se empurravam metendo os focinhos na água, os corpos entrechocavam-se, Baleia, atarefada, latia correndo"* (p.50). À espera do momento certo de pular nas costas do bode, o garoto fica olhando as nuvens e as formas que elas tinham. Desejou boiar no ar como os periquitos. Quando o bode se aproximou, *"o menino despenhou-se da ribanceira, escanchou-se no espinhaço dele"*. O resultado foi que *"aumentou o rasgão da camisa..."* Após cair das costas do bode, olhou para Baleia e para o irmão, que dava risada. Sentiu raiva. Olhou as nuvens, notou os urubus e ficou olhando o céu, imaginando ter um periquito, do qual pudesse cuidar, aí *"seria feliz"*. Retirou-se e a sensação de humilhação foi desaparecendo, desejou um dia ser homem, adulto, igual a Fabiano. Então iria montar a cavalo e vestir roupa de vaqueiro, o irmão e a cachorra iriam ficar admirados.

O MENINO MAIS VELHO

O menino mais velho escutou a sinha Terta dizer uma palavra que o deixou curioso. Ela havia ido à sua casa para curar com reza a espinhela de Fabiano. A palavra inferno ficou na cabeça do menino, o que era o inferno? Foi perguntar ao pai, este nem lhe deu atenção, perguntou então à mãe. *"Sinha Vitória falou em espetos quentes e fogueiras"*. Como ele achasse a palavra bonita, resolveu questionar: *"– A senhora já viu?", "Aí sinha Vitória se zangou, achou-o insolente e aplicou-lhe um cocorote"*. O menino saiu indignado com a injustiça, atravessou o terreiro, escondeu-se debaixo das catingueiras murchas, à beira da lagoa vazia. Quando a cachorra Baleia topou o camarada, chorando, muito infeliz, tentou melhorar-lhe o ânimo chamando a atenção do amigo, mas de nada adiantou. O menino, tentando imaginar um lugar que fosse parecido com inferno, pensava nos lugares conhecidos, no chiqueiro das cabras, no pátio, no curral e recordava os tempos ruins da seca. Agora na cozinha havia *"mantas de carne seca"* e *"pedaços de toicinho"*. O menino beijou o focinho da cadela, pensava nas pessoas grandes, elas se zangavam, pensava nos cascudos e nos

puxavantes[83] de orelhas. Como ele não sabia falar direito, conhecia poucas palavras, ficou entusiasmado em decorar a palavra inferno, a cachorra e o irmão iriam ficar admirados. Obedecendo ao estilo geral da obra, o narrador vai mesclando seu ponto de vista com o da personagem em foco, oferecendo ao leitor um quadro poético que nada mais é do que a visão do garoto. Em seu inconformismo com a incompreensão dos adultos, ou seja, na sua tristeza em se relacionar com um mundo hostil, ele lança ao mundo um olhar de beleza, observe o trecho a seguir:

"A alma dele pôs-se a fazer voltas em redor da serra azulada e dos bancos de macambira. (...) imaginou que não fizera a pergunta, não recebera portanto o cascudo." Nesse momento ele observa sinha Vitória na janela, sente algo ruim, *"pensamentos maus"*, e vai sentar-se em outro lugar: *"avistou a serra coberta de nuvens. Ao escurecer a serra misturava-se com o céu e as estrelas andavam em cima delas. Como era possível haver estrelas na terra?"*. De modo brilhante, o narrador vai desenvolvendo uma relação entre sujeito e objeto, na qual o sujeito descobre o objeto, definindo-se como sujeito: o garoto descobre o mundo ao seu redor e reflete sobre o valor da palavra. *"O inferno devia estar cheio de jararacas e suçuaranas, e as pessoas que moravam lá recebiam cocorotes, puxões de orelhas e pancadas com a bainha da faca."* Durante a reflexão, a cadelinha fica sempre ao seu lado, sentindo o cheiro da comida e pensando num osso grande cheio de tutano e com alguma carne.

INVERNO

Estamos numa outra época do ano, o inverno. A seca já não é o grande fantasma, e sim a chuva excessiva, *"chovia o dia inteiro, a noite inteira"*. Havia agora o medo da enchente. A inundação crescia, matava bichos, ocupava grotas e várzeas. Havia o receio de que as águas pudessem invadir a casa, se aquilo acontecesse eles precisariam viver nos morros durante algum tempo, como preás. Mas por enquanto era só medo, a chuva não ia chegar a tais extremos, *"as goteiras pingavam, os chocalhos das vacas tiniam, os sapos cantavam"*. À noite o frio era intenso e a família reunia-se em torno do fogo. Fabiano, em geral tão calado, dava para contar lorotas, histórias que ele narrava com a intenção de impressionar a família, entretanto algumas vezes os fatos pareciam mentirosos, o que causava uma certa tristeza no menino mais velho. Este escutava as palavras do pai, acompanhadas de gestos, grunhidos, gritos, enfim, todos os recursos possíveis para superar a dificuldade de verbalização do sertanejo. Até a cadela Baleia irritava-se com os gritos de Fabiano, que a deixavam sobressaltada. Não gostava daquilo.

---

[83] O mesmo que puxões.

Como o frio era muito, os meninos não conseguiam dormir logo. Ficavam à beira do fogo. Um lado do corpo esquentava-se, mas a outra esfriava longe do calor, exposto ao frio. Por isso, o menino mais velho pegou uma braçada de lenha e teve o propósito de colocar no fogo, mas foi repreendido por Fabiano. Sinha Vitória defendeu o menino. Em certo momento, Fabiano sentiu um ódio enorme, veio-lhe à lembrança aquele soldado amarelo que o humilhara. Um desejo de vingança invade-lhe o íntimo. Todavia surge a esperança, quando a chuva terminasse *"o pasto cresceria no campo, as árvores se enfeitariam, o gado se multiplicaria. Engordariam todos, ele Fabiano, a mulher, os dois filhos e a cachorra Baleia. Talvez sinha Vitória adquirisse uma cama de lastro de couro."* (p.67)

Comentário:
Note-se a habilidade de Graciliano em trabalhar o aspecto cinematográfico do texto, as figuras vão se sedimentando de modo que criam três imagens distintas; uma metonímia como se a câmara focalizasse só a mão de Fabiano: *"– O abano agitava-se..."* agora a câmara dá um *close* na *"madeira úmida"*, queimando e fazendo um barulho, *"um chiado"*, e imediatamente o foco é transferido para o rosto de Fabiano, o qual reflete a luminosidade do fogo, *"...o vulto de Fabiano iluminava-se e escurecia"*.

FESTA

Fabiano e a família foram à festa de Natal, na cidade. Saíram à tarde, quando fazia muito calor. Estavam vestidos de modo formal, urbano, com calça, paletó e botinas. Sinha Vitória estava com um vestido vermelho e sapatos de salto. Por isso, a caminhada na catinga foi incômoda, de modo que tiraram os sapatos para andar melhor. Ao chegarem à cidade, lavaram os pés e recolocaram os calçados incômodos. Fabiano encontrou dificuldades ao calçar as botinas com os pés molhados e acabou rasgando a meia. Sinha Vitória ajudou-o a arrumar a gravata.

A cidade estava abarrotada de gente, barracas, e a noite já estava chegando. Dirigiram-se à igreja, que foi aos poucos recebendo a multidão. Fabiano distanciou-se da família, ficando a observar as pessoas. Pensou no soldado amarelo, achava-se inferior aos demais, *"por isso desconfiava que os outros **mangavam**[84] dele"*. Aos poucos a igreja foi se esvaziando. Na festa, Fabiano convidou a mulher e os filhos para verem os cavalinhos. Distraiu-se um pouco, vendo-os rodar e, em seguida, dirigiu-se às barra-

[84]Zombavam, riam, ridicularizavam.

cas de jogo, onde bebeu cachaça. Bebeu uma, duas vezes, até que ficou embriagado. Naquele momento, Fabiano sentiu-se invadido por um sentimento de revolta, queria desafiar a todos, xingava inimigos invisíveis e desejava vingar-se do soldado amarelo. Remoía a humilhação sofrida na cadeia. Resmungava afrontas, escondido por detrás das barracas, ali podia irritar-se. Parou agoniado, suando frio. Deu uma cusparada e, cambaleando, sentou-se na calçada. Daí, com os olhos vidrados, via a mulher e os filhos. De repente, soltou um grito: *"Cambada de cachorros"*. Ficou contente em achar aquela expressão. Não se sentia bem, por isso arrancou as botinas e a gravata, adormecendo ali mesmo no chão pouco depois.

Sinha Vitória andava pela multidão, tirou o cachimbo de barro, deu algumas baforadas e ficou observando as pessoas que circulavam na praça ou estavam à mesa do leilão. Pensou: *"Realmente a vida não era má"*, a seca era bem pior que aquilo, o barulho da multidão, o realejo fanhoso dos cavalinhos propunham-lhe uma sensação agradável. Suspirou, para a vida ser realmente boa faltava-lhe apenas uma cama decente, em que pudesse descansar. Dirigiu os olhos para a festa.

Os meninos estavam preocupados porque a cachorrinha havia sumido, mas logo ela reapareceu. Tudo aquilo os deixava abismados: a cidade, as casas, as lojas, as pessoas. Aquilo era uma descoberta para eles.

BALEIA

A cadela Baleia andava muito doente. O pêlo tinha caído em diversas partes do corpo, que estava coberto de feridas, a boca estava inchada de modo que não podia comer direito, espantava os mosquitos com as orelhas. Por isso, Fabiano achou que ela estivesse com hidrofobia e resolveu matá-la. Foi buscar a espingarda. Os meninos ficaram apavorados, pois não queriam que ela morresse. Sinha Vitória fechou-se dentro de casa com eles. Ela tinha o coração pesado, não queria animal com hidrofobia perto deles, mas sentiu uma certa pena. Os meninos, assustados, choravam e gritavam tanto que ela acabou dando um cocorote num deles. Estava irritada.

Fabiano foi para o terreiro e viu Baleia se coçando. A cadela olhou para o dono desconfiada e foi desviando-se até se aproximar de uma árvore. Fabiano atirou, mas não acertou em ponto vital, ferindo-a na parte traseira. Baleia pôs-se a latir desesperadamente, enquanto os meninos choravam alto. A cadela fugiu, apoiando-se em três pés. Passou pelo chiqueiro das cabras, encaminhando-se aos juazeiros, onde aquietou-se no mesmo lugar em que os meninos jogavam as cobras mortas. Baleia sentia uma terrível sede e não sabia o que estava acontecendo. Levantou o focinho e sentiu cheiro de preás, mas não pôde persegui-los apesar da vontade que sentiu. Teve vontade de morder Fabiano, porém como poderia fazer isso, se tinha crescido com ele, numa existência de submissão? Sentiu uma angústia, que parecia maior com aquele silêncio que se tornava completo, parecia que todos tinham desaparecido. O animal passou a ter dificuldades para respirar. Tornou-se trêmula e não sentia metade do corpo. Por fim, encostou a cabecinha cansada numa pedra, vencida pelo sono. Passa a ter delírios com um Fabiano enorme e preás enormes. *"Baleia queria dormir. Acordaria feliz, num mundo cheio de preás."* (p.91)

CONTAS

Na fazenda, Fabiano trabalhava "à meia", por isso tinha uma pequena parte dos bezerros e cabritos. Como não tinha terra, limitava-se a plantar um pouco de feijão e de milho. Terminados os mantimentos, precisava recorrer ao patrão, o dono da fazenda. Tinha medo de perder sua função na propriedade. Fabiano endividava-se e na hora do acerto de contas, acabava recebendo uma miséria. Sempre, antes de falar com o patrão, sentava-se com sinha Vitória para fazer os cálculos e saber o quanto tinha que receber, pois ela é que sabia fazer contas. Mas na hora de receber, percebia que as contas estavam diferentes, recebendo menos do que esperava. Fica irritado, nervoso, e reclama, mas o dono da fazenda acaba gritando mais alto. Fabiano abaixa a cabeça, pois não sabia discutir e tinha medo. Termina por pedir desculpas, afastando-se devagar com ar submisso.[85]

Fabiano fica indignado, como podiam tratá-lo assim? Aquilo era uma ladroeira. Sentou-se numa calçada e ficou remoendo a indignação. O patrão falara de juros, mas o que é isso? Recordou-se do tempo em que fora vender carne de porco na cidade, era quase nada, mas o cobrador da prefeitura chegara e dissera que para se vender carne de porco era necessário pagar impostos. Não queria brigar. Tentou vender em outro lugar, mas o homem o perseguiu, encontrou, e ele foi obrigado a recolher o imposto e pagar multa.

Pensou em ir-se dali, mas embora para onde? Lembrou-se do tempo da seca, das dificuldades, tinham escapado daquilo. Sentiu ódio do governo, do soldado amarelo, do patrão, parecia que tudo estava contra

---

[85]Podemos fazer aqui um paralelo entre Fabiano e Baleia, que no episódio anterior gostaria de levantar-se contra seu dono, mas não consegue porque foi criada a vida inteira submetendo-se a ele. Assim também o vaqueiro foi criado para obedecer.

ele. O pai e o avô também tinham vivido daquele jeito, então só restava conformar-se com a situação.[86] Juros e prazos eram palavras difíceis, não sabia usá-las, se soubesse haveria de se defender.

Ficou refazendo as contas, sem encontrar uma solução, contando e recontando o dinheiro. Pensou em tomar cachaça, mas resistiu à tentação. Da outra vez fora preso, não queria reviver aquilo. A única coisa que restava a fazer era voltar para casa e dormir. Mas sabia que rolaria na cama incômoda, matutando naquela injustiça. Enfim, preparou um cigarro de palha e fumou. Levantou a cabeça e viu as estrelas, pensou na família e na cadela morta. Era como se tivesse matado uma pessoa da família.

O SOLDADO AMARELO

Fabiano andava pela vereda, carregando algumas coisas na sacola e o facão na cintura. Viu as pegadas da égua ruça e seguiu o rumo delas. Mais à frente, tirou o facão para cortar o mato e fazer trilha. Deteve-se porque escutou barulho no mato, estacando curioso, e logo em seguida viu surgir à sua frente o soldado amarelo, o mesmo que o prendera e surrara. Sentiu vontade de meter o facão na cabeça do indivíduo. Estavam cara a cara e aquela cena muda durou alguns instantes. Fabiano é invadido por uma série de pensamentos vingativos. Viu que ali estava um inimigo tremendo de medo, sujeitinho pequeno que ele podia esmagar ali mesmo e jogar o corpo para os urubus. Sim senhor, aquele soldadinho, magro, enfezadinho, estava tremendo como um covarde. Por que será que aquele safado batia os dentes como **caititu**[87]? Fabiano não é capaz de vingar-se, mas por que será que aquela coisa judiava das pessoas indefesas? O soldado estava encolhido e amedrontado por detrás de uma árvore, quase que ele avançou sobre o inimigo amarelo, mas guardou o facão na bainha. A raiva havia cessado. Gentinha daquele tipo só servia para morder pessoas inofensivas como ele. Fabiano, se fosse um polícia não faria isso, mas a idéia de ter sido insultado, preso, humilhado, era insuportável. Recordou momentos passados, lutas antigas e sentiu a mão úmida de suor. Imaginou o soldado caído, morto. Olhou bem nos olhos do indivíduo, que se desviaram, não ia se sujar por aquilo. Coçou a cabeça e então o soldado ganhou coragem, perguntando pela direção que deveria tomar. Fabiano tirou o chapéu e ensinou o caminho ao soldado amarelo.[88]

---

[86] Podemos ver aqui uma herança do determinismo naturalista.

[87] Espécie de porco do mato.

[88] Repete-se aqui, com pouca variação, o mesmo tema do episódio "Contas", da submissão de Fabiano, como fruto do condicionamento de muitos anos, ou melhor, de toda uma vida.

O MUNDO COBERTO DE PENAS

O bebedouro estava cheio de pássaros, que chegavam aos bandos. Aquilo era um mau sinal. Chegavam à beira do bebedouro, descansavam, bebiam, e como não encontravam comida, seguiam para o Sul. Era sinal de que a seca estava perto. Fabiano intrigou-se quando sinha Vitória disse que aquelas aves traziam a seca. Achou aquilo uma besteira, não queria aceitar que a seca viria, mas ao olhar para o céu limpo só pôde ver a forte claridade. Era um mau agouro. O pavor da seca estava de volta. Ele entrou em casa e preparou um cigarro. Em seguida foi buscar a espingarda, a lembrança de Baleia veio de repente. Colocou o chapéu e dirigiu-se ao bebedouro. Chegou ao local em que estava o cadáver da cadela, com os olhos comidos pelos urubus. Sentiu uma grande angústia, mas como poderia expor as crianças à hidrofobia? Se a seca viesse, o que poderia fazer? Carregou a espingarda e atirou nas arribações e várias caíram mortas. Tinha ali comida para vários dias. Se tivesse mais chumbo, poderia conseguir alimento para semanas ou meses. Novamente foi invadido por sentimento de ódio. Lembrava-se do patrão, do soldado amarelo. Como podia ser tão covarde? Devia ter destruído aquele peste, julgou-se a criatura mais infeliz deste mundo. Se não fosse tão fraco teria entrado no cangaço. O suor corria no seu rosto. Sentiu sede, bebeu um pouco de água **salobra**[89] e voltou a atirar nas aves próximas do bebedouro. Atirava com raiva nas arribações, pois culpava-as pela seca iminente. Sentiu pena da mulher. Era uma pessoa tão boa, não merecia aquele sofrimento todo, que remédio havia? Apanhou as aves mortas e colocou-as numa capanga. Suspirou e sentiu um enorme peso no coração, a lembrança da cachorra veio-lhe à mente. Teve medo. Estava escurecendo, por isso voltou para casa.

FUGA

A seca havia chegado tornando a vida na fazenda inviável. Sinha Vitoria rezava e Fabiano olhava para as folhas secas na catinga. Os bichos haviam morrido, tudo estava perdido e só restava partir para um outro lugar. Fabiano matou o bezerro que sobrara, salgou a carne e se preparou para partir de madrugada, tomando o rumo para o sul.

Partiram cedinho para aproveitar o frescor da madrugada, os meninos iam à frente, seguidos pelo casal. Sinha Vitória carregava o baú. Na caminhada observavam-se os **mandacarus**[90], a lembrança de Baleia

[89] Água de sabor desagradável, com gosto chegado a sal.
[90] Vegetal da região, semelhante a um cactos.

vinha causando incômodo, sinha Vitória rezava, procurava libertar-se de pensamentos tristes, por isso iniciou uma conversa monossilábica, entrecortada e cheia de mal-entendidos com o marido. Era uma maneira de vencer o desamparo da solidão e do silêncio da morte. No céu os urubus farejavam carniça, era um desespero. Entretanto, um dia aquilo iria terminar, iriam viver numa casa boa como tinham vivido, na época em que trabalhavam com seu Tomás da bolandeira. Havia uma esperança que sinha Vitória alimentava, mas Fabiano não tinha tanto otimismo. Novamente ele pensava no patrão, no soldado amarelo, na cachorra Baleia. No decorrer da caminhada Fabiano elogiou a saúde de sinha Vitória, *"as pernas grossas, as nádegas volumosas..."* Sinha Vitória pensava que um dia viveriam melhor, os filhos não seriam vaqueiros, iriam estudar coisas importantes.

Depois de caminharem léguas, veio a fraqueza e a fome. Era por volta do meio-dia quando pararam para descansar à sombra de uma árvore, beberam água e comeram pedaços de carne. Vários pensamentos passam por Fabiano e sinha Vitória, ela acende o cachimbo e ele prepara um cigarro. Os urubus faziam círculos em cima dos animais moribundos; antes que estes estivessem mortos tinham seus olhos comidos pela ave negra, eram umas "*pestes*". Recomeçaram a caminhada, sinha Vitória ajeitou a carga de Fabiano de modo que ele sentiu-se melhor. Dirigiam-se para o sul alimentando sonhos. Chegariam a uma grande cidade, cheia de pessoas civilizadas e fortes. *"O sertão mandaria para a cidade homens fortes, brutos, como Fabiano, sinha Vitória e os dois meninos".*

V- SÍNTESE DO ENREDO

Impelidos pela seca medonha, uma família de retirantes no nordeste brasileiro procura meios de sobrevivência e chega a uma fazenda abandonada onde se instalam. A família de Fabiano permanece no lugar até a época das chuvas, nesse momento chega à propriedade o dono. Fabiano submete-se a trabalhar como vaqueiro na fazenda, sendo explorado pelo proprietário.

Devido à incapacidade de usar devidamente a linguagem, Fabiano se vê humilhado em diversas situações pelos outros, como o patrão ou o soldado amarelo, que o prendeu depois de um mal-entendido.

Quando o período das secas retorna, Fabiano e sua família se vêem novamente impelidos a deixar a fazenda e a procurar novos meios de sobrevivência, na esperança de que um dia seu sofrimento termine.

VI - ESTRUTURA DA OBRA

Podemos ver *Vidas secas* como uma sucessão de quadros, ou de contos, que enfocam momentos diversos de uma família de retirantes. Cada "unidade dramática" ou capítulo pode ser lido isoladamente, sem que se deixe de compreendê-lo. Como se fosse uma câmera nas mãos de um Glauber Rocha, o narrador vai passando de quadro em quadro, enfocando ora uma personagem, ora outra, às vezes, preferindo o cenário.

As personagens pouco falam, comunicando-se mais por meio de interjeições guturais. A leitura de cada capítulo, vista como parte de um todo, proporciona ao leitor outras conotações, que não teria isoladamente, as quais são decisivas no entendimento da obra. Os capítulos, embora independentes, relacionam-se entre si, de modo que tal ligação dá ao todo um caráter de homogeneidade.

Em *Vidas secas*, o autor consegue articular com muita habilidade elementos tais como paisagem, homem, seca, sentimento, miséria e humilhação, tudo numa coisa só. A caracterização psicológica das personagens é ponto de partida para uma análise mais crítica da realidade nacional, ou melhor, aprofunda-se na psicologia das personagens, sem deixar de lado o trabalho com a dimensão política.

Tempo:

A ação se passa na primeira metade do século XX, embora nenhuma data precisa seja mencionada. Como o romance tem seu início numa seca e o término em outra, é provável que o período abranja um ou dois anos, mas isso não é preciso, sendo que as secas vêm em momentos imprevisíveis. Uma das mais famosas foi a seca de 1915. Portanto, no caso dessa narrativa, o espaço de tempo pode ser também de três anos, ou mais, imprevisível. Como os meninos não apresentam um crescimento significativo, permanecem crianças, acreditamos que o romance se desenrole num período de mais ou menos três anos.

Porém, o tempo cronológico não é determinante na compreensão da obra, porque o tempo psicológico ganha dimensão no decorrer da leitura. Isso se deve ao fato de nem mesmo as personagens terem noção de tempo; os indicadores de tempo são algumas festas ou mudanças climáticas. Durante a narrativa o narrador se fixa nos pensamentos das personagens, expondo seus pontos de vista, sentimentos, dúvidas e reflexões. Lançando mão do discurso indireto livre o narrador interioriza-se nas personagens, fazendo com que elas possam se expressar.

Espaço:

O espaço é basicamente o sertão nordestino, ou seja, o espaço rural do interior de Alagoas. Entretanto, em vários momentos as ações se desenrolam em espaços urbanos, pequenas cidades da região, como se observa nos episódios "Cadeia" e "Festa".

Ação:

Podemos observar na narrativa tanto a preocupação com o movimento exterior quanto com a ação interior. São explícitas as ações de buscar meios de sobrevivência a par dos desejos interiores de uma vida melhor. A família se locomove através da catinga fugindo da seca. Quando eles se fixam na fazenda, a ação básica é o trabalho no local, Fabiano é um vaqueiro, os meninos em alguns momentos são apresentados brincando no barro ou cuidando das cabras, sinha Vitória cuida dos afazeres domésticos.

Foco narrativo:

Terceira pessoa, narrador onisciente. Graciliano é um escritor de muita habilidade na narrativa em primeira pessoa, porém optou pela terceira. Por quê ? As personagens desse romance são pessoas rústicas do sertão nordestino, mal sabem se expressar verbalmente, apresentando UMA GRANDE dificuldade de comunicação. Como um deles poderia então narrar a própria história? Mas o autor não poderia deixar de lado a análise psicológica das personagens. Por esta razão, o narrador onisciente "cai como uma luva" na função de relatar os fatos e penetrar na descrição psicossociológica das personagens. Lançando mão do discurso indireto livre, esse narrador interioriza-se nas personagens de modo que as "ajuda " na sua dificuldade de expressão. Apesar do largo uso desse discurso, observamos em *Vidas Secas* outros tipos de expressão da fala das personagens.

DISCURSO DIRETO:

"...bateu familiarmente no ombro de Fabiano:

- Como é, camarada ? Vamos jogar um trinta-e-um lá dentro ?".

DISCURSO INDIRETO:

"Deteve-se. Ia **dizer que** eles estavam sujos como papagaios.

DISCURSO INDIRETO LIVRE:

"Tornou a mexer nos alforjes. Sinha Vitória devia estar desassossegada com a demora dele. A casa no escuro, os meninos em redor do fogo, a cachorra Baleia vigiando. Com certeza haviam fechado a porta da frente."

Personagens:

- **Fabiano**: Vaqueiro nordestino de cabelos ruivos e olhos azuis. Homem rude e sem educação escolar, de poucas palavras e difícil trato com os outros homens, identificando-se mais com os animais: *"vivia longe dos homens, só se dava bem com os animais. Os seus pés duros quebravam espinhos e não sentiam a quentura da terra. Montado, confundia-se com o cavalo, grudava-se a ele".*
- **Sinha Vitória**: mulher do vaqueiro Fabiano. Ainda jovem porém bastante sofrida e marcada pelo sofrimento da vida na catinga. Ao contrário do marido, sabia fazer contas e se apresenta mais astuta que o homem. Se Fabiano se preocupa em obter o mínimo de recursos para sobreviver, ela se preocupa com o mínimo de conforto, seu maior desejo era possuir uma cama decente onde pudesse repousar o corpo cansado.
- **Menino mais novo e menino mais velho**: filhos do casal. Essas personagens aparecem de modo despersonalizado, como se pode observar pela omissão ou inexistência de nome próprio. A melhor caracterização está nos episódios dedicados a cada um deles.
- **Baleia**: cadela que passa por um processo de humanização (antropomorfismo), tornando-se no relato como uma pessoa da família.
- **Soldado amarelo**: sujeito magro, irritadiço e enfezado (mirrado), arrogante. É o tipo de gente covarde, que abusa do poder e da autoridade que tem.
- **Tomás da bolandeira**: personagem que não aparece no decorrer do relato, apenas é mencionado nas lembranças de Fabiano e sua mulher, admirado pelo sua cultura, principalmente pelo domínio da linguagem e por ter móveis. É provável que tivesse posses e desse serviço a Fabiano, proporcionando moradia para sua família.

VII - ESTILO DE ÉPOCA E ESTILO INDIVIDUAL

Graciliano Ramos enquadra-se no segundo tempo modernista brasileiro, período compreendido entre 1930 e 1945, coincidente com o governo de Getúlio Vargas. Pertencem também ao mesmo período os prosadores José Lins do Rego, Rachel de Queiroz, Jorge Amado, José Américo de Almeida e Érico Veríssimo. Podemos dizer que essa segunda geração de modernistas aproveitou as conquistas da primeira, a Geração de 22. As inovações que os primeiros modernistas propuseram serviram de base para que a geração de 30 produzisse uma literatura de caráter mais crítico e construtivo, de maior maturidade.

Com a Revolução de 30, e seu questionamento das tradicionais oligarquias, o país passou por várias transformações, sofrendo também os efeitos da crise econômica mundial. Nesse momento, surge um romance de temática social, com aspecto de denúncia, assim como já fizera Euclides da Cunha em sua obra-prima *Os sertões*. Escapando à visão histórica oficial, do governo, Euclides denuncia a campanha de Canudos como um crime: *"Aquela campanha lembra um refluxo para o passado. E foi, na significação integral da palavra, um crime. Denunciemo-lo. E tanto quanto o permitir a firmeza do nosso espírito façamos jus ao admirável conceito de Taine sobre o narrador sincero que encara a História como ela o merece: "il s'irrite contre les demi-verités qui sont des demi-faussetés"*.[91]

Euclides, porém, não tinha intenção de criar um romance, de desenvolver uma obra ficcional. Ele parte de fatos e personagens concretos, datando e delimitando a sua obra, como um documento histórico, que resiste ao tempo graças ao domínio da língua e sua utilização de maneira primorosa e bela. Na ficção, são os autores da Geração de 30, também denominados neo-realistas, que vão dar continuidade ao que Euclides começou em *Os Sertões*.

Graciliano produziu, além de romances, narrativa de viagens, contos, crônicas, memórias e ficção infantil. Mas o romance foi o gênero em que mais se destacou e ganhou prestígio. Graciliano era um perfeccionista, daí seu estilo próximo ao de Machado de Assis. À maneira do escritor francês Flaubert, relia e corrigia seus originais exaustivamente até atingir a máxima concisão. Sobre sua obra, comentam Samira Youssef e Benjamim Abdala Jr. *"A obra de Graciliano Ramos insere-se na perspectiva crítica do Modernismo. Nada aparece de forma estável, cada narrativa constitui-se numa nova atitude-experiência do escritor, com soluções estéticas diferentes. Não ocorrem exposições abstratas de teses, à maneira dos romances neonaturalistas, mas a problematização psicossociológica das situações vivenciadas pelas personagens."* (*Tempos da Literatura Brasileira*)

Os enredos desenvolvidos por Graciliano geralmente enfocam a seca, o latifúndio, o drama dos retirantes, o sofrimento, seja na catinga ou na cidade. No que se refere à linguagem, Graciliano possui semelhanças com Machado de Assis, ambos trabalhavam com mestria a composição, produzindo textos enxutos e concisos, em que a palavra é empregada de modo preciso, num estilo simples e seco. Suas personagens são muito bem elaboradas, tanto no plano da pintura exterior como no da caracterização psicológica.

---

[91] Tradução: "Irrita-se contra as meias-verdades que são meias-falsidades".

VIII - TEMÁTICA

O tema fundamental da obra é o enfoque da vida miserável do sertanejo nordestino, explorado pelo grande proprietário e que nenhum auxílio recebe do governo, que ainda exige dele impostos e multas. Subjaz também o tema da adaptação do homem ao meio, aqui animalizado para poder enfrentar essa luta inglória.

São fortes presenças também a incomunicabilidade, principalmente entre o homem rústico do sertão e o mundo civilizado urbano, gerando uma pressão social quase insuportável. Outros temas que podem ser relacionados:

- a falta de perspectiva do sertanejo, que não vê meios de sair do mundo hostil em que vive;
- a impotência do pobre para lutar contra a miséria e a opressão;
- a marginalização social dos oprimidos;
- a desumanização do homem;
- a crueldade do homem em relação ao homem;
- a denúncia de um mundo sem amor e sem alegria.

Bibliografia consultada

Lins, Álvaro - "Valores e misérias das *Vidas Secas* - in **Ramos**, Graciliano - *Vidas secas* - RJ, Editora Record, 1991.

Ramos, Graciliano - *Vidas secas* - RJ, Editora Record, 1983.

Ramos, Graciliano - Literatura comentada, crítica de V. de Assis Viana, ed. Abril, SP, 1981.

Youssef, Samira e Benjamim Abdala Jr - *Tempos da Literatura Brasileira*, SP, Editora Ática, 1985.

EXERCÍCIOS

1. Leia o fragmento e responda: *"...bateu familiarmente no ombro de Fabiano: – Como é, camarada ? Vamos jogar um trinta-e-um lá dentro?".*
   Que tipo de discurso foi empregado?

2. Reescreva a frase abaixo, fazendo uso do discurso direto:
   "Deteve-se. Ia ***dizer que*** *eles estavam sujos como papagaios."*

3.Leia o trecho seguinte: *"Tornou a mexer nos alforjes. <u>Sinha Vitória devia estar desassossegada com a demora dele</u>. A casa no escuro, os meninos em redor do fogo, a cachorra Baleia vigiando. Com certeza haviam fechado a porta da frente."*

a) De quem é a fala ou pensamento sublinhado? Do narrador ou da perso nagem?

b) Como se chama essa técnica?

c) Transcreva do mesmo trecho outro exemplo.

4. Leia o trecho seguinte:
"Chegou. Pôs a cuia no chão, escorou-a com pedras, matou a sede da família. Em seguida acocorou-se, remexeu o aió, tirou o fuzil, acendeu as raízes de macambira, soprou-as, inchando as bochechas cavadas. Uma labareda tremeu, elevou-se, tingiu-lhe o rosto queimado, a barba ruiva, os olhos azuis. Minutos depois o preá torcia-se e chiava no espeto de alecrim." (p.15)

a) Classifique-o quanto ao tipo de composição, destacando os elemen tos que o levaram à identificação:

b) Que característica estilística individual de Graciliano Ramos pode ser aqui percebida?

5. Leia: *"A cachorra Baleia estava para morrer. Tinha emagrecido, o pêlo caíra-lhe em vários pontos, as costelas avultavam num fundo róseo, onde manchas escuras supuravam e sangravam, cobertas de moscas."*

a) Que tipo de composição predomina no texto transcrito?

b) Explique o que significa *"supuravam"*.

Respostas

1. Discurso direto, pois a fala da personagem está indicada claramente pelos sinais gramaticais que a distinguem do discurso do narrador.
2. *"Deteve-se. Ia dizer: – Vocês estão sujos como papagaios."*
3. a) Esse pensamento é da personagem (Fabiano), enquanto mexe nos alforjes.
   b) Denomina-se discurso indireto livre.
   c) *"Com certeza haviam fechado a porta da frente."*

4. a) Trata-se de uma narração, com evidente predomínio de ação, movimento, de verbos no pretérito perfeito.
   b) A linguagem concisa, seca, valorizando as orações curtas, precisas e objetivas, onde não há espaço para romantismo ou verborragia.
5. a) Predomina a descrição, pois há uma intenção de fazer um retrato do animal em sua atual situação. A ação como que foi estagnada, ou intemporalizada. Predominam os verbos no imperfeito do indicativo.
   b) Soltavam pus.

PROCURE CONHECER TAMBÉM

SÍNTESE DA LITERATURA PORTUGUESA E BRASILEIRA

ESTE LIVRO CONTÉM UMA SÍNTESE DE TODA A LITERATURA PORTUGUESA E BRASILEIRA, DESDE O SÉCULO XII (TROVADORISMO, ATÉ O SÉCULO XX (MODERNISMO). EXCELENTE PARA UMA REVISÃO DE TODA A MATÉRIA PRINCIPALMENTE PARA QUEM VAI PRESTAR EXAMES COMO: VUNESP, FAAP, MACK, ESPM, etc.

Auxilia bastante também para as questões sobre poesia nas provas da UNICAMP.

A ROSA DO POVO • CLARO ENIGMA • CORPO

de Carlos Drummond de Andrade

por Geraldo Chacon

I - BIOGRAFIA DO AUTOR

Carlos Drummond de Andrade nasceu em Itabira, Minas Gerais, em 1902, e faleceu no Rio de Janeiro em 1987. Sua família era ligada às tradições dos povoadores de sua região, constituindo-se principalmente de mineradores e fazendeiros. Por isso, mais tarde o poeta daria a uma de sua obras o título *Fazendeiro do ar*.

Drummond estudou em Belo Horizonte, no Colégio Arnaldo, onde conheceu Gustavo Capanema e Afonso Arinos de Mello Franco, que seriam amigos e companheiros de atividade política e vida intelectual. Abandonou os estudos por motivo de saúde, mas retornou à vida escolar, em 1918, ingressando no Colégio Anchieta, da Companhia de Jesus, em Nova Friburgo (RJ), de onde foi expulso no ano seguinte, depois de um problema com seu professor de Português. Sobre o incidente, disse ele: *"A saída brusca do colégio teve influência enorme no desenvolvimento dos meus estudos e de toda a minha vida. Perdi a Fé. Perdi tempo. E sobretudo perdi a confiança na justiça daqueles que me julgavam. Mas ganhei vida e fiz alguns amigos inesquecíveis"*.

Formou-se em Farmácia, mas acabou ingressando no funcionalismo público e dedicando-se ao jornalismo e à literatura. Iniciou-se no Modernismo em Belo Horizonte, no grupo de *Revista*. Mudou-se mais tarde para o Rio de Janeiro, onde fixou residência definitiva.

II - BIBLIOGRAFIA

Alguma poesia (1930), *Brejo das almas* (1934), *Sentimento do mundo* (1940), *Poesias* (1942), *A rosa do povo* (1945), *Poesia até agora* (1948), *A mesa* (1951), *Claro Enigma* (1951), *Viola de bolso* (1952), *Fazendeiro do ar* (1953), *Viola de bolso II* (1955), *A vida passada a limpo* (1959), *Lição de coisas* (1962), *José e outros* (1967), *Boitempo* (1968), *Reunião* (1969), *As impurezas do branco* e *Menino antigo* (*Boitempo II)* (1973), *A paixão medida* (1980), *Corpo* (1984), *Amar se aprende amando* (1985), *Poesia errante* (1988), *O amor natural* (1992) e *Farewell* (1996).

III - ESTILO DE ÉPOCA E ESTILO INDIVIDUAL

Carlos Drummond de Andrade fez parte da segunda fase ou geração do Modernismo, surgida na década de trinta. Por isso mesmo, esta fase pode ser denominada "Geração de 30", ou "Pós-Modernismo". Outra denominação que se lhe pode dar, quando se fala da prosa desse período, é a de Neo-Realismo, pela quantidade de traços estéticos semelhantes. Assim como o Realismo e o Naturalismo, os ficcionistas modernistas da segunda fase valorizam a temática contemporânea e uma visão mais objetiva e crítica das relações sociais. Também valorizam a preocupação com a forma e focalizam o homem vulgar com seus defeitos e covardias, ou seja, em vez do herói romântico sempre vencedor, temos o anti-herói, o homem derrotado. A poesia desse período é mais diversificada, apresentando tanto a concisão bem humorada e oswaldiana da primeira fase de Drummond, em *Alguma Poesia*, quanto a poesia social e engajada *de A rosa do povo*, do mesmo poeta, ou de *Romanceiro da Inconfidência*, de Cecília Meireles, que em geral produzia uma poesia intimista, subjetiva, musical. Podemos encontrar ainda o lirismo amoroso de Vinícius de Moraes e o surrealismo, que convive harmoniosamente com a religiosidade na poesia de Jorge de Lima e Murilo Mendes.

O poeta de Itabira estreou oficialmente em 1930, com *Alguma poesia*, mantendo ainda certos traços estilísticos próprios da fase heróica do movimento modernista. Drummond foi um poeta marcado por uma evolução constante. Na década de 40, compôs poemas que deixavam claro o seu engajamento, o seu compromisso com o momento histórico. Por volta da década de 50, numa postura neomodernista, interioriza-se e procura uma linha estetizante, isto é, interessa-se pelo aprimoramento da forma e da linguagem.

Drummond tanto apresenta poemas populares de imediato entendimento, quanto poemas requintados, sofisticados, intelectualizados e de técnica apurada, difíceis para o leitor médio, exigindo um leitor culto e atento. Inspira-se notadamente na rotina, no cotidiano, manifestando sua observação e o resultado dela às vezes com angústia e pessimismo, outras vezes com humor e ironia, mas sempre com uma mirada que denuncia um sentir a um só tempo simples e profundo.

Quando organizou sua *Antologia poética*, em 1962, Drummond evitou uma organização cronológica, preferindo uma seleção e estruturação temática, conforme ele mesmo declara na abertura da obra: *"Ao organizar este volume, o autor não teve em mira, propriamente, selecionar poemas pela qualidade, nem pelas fases que acaso se observem em sua carreira poética. Cuidou antes de localizar, na obra publicada, certas características, preocupações e ten-*

dências que a condicionam ou definem, em conjunto. A Antologia lhe pareceu assim mais vertebrada e, por outro lado, espelho mais fiel.

"Escolhidos e agrupados os poemas sob esse critério, resultou uma Antologia que não segue a divisão por livros nem obedece a cronologia rigorosa. O texto foi distribuído em nove seções, cada uma contendo material extraído de diferentes obras, e disposto segundo uma ordem interna. O leitor encontrará assim, como pontos de partida ou matéria de poesia: 1) O indivíduo; 2) A terra natal; 3) A família; 4) Amigos; 5) O choque social; 6) O conhecimento amoroso; 7) A própria poesia; 8) Exercícios lúdicos; 9) Uma visão, ou tentativa de, da existência.

"Algumas poesias caberiam talvez em outra seção que não a escolhida, ou em mais de uma. A razão da escolha está na tônica da composição, ou no engano do autor. De qualquer modo, é uma arrumação, ou pretende ser."

IV - A ROSA DO POVO

Apresentação

O Brasil do Estado Novo agitava-se, na década de 40, tendo por um lado uma direita integralista, de linha nazi-fascista, e por outro uma esquerda socialista. Como pano de fundo nada tranqüilizador um conflito bélico: a Segunda Guerra Mundial. O poeta não pode continuar cantando um mundo caduco nem fugir para uma ilha de serafins. O artista que se preza preocupa-se com o destino do ser humano, reflete a problemática de "estar-no-mundo". Como tal, Drummond vê, constata, reflete e traduz em versos esse tempo. Vejam os versos iniciais de "Nosso Tempo":

"Este é tempo de partido,
tempo de homens partidos.[92]

Em vão percorremos volumes
viajamos e nos colorimos.
A hora pressentida esmigalha-se em pó na rua.
Os homens pedem carne. Fogo. Sapatos.
As leis não bastam. Os lírios não nascem
da lei. Meu nome é tumulto, e escreve-se
na pedra."

---

[92]Luiz Costa Lima em sua obra *Lira e antilira*, da Civilização Brasileira, fez o seguinte e pertinente comentário sobre a presença da "pátria historicizada" na poesia de Drummond: "... *é a presença partilhada e intuída do histórico que lhe conduz ao sentimento de angústia, de asco e de desgosto com que partilha do mundo.*"

O poeta sente que sua poesia-rosa deve abrir suas pétalas para o povo, para o compromisso social:

"*tão firme, tão fiel... Tal uma lâmina,*
o povo, meu poema, te atravessa".[93]

E esse atravessar se faz de diversos modos, desde a abordagem do medo que nos acomete, que pode levar o leiteiro à morte, até a louvação do homem do povo, Charlie Chaplin. *A rosa do povo* é o livro mais otimista de Drummond. Podemos ver o otimismo no poema "A Flor e a Náusea", com a flor furando o asfalto, o tédio e o ódio. Encontramo-lo também no final de "Passagem da Noite": "*Clara manhã, obrigado, o essencial é viver!*". Ele está também na orquídea de "Áporo" e no eterno recomeçar de "O Elefante", como também na sonhada e esperançosa utopia final de "Cidade Prevista":

"*Este país não é meu*
nem vosso ainda, poetas.
Mas ele será um dia
o país de todo homem."

Entretanto, a visão amargurada, desencantada ou pessimista reaparece de vez em quando, como em:

- "Anoitecer": "*É a hora do descanso, / mas o descanso vem tarde.*"
- "O Medo": "*Em verdade temos medo. / Nascemos escuro.*"
- "Passagem do Ano": "*O recurso de se embriagar. / O recurso da dança e do grito, / o recurso da bola colorida, / o recurso de Kant e da poesia, / todos eles... e nenhum resolve.*"

A postura engajada, comprometida com uma visão socialista e mais humana do mundo está patente em todo o poema "Nosso Tempo", principalmente em seu final: " *O poeta / declina de toda responsabilidade / na marcha do mundo capitalista / e com suas palavras, intuições, símbolos e outras armas / promete ajudar /* a destruí-lo / *como uma pedreira, uma floresta, / um verme.*" Vamos encontrá-la ainda em "Cidade Prevista", em "Carta a Stalingrado", "Telegrama de Moscou", e "Com o Russo em Berlim".

Em 1945, ocorreu um outro fato importante e, para um poeta e amigo, mais que isso, doloroso: a morte do contista, romancista, poeta e pesquisador do folclore brasileiro, Mário de Andrade. Drummond homenageia o amigo numa bela **elegia**[94], "Mário de Andrade Desce aos Infernos":

---

[93] Em ordem direta, ficaria: Meu poema (vocativo), o povo te atravessa tal (como se fosse) uma lâmina. O pronome "te" refere-se a "meu poema".

[94] Antigamente elegia era "um canto fúnebre com acompanhamento de flauta", podendo ser entendido modernamente como poema que homenageia alguém que morreu.

"Daqui a vinte anos farei teu poema
e te cantarei com tal suspiro
que as flores pasmarão[95]*, e as abelhas,*
confundidas, esvairão seu mel."

O livro *A rosa do povo* apresenta 55 poemas, em que tanto aparecem **versos livres**[96] quanto versos metrificados ou até a combinação das duas possibilidades. Fazendo um levantamento nos 15 primeiros poemas, você perceberá que:

- "Consideração do Poema" foi composto com versos livres;
- "Procura da Poesia", também, apresenta versos livres;
- "A Flor e a Náusea", como os dois anteriores;
- "Carrego Comigo", ao contrário, foi construído em versos redondilhos menores, distribuídos em **quadras**[97];
- "Anoitecer" apresenta uma variação razoável de medida que oscila entre versos de 5 a 9 sílabas, dificultando a sua classificação como poema de versos livres. O melhor é considerarmos como uma poema heterométrico, isto é, que apresenta preocupação razoável com a métrica, mas não com a rigidez, com a regularidade, com a isometria. Além disso, encontramos a presença de rimas e a distribuição regular em estrofes de 7 versos.
- "O Medo" apresenta procedimento semelhante ao anterior, mas vale-se de quadras ou quartetos;
- "Nosso Tempo" e "Passagem do Ano" valem-se de versos livres;
- "Passagem da Noite" foi construído com versos redondilhos[98] maiores;
- "Uma Hora e Mais Outra" apresenta versos redondilhos menores sem divisão estrófica, isto é, o poema segue do primeiro ao último verso sem qualquer divisão;
- "Nos Áureos Tempos" foi composto com versos redondilhos menores, mas em estrofes de composição variada;
- "Rola Mundo" é um poema heterométrico;
- "Áporo" é um soneto (dois quartetos e dois tercetos) em versos redondilhos menores;
- "Ontem" é heterométrico e "Fragilidade" apresenta versos livres.

---

[95] Encontramos aqui uma prosopopéia, ou personificação, figura de linguagem que consiste em atribuir qualidades humanas a outros seres ou dar vida a seres inanimados.

[96] Versos que não apresentam rima nem preocupação com a métrica, variando muito a medida de cada verso.

[97] Estrofes compostas de 4 versos, o mesmo que quarteto.

[98] O verso redondilho é de origem popular e medieval, podendo apresentar 5 sílabas (redondilho menor) ou 7 (redondilho maior).

TEXTO 1: PROCURA DA POESIA

Não faças versos sobre acontecimentos.
Não há criação nem morte perante a poesia.
Diante dela, a vida é um sol estático,
não aquece nem ilumina.
As afinidades, os aniversários, os incidentes pessoais não contam.
Não faças poesia com o corpo,
esse excelente, completo e confortável corpo, tão infenso à efusão lírica.
Tua gota de bile, tua careta de gozo ou de dor no escuro
são indiferentes.
Nem me reveles teus sentimentos,
que se prevalecem do equívoco e tentam a longa viagem.
O que pensas e sentes, isso ainda não é poesia.
Não cantes tua cidade, deixa-a em paz.
O canto não é o movimento das máquinas nem o segredo das casas.
Não é música ouvida de passagem; rumor do mar nas ruas junto à
[linha de espuma.

O canto não é a natureza
nem os homens em sociedade.
Para ele, chuva e noite, fadiga e esperança nada significam.
A poesia (não tires poesia das coisas)
elide[99] sujeito e objeto.

Não dramatizes, não invoques,
não indagues. Não percas tempo em mentir.
Não te aborreças.
Teu iate de marfim, teu sapato de diamante,
vossas **mazurcas**[100] e **abusões**[101], vossos esqueletos de família
desaparecem na curva do tempo, é algo imprestável.

Não recomponhas
tua sepultada e **merencória**[102] infância.

---

[99] Elidir é o mesmo que eliminar, suprimir: "suprime sujeito e objeto".

[100] Dança polaca, uma espécie de valsa rápida, ligeira.

[101] O mesmo que ilusões, crendices, erros, superstições.

[102] Melancólica, triste.

Não osciles entre o espelho e a
memória em dissipação.
Que[103] se dissipou, não era poesia.
Que se partiu, cristal não era[104].

Penetra surdamente no reino das palavras.
Lá estão os poemas que esperam ser escritos.
Estão paralisados, mas não há desespero,
há calma e frescura na superfície intata.
Ei-los sós e mudos, em estado de dicionário.
Convive com teus poemas, antes de escrevê-los.
Tem paciência, se obscuros. Calma, se te provocam.
Espera que cada um se realize e consume
com seu poder de palavra
e seu poder de silêncio.
Não forces o poema a desprender-se do **limbo**[105].
Não colhas no chão o poema que se perdeu.
Não adules o poema. Aceita-o
como ele aceitará sua forma definitiva e concentrada
no espaço.

Chega mais perto e contempla as palavras.
Cada uma
tem mil faces secretas sob a face neutra
e te pergunta, sem interesse pela resposta,
pobre ou terrível, que lhe deres:
Trouxeste a chave?

Repara:
ermas de melodia e conceito
elas se refugiaram na noite, as palavras.
Ainda úmidas e impregnadas de sono,
rolam num rio difícil e se transformam em desprezo.

---

[103] Encontramos aqui uma elipse, figura de linguagem que consiste em omitir termo ou expressão que pode ser facilmente subentendia: (O que se dissipou.).

[104] Observem o jogo de paralelismo e assimetria, formando um cruzamento (quiasmo) com o sintagma superior: "não era **poesia**" / "**cristal** não era".

[105] Segundo a crença católica, limbo é o lugar para onde vão as crianças inocentes, mas sem batismo. Como não têm pecado, estão salvas do inferno, mas como não foram batizadas, ficam impedidas de verem a face de Deus.

Comentários:
Poema metalingüístico, isto é, que tem como tema o próprio fazer poético. Trata do trabalho do poeta.
Funciona como manifesto pessoal e pode ser comparado, como proposta estética, à "Poética", de Manuel Bandeira; à "Antífona", de Cruz e Sousa: e à "Profissão de Fé", de Olavo Bilac. Aqui, o poeta apregoa o primado da linguagem, das palavras. Não é com idéias ou sentimentos que se faz um poema, mas com palavras.
Embora tenha um ou outro termo pouco conhecido, podemos dizer que a linguagem empregada evitou o pedantismo, a verborragia. Esse nível de linguagem associado ao emprego do verso livre confere ao poema uma continuidade das conquistas da primeira fase do Modernismo.
Em sua Antologia, o autor inseriu o poema acima em "POESIA CONTEMPLADA".

TEXTO 2: A FLOR E A NÁUSEA

Preso à minha classe e a algumas roupas,
vou de branco pela rua cinzenta.
Melancolias, mercadorias espreitam-me.
Devo seguir até o enjôo?
Posso, sem armas, revoltar-me?

Olhos sujos no relógio da torre:
Não, o tempo não chegou de completa justiça.
O tempo é ainda de fezes, maus poemas, alucinações e espera.
O tempo pobre, o poeta pobre
fundem-se no mesmo impasse.
Em vão me tempo explicar, os muros são surdos.
Sob a pele das palavras há cifras e códigos.
O sol consola os doentes e não os renova.
As coisas. Que tristes são as coisas, consideradas sem ênfase.

Vomitar esse tédio sobre a cidade.
Quarenta anos e nenhum problema
resolvido, sequer colocado.
Nenhuma carta escrita nem recebida.
Todos os homens[106] voltam para casa.

---

[106] Na edição consultada estava "homems", mas é evidente que se trata de um mero erro tipográfico, por isso fizemos a correção.

Estão menos livres mas levam jornais
e soletram o mundo, sabendo que o perdem.

Crimes da terra, como perdoá-los?
Tomei parte em muitos, outros escondi.
Alguns achei belos, foram publicados.
Crimes suaves, que ajudam a viver.
Ração diária de erro, distribuída em casa.
Os ferozes padeiros do mal.
Os ferozes leiteiros do mal.

Pôr fogo em tudo, inclusive em mim.
Ao menino de 1918 chamavam **anarquista**[107].
Porém meu ódio é o melhor de mim.
Com ele me salvo
e dou a poucos uma esperança mínima.

Uma flor nasceu na rua!
Passem de longe, bondes, ônibus, rio de aço do tráfego.
Uma flor ainda desbotada
ilude a polícia, rompe o asfalto.
Façam completo silêncio, paralisem os negócios,
garanto que uma flor nasceu.
Sua cor não se percebe.
Suas pétalas não se abrem.
Seu nome não está nos livros[108].
É feia. Mas é realmente uma flor.

Sento-me no chão da capital do país às cinco horas da tarde
e lentamente passo a mão nessa forma insegura.
Do lado das montanhas, nuvens maciças avolumam-se.
Pequenos pontos brancos movem-se no mar, galinhas em pânico.
É feia. Mas é uma flor. Furou o asfalto, o tédio, o nojo e o ódio.

---

[107] Integrante ou simpatizante do movimento político libertário ou Anarquismo, que defende a eliminação de toda autoridade e prega a substituição da soberania do Estado pelo contrato livre.

[108] Nesse e nos dois versos anteriores podemos perceber o emprego de paralelismo sintático: Sua cor / suas pétalas : : não se percebe / não se abrem.

Comentários:
Na Antologia foi agrupado na seção "UM EU TODO RETORCIDO".
O poeta vale-se de uma linguagem prosaica e de versos livres. Podemos dizer que aqui há mais do que um rompimento com a poesia tradicional, certinha. A ruptura vai mais fundo e atinge o próprio modo falso de compor harmonias e consonâncias, diante da desarmonia ou dissonância da realidade moderna. Vejam postura parecida no texto 3: "Anoitecer".
São recorrentes na temática drummondiana a idéia de corrosão, a sensação de impasse e o sentimento de náusea. A corrosão pode ser notada em vários momentos, principalmente em *"soletram o mundo, sabendo que o perdem"*; o impasse em *"posso, sem armas, revoltar-me?"* ou em *"fundem-se no mesmo impasse"*; e a náusea está explícita em *"vomitar esse tédio sobre a cidade"*.

TEXTO 3: ANOITECER

"É a hora em que o sino toca,
mas aqui não há sinos;
há somente buzinas,
sirenes roucas, apitos
aflitos, pungentes, trágicos,
uivando escuro segredo;
desta hora tenho medo.

É a hora em que o pássaro volta,
mas de há muito não há pássaros;
só multidões compactas
escorrendo exaustas
como espesso óleo
que impregna o lajedo;
desta hora tenho medo.

Hora de delicadeza,
gasalho, sombra, silêncio.
Haverá disso no mundo?
É antes a hora dos corvos,
bicando em mim, meu passado,
meu futuro, meu degredo;
desta hora, sim, tenho medo.

Comentários:
O primeiro verso sugere sempre para o fim da tarde e início da noite um instante de lirismo, presente na imagem do sino que toca e do pássaro que volta. A conjunção adversativa "mas", no entanto, interrompe esse sonho de "delicadeza" e mostra que a realidade dura é outra muito diversa, marcada pelos desagradáveis ruídos urbanos e grupos de pessoas cansadas que voltam para casa. É o momento em que a consciência, metaforizada aqui em corvo, como antes na poesia de Augusto dos Anjos já foi representada pelo morcego, vem escavar o passado e o futuro.

A pergunta "Haverá disso no mundo?" é bastante embaraçosa e sugere, sem afirmar taxativamente, que o tempo da delicadeza acabou. Ao perguntar retoricamente, o poeta deixa-nos a ingrata tarefa de ver a realidade dura. Assim, o poeta declina de toda e qualquer responsabilidade pessoal.

TEXTO 4: ÁPORO[109]

Um inseto[110] cava
cava[111] sem alarme
perfurando a terra
sem achar escape.

Que fazer, exausto,
em país bloqueado[112],
enlace de noite,
raiz e minério?

Eis que o labirinto
(oh razão, mistério)
presto[113] se desata:

em verde, sozinha,
antieuclidiana[114],
uma orquídea forma-se.

Comentário:
Faz parte de "NA PRAÇA DE CONVITES", mas como disse Drummond sobre sua classificação, poderia o mesmo poema aparecer em outra classificação, como "poesia contemplada", por exemplo.
Vale a pena também acrescentar que se trata de um soneto (herança clássica e erudita), construído com versos redondilhos menores (herança popular e medieval).

---

[109]De a (sem) + poro (passagem, saída), apresentando diversos significados, todos eles presentes no corpo do poema: sem saída, enigma ou problema de difícil solução, tipo de inseto coleóptero, e espécie de orquídea subterrânea.

[110]Esse poema é uma obra aberta e apresenta várias possibilidades de entendimento ou interpretação, dependendo de como cada leitor assuma o sentido figurado de inseto, que pode ser entendido metaforicamente como o próprio poeta, como um revolucionário subversivo, etc. Em cada caso, muda-se também o sentido que se deve dar à orquídea, que pode ser vista como metáfora de poema, de liberdade, etc.

[111]Temos aqui um caso de anadiplose, figura de linguagem que consiste no emprego da última palavra do verso para iniciar o verso seguinte. É uma figura de repetição como anáfora (no início) e epizeuxe (no fim).

[112]Pode ser entendido esse verso como referente ao Estado Novo, à ditadura de Getúlio Vargas.

[113]A crítica já apontou aqui uma referência velada a Prestes, líder comunista, que esteve preso e foi colocado em liberdade durante o governo de Getúlio.

[114]Absurdamente, ilogicamente, sem explicação.

TEXTO 5: NOVA CANÇÃO DO EXÍLIO

Um sabiá
na palmeira, longe.
Estas aves cantam
um outro canto.

O céu cintila
sobre flores úmidas.
Vozes na mata,
e o maior amor.

Só, na noite,
seria feliz:
um sabiá,
na palmeira, longe.

Onde é tudo belo
e fantástico,
só, na noite,
seria feliz.
(Um sabiá,
na palmeira, longe.)

Ainda um grito de vida e
voltar
para onde é tudo belo
e fantástico:
a palmeira, o sabiá,
o longe.

CANÇÃO DO EXÍLIO
Gonçalves Dias

Minha terra tem palmeiras,
Onde canta o sabiá,
As aves que aqui gorjeiam,
Não gorjeiam como lá.

Nosso céu tem mais estrelas,
Nossas várzeas têm mais flores,
Nossos bosques têm mais vida,
Nossa vida mais amores.

Em cismar, sozinho, à noite,
Mais prazer encontro eu lá;
Minha terra tem palmeiras,
Onde canta o sabiá.

Minha terra tem primores,
Que tais não encontro eu cá;
Em cismar, sozinho, à noite
Mais prazer encontro eu lá;
Minha terra tem palmeiras,
Onde canta o sabiá.

Não permita Deus que eu morra.
Sem que eu volte para lá;
Sem que desfrute os primores
Que não encontro por cá;
Sem qu'inda aviste as palmeiras,
Onde canta o sabiá.

Comentários:
Esse poema, em versos livres, pode ser considerado uma paródia da "Canção do Exílio" do poeta romântico Gonçalves Dias, não no sentido popular de recriação gozada e gozadora, mas no sentido etimológico de "canto paralelo". Drummond como que traduziu o poema sentimental, romântico, de Gonçalves Dias, para uma linguagem e abordagem mais seca, mais moderna e modernista, mais objetiva. Compare os dois poemas e veja como o poeta mineiro despiu o poema do maranhense de sua excessiva sentimentalidade. A versão de Drummond é de uma economia que chega a incomodar.

TEXTO 6: MORTE DO LEITEIRO

Há pouco leite no país,
é preciso entregá-lo cedo.
Há muita sede no país,
é preciso entregá-lo cedo.
Há no país uma legenda,
que ladrão se mata com tiro.

Então o moço que é leiteiro
de madrugada com sua lata
sai correndo e distribuindo
leite bom para gente ruim.

Sua lata, suas garrafas,
e seus sapatos de borracha
vão dizendo aos homens no sono
que alguém acordou cedinho
e veio do último subúrbio
trazer o leite mais frio
e mais alvo da melhor vaca
para todos criarem força
na luta brava da cidade.

Na mão a garrafa branca
não tem tempo de dizer
as coisas que lhe atribuo
nem o moço leiteiro **ignaro**[115],
morador na Rua Namur,
empregado no entreposto,
com 21 anos de idade,
sabe lá o que seja impulso
de humana compreensão.
E já que tem pressa, o corpo
vai deixando à beira das casas
uma apenas mercadoria.

Comentário:
Classificado pelo autor como "AMAR-AMARO", mas que poderia muito bem estar também em 'NA PRAÇA DE CONVITES".
A náusea, como resultado do choque social, pode ser vista em: "escorre uma coisa espessa / que é leite, sangue... não sei."
Interessante notarmos que o poema é narrativo (com conflito, clímax, desfecho), como se fosse um conto ou uma mini-epopéia moderna, com narrador, personagens e diálogos.

[115] O mesmo que ignorante, falto de instrução.

E como a porta dos fundos
também escondesse gente
que aspira ao[116] pouco de leite
disponível em nosso tempo,
avancemos por esse beco,
peguemos o corredor,
depositemos o litro...
Sem fazer barulho, é claro,
que barulho nada resolve.

Meu leiteiro tão sutil,
de passo maneiro e leve,
antes desliza que marcha.
É certo que algum rumor
sempre se faz: passo errado,
vaso de flor no caminho,
cão latindo por princípio,
ou um gato **quizilento**[117].
E há sempre um senhor que acorda,
resmunga e torna a dormir.

Mas este acordou em pânico
(ladrões infestam o bairro),
não quis saber de mais nada.
O revólver da gaveta
saltou para sua mão.
Ladrão? se pega com tiro.
Os tiros na madrugada
liquidaram meu leiteiro.
Se era noivo, se era virgem,
se era alegre, se era bom,]
não sei,
é tarde para saber.

Embora apareçam outras medidas, prevalece o verso de 7 sílabas, ou seja, o verso redondilho maior: for/man/do um/ter/cei/ro/**tom** // a/que/cha/ma/mos/au/**ro**(ra). Conta-se até a última sílaba tônica, inclusive. O último verso visto chama-se grave, porque termina por palavra paroxítona e o penúltimo é denominado agudo, porque termina por oxítona.

[116] O verbo aspirar apresenta duas regências. Quando é empregado no sentido de "inspirar", "sorver o ar", é transitivo direto, mas se utilizado como no texto com o sentido de "desejar, querer, tem em vista, pretender como objetivo", é transitivo indireto, regendo preposição "a".

[117] O mesmo que zangado, irritado, importuno, implicante.

Mas o homem perdeu o sono
de todo, e foge pra rua.
Meu Deus, matei um inocente.[118]
Bala que mata gatuno
também serve pra furtar
a vida de nosso irmão.
Quem quiser que chame médico,
polícia não bota a mão
neste filho de meu pai.
Está salva a propriedade.
A noite geral prossegue,
a manhã custa a chegar,
mas o leiteiro
estatelado, ao relento,
perdeu a pressa que tinha.

Da garrafa estilhaçada,
no ladrilho já sereno
escorre uma coisa espessa
que é leite, sangue... não sei.
Por entre objetos confusos,
mal redimidos da noite,
duas cores se procuram
suavemente se tocam,
amorosamente se enlaçam,
formando um terceiro tom
a que chamamos aurora.

---

[118] Aqui, como anteriormente, foi empregada uma técnica semelhante à da prosa narrativa, denominada "discurso indireto livre", que consiste na eliminação dos sinais que permitem a distinção entre a fala da personagem e o discurso do narrador. Tanto na prosa quanto aqui o leitor deve chegar ao mesmo resultado pela situação, pelo contexto.

TEXTO 7: FRAGILIDADE

Este verso, apenas um arabesco
em torno do elemento essencial - inatingível.
Fogem nuvens de verão, passam aves, navios, ondas,
e teu rosto é quase um espelho onde brinca o incerto movimento,
ai! já brincou, e tudo se fez imóvel, quantidades e quantidades
de sono se depositam sobre a terra esfacelada.
Não mais o desejo de explicar, e múltiplas palavras em feixe
subindo, e o espírito que escolhe, o olho que visita, a música
feita de depurações e depurações, a delicada modelagem
de um cristal de mil suspiros límpidos e frígidos: não mais
que um arabesco, apenas um arabesco
abraça as coisas, sem reduzi-las.

TEXTO 8: O POETA ESCOLHE SEU TÚMULO

Onde foi Tróia,
onde foi Helena,
onde a erva cresce,
onde te despi,

onde pastam coelhos
a roer o tempo,
e um rio molha
roupas largadas,

onde houve, não
há mais agora
o ramo inclinado,

eu me sinto bem
e aí me sepulto
para sempre e um dia

Comentários:
Trata-se de um soneto (4, 4, 3, 3) de versos curtos, com predomínio do redondilho menor, 5 sílabas, e sem rima, podendo ser considerados versos brancos.
A terceira estrofe é constituída por um forte hipérbato (inversão dos termos da oração), que assim ficaria, em ordem direta: onde houve o ramo inclinado (e) agora não há mais.

V - CLARO ENIGMA

Apresentação

Vários acontecimentos, desde a publicação de *A rosa do povo*, e anteriores ao lançamento de *Claro enigma*, devem ser lembrados aqui: o fim da guerra mundial e da ditadura de Getúlio Vargas, a Constituição de 1946, a presidência de Eurico Gaspar Dutra e o retorno de Vargas à presidência, em 1951, eleito, desta vez, pelo povo em eleição direta e democrática, embora essa democracia seja fruto de conchavos, mais do que conquista de uma luta popular. Nesse mesmo ano, 1951, Drummond publica, além do livro em prosa, *Contos de aprendiz*, o livro de poesia *Claro enigma*.

Claro enigma tem sido apontado pela crítica como um marco inicial da terceira fase da poesia drummondiana. A primeira fase começa com *Alguma poesia*. A segunda, poesia social, tem seu ponto culminante em *A rosa do povo*. *Claro enigma* é aberto por uma epígrafe, verso de Paul Valéry, que parece demonstrar esse desejo de romper com a poesia engajada, que vinha fazendo: *"Les événements m'ennuient"*, ou seja, os acontecimentos me aborrecem, me causam tédio.

Em *Claro enigma* notamos uma preocupação maior com a poesia formal, uma retomada do soneto clássico, do verso decassílabo. A maioria dos poemas apresenta versos metrificados e apenas um quarto do todo valeu-se do verso livre. A irreverência da primeira fase é substituída por uma dignidade sóbria e aumenta a busca existencial do "eu poético" e a escavação da condição humana, uma funda perquirição do "estar no mundo". O arrefecimento da ironia parece encontrar como substitutivo um estado de paz resignada, feito de um maior entendimento e aceitação do mundo e da vida.

O livro apresenta 42 poemas, elaborados numa sintaxe predominantemente clássica, em que por vezes encontramos elementos arcaizantes. A coloquialidade se rarefaz e praticamente desaparecem os poemas de denúncia social.

Os poemas foram organizados e distribuídos pelo autor em 5 partes:

I - ENTRE LOBO E CÃO (18 poemas)
II - NOTÍCIAS AMOROSAS (7 poemas)
III - O MENINO E OS HOMENS (4 poemas)
IV - SELO DE MINAS (5 poemas)
V - OS LÁBIOS CERRADOS (6 poemas)
VI - A MÁQUINA DO MUNDO (2 poemas)

ANTOLOGIA COMENTADA

I - ENTRE LOBO E CÃO

TEXTO 1: A INGAIA[119] CIÊNCIA

A madureza, essa terrível prenda
que alguém nos dá, raptando-nos, com ela,
todo sabor gratuito de oferenda
sob a glacialidade de uma estela,

a madureza vê, posto que a venda
interrompa a surpresa da janela,
o círculo vazio, onde se estenda,
e que o mundo converte numa cela.

A madureza sabe o preço exato
dos amores, dos ócios, dos quebrantos,
e nada pode contra sua ciência

e nem contra si mesma. O agudo olfato,
o agudo olhar, a mão, livre de encantos,
se destroem no sonho da existência.

Comentário:
Classificada como "TENTATIVA DE EXPLORAÇÃO E DE INTERPRETAÇÃO DO ESTAR-NO-MUNDO"
Observem que a segunda estrofe, embora não apresente um advérbio de negação, está toda construída com índices negativos: a venda que impede de ver, o círculo que nada tem (vazio), e o mundo convertido em uma cela (prisão). O poema como um todo, no entanto, apesar de seu cunho realista, não é nihilista, pois procura o belo da idade, malgrado suas limitações e a amargura proporcionada pela compreensão disso. A corrosão, menos manifesta em *Claro enigma*, pode ser encontrada no último verso: "se destróem no sonho da existência".

[119]Do provençal "gai", que significa alegre, divertido, derivou gaio e gaia. Criando um neologismo, com a anexação do prefixo "in", negativo, o poeta coloca a "ciência" (aqui como sinônimo de madureza, experiência da idade) como algo que pode significar acréscimo em algum sentido, mas, infelizmente, não é nada divertido ou alegre, pois nos priva da ilusão, já que ficamos sabendo o preço tanto do amor quanto do lazer.

TEXTO 2: UM BOI VÊ OS HOMENS

Tão delicados (mais que um arbusto) e correm
e correm[120] de um para outro lado, sempre esquecidos
de alguma coisa. Certamente, falta-lhes
não sei que atributo essencial, posto que se apresentem nobres
e graves, por vezes. Ah, espantosamente graves,
até sinistros. Coitados, dir-se-ia não escutam
nem o canto do ar nem os segredos do feno,
como também parecem não enxergar o que é visível
e comum a cada um de nós, no espaço. E ficam tristes
e no rasto da tristeza chegam à crueldade.
Toda a expressão deles mora nos olhos - e perde-se
a um simples baixar de cílios, a uma sombra.
Nada nos pêlos, nos extremos de inconcebível fragilidade,
e como neles há pouca montanha,
e que secura e que reentrâncias e que
impossibilidade de se organizarem em formas calmas,
permanentes e necessárias. Têm, talvez,
certa graça melancólica (um minuto) e com isto se fazem
perdoar a agitação incômoda e o translúcido
vazio interior que os torna tão pobres e carecidos
de emitir sons absurdos e agônicos: desejo, amor, ciúme
(que sabemos nós?), sons que se despedaçam e tombam no campo
como pedras aflitas e queimam a erva e a água,
e difícil, depois disto, é ruminarmos nossa verdade

Comentário:
Esse poema não aparece na Antologia, mas podia muito bem aparecer classificado como "TENTATIVA DE EXPLORAÇÃO E DE INTERPRETAÇÃO DO ESTAR-NO-MUNDO". É interessante que, deslocando a ótica para uma possível e provável mente bovina, o poeta revela a fragilidade do homem e seu comportamento absurdo, não sem uma sensação de pena e de crítica desolada.

[120] Emprego de anadiplose, figura que já vimos no poema "Áporo".

TEXTO 3: MEMÓRIA

Amar o perdido
deixa confundido
este coração.

Nada pode o olvido
contra o sem sentido
apelo do Não.

As coisas tangíveis
tornam-se insensíveis
à palma da mão.

Mas as coisas findas,
muito mais que lindas,
essas ficarão.

Comentário:
"Memória" aparece na Antologia como "UMA, DUAS ARGOLINHAS", mas também caberia com pertinência em "AMAR-AMARO" ou "TENTATIVA DE EXPLORAÇÃO E DE INTERPRETAÇÃO DO ESTAR-NO-MUNDO". É um poema de beleza simples, tão singelo quanto sua estrutura. É composto de tercetos, construídos com versos redondilhos menores, empregando esquema de rima AAB.

TEXTO 4: OFICINA IRRITADA

Eu quero compor um soneto duro
como poeta algum ousara escrever.
Eu quero pintar um soneto escuro,
seco, abafado, difícil de ler.

Quero que meu soneto, no futuro,
não desperte em ninguém nenhum prazer.
E que, no seu maligno ar imaturo,
ao mesmo tempo saiba ser, não ser.

Esse meu verbo antipático e impuro
há de **pungir**[121], há de fazer sofrer,
tendão de **Vênus**[122] sob o pedicuro.

Ninguém o lembrará: tiro no muro,
cão mijando no caos, enquanto Arcturo[123],
claro enigma[124], se deixa surpreender.

---

121 Ferir, furar, picar.

122 Divindade mitológica da Antigüidade dotada de rara beleza. Deusa do amor, tomada aqui pela visão tradicional e consagrada de símbolo de feminilidade, beleza, delicadeza. Essa imagem destoa dolorosamente com "pedicuro", que nos transmite a idéia de vulgaridade e sofrimento.

123 Estrela alfa do boeiro, que durante muito tempo ficou oculta aos olhos dos astrônomos.

124 É a expressão que dá título ao livro. Temos aqui um típico exemplo de oxímoro, espécie de antítese

Comentário:

Aparece como "POESIA CONTEMPLADA" na Antologia. Trata-se de um soneto metalingüístico, construído segundo os padrões clássicos: 14 versos decassílabos, com esquema de rima: ABAB, ABAB, ABA, AAB. Revelando conformidade com a temática, a linguagem desse poema apresenta-se áspera e corrosiva. Veja o que diz o crítico Antonio Candido a esse respeito: *"À maneira de Graciliano Ramos no romance, Drummond, na poesia, não procura ser agradável, nem no que diz, nem na maneira por que o diz. Talvez seja esta uma das causas que dão ao seu verso o aspecto seco e anti-melódico. Mas é preciso considerar também que a sua maestria é menos a de um versificador que a de um criador de imagens, expressões e seqüências, que se vinculam ao poder obscuro dos temas e geram diretamente a coerência total do poema, relegando quase para segundo plano o verso como uma unidade autônoma."*[125]

TEXTO 5: AMAR (de II - NOTÍCIAS AMOROSAS)

Que pode uma criatura senão,
entre criaturas, amar?
amar e esquecer,
amar e malamar,[126]
amar, desamar, amar?
sempre, e até de olhos vidrados, amar?

Que pode, pergunto, o ser amoroso,
sozinho, em rotação universal, senão
rodar também, e amar?
amar o que o mar traz à praia,
o que ele sepulta, e o que, na brisa marinha,
é sal, ou precisão de amor, ou simples ânsia?

Amar solenemente as palmas do deserto,
o que é entrega ou adoração expectante,
e amar o inóspito, o áspero,
um vaso sem flor, um chão de ferro,
e o peito inerte, e a rua vista em sonho, e uma ave de rapina.

---

concentrada, que reúne num só enunciado dois pensamentos que se excluem mutuamente, gerando um paradoxo, pois o substantivo "enigma", portador da qualidade, pressupõe o contrário de sua qualidade em si, "claro". Se é enigma, como poderia ser claro? Se claro, não deveria ser enigma. Essa figura de linguagem foi muito praticada pela estética barroca, no século XVII.

[125] Candido, Antonio - *Vários escritos* - SP, Livraria Duas Cidades Ltda, 1970, p.121/2.

[126] Nesses três versos encontramos "anáfora", figura de linguagem que consiste em repetir no início do verso a mesma palavra. Notem que nos dois versos seguintes encontraremos "epizeuxe", também figura de repetição, só que no final do verso.

Este o nosso destino: amor sem conta,
distribuído pelas coisas pérfidas ou nulas,
doação ilimitada a uma completa ingratidão,
e na concha vazia do amor a procura medrosa,
paciente, de mais e mais amor.

Amar a nossa falta mesma de amor, e na secura nossa
amar a água implícita, e o beijo tácito, e a sede infinita.

Comentário:
Poema em versos livres em que, como em outros poemas sobre o amor, Drummond volta a liberar a forma.
Esse sentimento, o amor, é o instrumento que permite captar o mundo, apesar do que há nele de misturado, confuso ou impuro.
Há nesse poema, em vez da sintaxe bem amarrada dos demais textos formais de *Claro enigma*, uma sintaxe frouxa, construída com enumerações e sintagmas não progressivos.
Apesar dos desenganos e fadiga do mundo, o amor se renova através de suas próprias decepções, de seu anseio ou incompletude.

TEXTO 6: QUINTANA'S BAR (de III - O MENINO E OS HOMENS)

Num bar fechado há muitos, muitos anos, e cujas portas de aço bruscamente se decerram, encontro, que eu nunca vira, o poeta Mário Quintana.[127]

Tão simples reconhecê-lo, toda identificação é vã. O poeta levanta seu copo. Levanto o meu. Em algum lugar - **coxilha**[128]? montanha? vai rorejando a manhã.

Na total de incorporação das coisas antigas, perdura um elemento mágico: estrela-do-mar - ou **Aldebarã**[129]?, tamanquinhos, menina correndo com o arco. E corre com pés de lã.

Falando em voz baixa nos entendemos, eu de olhos cúmplices, ele com seu talismã. Assim me fascinavam outrora as feitiçarias da preta, na cozinha de **picumã**[130].

---

[127] Poeta gaúcho, contemporâneo de Drummond. Quintana iniciou sua carreira literária em 1940, com *A rua dos cataventos*. Escreveu, ainda: *Sapato florido*, *Espelho mágico*, *O aprendiz de feiticeiro* e *Quintanares*.

[128] Campina com elevações arredondadas, contínuas. Essa paisagem gaúcha típica lembra o poeta Quintana, assim como as montanhas se associam a Drummond, pois sua cidade natal, Itabira, fica encravada no meio de montanhas, no quadrilátero ferrífero de Minas Gerais.

[129] Nome empregado tradicionalmente para designar a estrela alfa de Touro.

[130] Teia de aranha enegrecida pela fuligem, muito comum nas casas do interior que têm fogão à lenha.

Na conspiração da madrugada, erra solitário - dissolve-se o bar - o poeta Quintana. Seu olhar devassa o nevoeiro, cada vez mais densa é a bruma de **antanho**[131].

Uma teia se tecendo, e sem trabalho de aranha. Falo de amigos que envelheceram ou que sumiram na semente de avelã.

Agora voamos sobre tetos, à garupa da bruxa estranha. Para iludir a fome, que não temos, pintamos uma romã.

E já os homens sem província, despetala-se a flor aldeã. O poeta aponta-me casas: a de Rimbaud[132], a de Blake[133], e a gruta camoniana.

As amadas do poeta, lá embaixo, na curva do rio, ordenam-se em lenta **pavana**[134], e uma a uma, gotas ácidas, desaparecem no poema. É há tantos anos, será ontem, foi amanhã? Signos criptográficos ficam gravados no céu eterno - ou na mesa de um bar abolido, enquanto, debruçado sobre o mármore, silenciosamente viaja o poeta Mário Quintana.

Comentário:
Poema em prosa que, por isso mesmo, combina bem com o poeta celebrado, pois Quintana foi o mestre da poesia em prosa, aproximando-se muitas vezes do provérbio ou do ditado popular. Para exemplificar, vamos transcrever um texto seu:

UM POUCO DE GEOMETRIA

A curva é o caminho mais agradável entre dois pontos.

TEXTO 7: EVOCAÇÃO MARIANA (de IV - SELO DE MINAS)

A igreja era grande e pobre. Os altares[135], humildes.
Havia poucas flores. Eram flores de horta.
Sob a luz fraca, na sombra esculpida
(quais as imagens e quais os fiéis?)
ficávamos.

---

131 Antigamente, nos tempos idos, outrora. Pode também significar "no ano passado".
132 Poeta francês, simbolista, autor de "Bateau Ivre", em cuja poesia encontramos a vertigem do espírito.
133 Poeta inglês da segunda metade do século XVIII, romântico, autor de Canções da Inocência, 1789.
134 Dança da corte de provável origem espanhola, praticada no século XVI.
135 Temos aqui um caso de zeugma, figura de linguagem que consiste na omissão de termo já expresso: "Os altares (eram) humildes."

Do padre cansado o murmúrio de reza[136]
subia às tábuas do forro,
batia no púlpito seco,
entranhava-se na onda, minúscula e forte, de incenso,
perdia-se.

Não, não se perdia...
Desatava-se do coro a música deliciosa
(que esperas ouvir à hora da morte, ou depois da morte, nas campinas do ar)
e dessa música surgiam meninas – a alvura mesma –
cantando.
De seu peso terrestre a nave libertada,
como do tempo atroz imunes nossas almas,
flutuávamos
no canto matinal, sobre a treva do vale[137].

Comentário:
Poema em versos livres. Não encontramos aqui uma visão mística, religiosa, mas uma recuperação estética pelos olhos e pelos ouvidos. É a beleza da igreja barroca, a pureza da música, assim como a fragilidade das pessoas, que ferem a sensibilidade do poeta ao evocar essa lembrança, que fica registrada no espírito como cartão postal ou fotografia querida, amarelecida pelo tempo.

TEXTO 8: ENCONTRO (de V - OS LÁBIOS CERRADOS)

Meu pai perdi no tempo e ganho em sonho.
Se a noite me atribui poder de fuga,
sinto logo meu pai e nele ponho o olhar, lendo-lhe a face, ruga a ruga.

Está morto, que importa? Inda madrugada
e seu rosto, nem triste nem risonho,
é o rosto antigo, o mesmo. E não enxuga
suor algum, na calma de meu sonho.

---

[136] Encontramos aqui uma inversão "o murmúrio de reza / do padre cansado", em que o termo regido (do padre cansado) troca de lugar com o termo regente (o murmúrio de reza), caracterizando um tipo especial de inversão denominado "anástrofe".

[137] Observem a riqueza sonora desse verso, conseguida principalmente pelo emprego de aliteração ou coliteração: "*no canto matinal, sobre a treva do vale*".

Ó meu pai arquiteto e fazendeiro!
Faz casas de silêncio, e suas roças
de cinza estão maduras, orvalhadas

por um rio que corre o tempo inteiro,
e corre além do tempo, enquanto as nossas
murcham num sopro fontes represadas.

Comentário:
O pai que a memória traz em sonho vem acompanhado com o que é bom, deixando para trás o que pudesse ser desagradável (suor algum). Não podemos deixar de notar uma implícita comparação de dois planos, o do lugar indefinido e indefinível em que está o pai, onde as roças são orvalhadas, úmidas; e o espaço da realidade tangível, em que está o poeta, em que as roças murcham ao sopro de um vento provavelmente quente e seco.

TEXTO 9: FRAGMENTOS DE A MÁQUINA DO MUNDO (de VI - A MÁQUINA DO MUNDO)

E como eu palmilhasse vagamente
uma estrada de Minas, pedregosa,
e no fecho da tarde um sino rouco

se misturasse ao som de meus sapatos
que era pausado e seco; e aves pairassem
no céu de chumbo, e suas formas pretas

lentamente se fossem diluindo
na escuridão maior, vinda dos montes
e de meu próprio ser desenganado,

a máquina do mundo se entreabriu
para quem de a romper já se esquivava
e só de o ter pensado se carpia.

....

Abriu-se em calma pura, e convidando
quantos sentidos e intuições restavam
a quem de os ter usado os já perdera

....

assim me disse, embora voz alguma
ou sopro ou eco ou simples percussão
atestasse que alguém, sobre a montanha,

a outro alguém, noturno e miserável,
em colóquio se estava dirigindo:
"O que procuraste em ti ou fora de

teu ser restrito e nunca se mostrou,
mesmo afetando dar-se ou se rendendo,
e a cada instante mais se retraindo,

olha, repara, ausculta: essa riqueza
sobrante a toda pérola, essa ciência
sublime e formidável, mas hermética,

essa total explicação da vida,
esse nexo primeiro e singular
que nem concebes mais, pois tão esquivo

se revelou ante a pesquisa ardente
em que te consumiste... vê, contempla,
abre teu peito para agasalhá-lo."

....

baixei os olhos, incurioso, lasso,
desdenhando colher a coisa oferta
que se abria gratuita a meu engenho.

A treva mais estrita já pousara
sobre a estrada de Minas, pedregosa,
e a máquina do mundo, repelida,

se foi miudamente recompondo,
enquanto eu, avaliando o que perdera,
seguia vagaroso, de mãos pensas.

Comentários:
Poema em versos decassílabos brancos, que lembram Camões tanto pela métrica quanto pela referência ao momento em que, n'*Os Lusíadas*, Tétis revela a Vasco da Gama a máquina do mundo, que lhe permite ver como funciona o universo.
Enquanto ao Gama interessava conhecer o "mundo" fisicamente, ao poeta atrai a indagação metafísica, interessa compreender o "estar no mundo", mas em vez de resolver o enigma e torná-lo claro, o poeta prefere não olhar e manter a opacidade do mundo, desistindo de sua constante escavação, renunciando ao esforço de compreender. Podemos dizer que preferiu continuar a ser visto como poeta e não como filósofo. O poeta questiona, levanta problemas. O filósofo explica, resolve.

VI - CORPO

Apresentação

Como o próprio título sugere, os poemas procuram mais o natural, o físico, o sensual, mas sempre dentro de uma secura e uma substantividade própria da estética drummondiana, sem qualquer ingenuidade ou concessão. O poeta tanto aborda o corpo do homem em repouso preguiçoso ("Homem deitado"), quanto os corpos perseguidos pela miséria ("Favelário nacional"); tanto fala de seu corpo ("As contradições do corpo"), como do corpo de mulher ("Dezembro") ou homenageia o pintor pernambucano Augusto Rodrigues ("Pintor de mulher"), que tão bem retratou o corpo feminino, com toda sua sensualidade e redondeza.

ANTOLOGIA COMENTADA

TEXTO 1: AS CONTRADIÇÕES DO CORPO

Meu corpo não é meu corpo,
é ilusão de outro ser.
Sabe a arte de esconder-me
e é de tal modo **sagaz**[138]
que a mim de mim ele oculta.

---

[138]Esperto.

Meu corpo, não meu agente,
meu envelope selado,
meu revólver de assustar,
tornou-se meu carcereiro,
me sabe mais que me sei.

Meu corpo apaga a lembrança
que eu tinha de minha mente
Inocula-me seu **patos**[139],
me ataca, fere e condena
por crimes não cometidos.

O seu **ardil**[140] mais diabólico
está em fazer-se doente.
Joga-me o peso dos males
que ele tece a cada instante
e me passa em **revulsão**[141].
....

Quero romper com meu corpo,
quero enfrentá-lo, acusá-lo,
por abolir minha essência,
mas ele sequer me escuta
e vai pelo rumo oposto.

Já premido por seu pulso
de inquebrantável rigor,
não sou mais quem dantes era:
com **volúpia**[142] dirigida,
saio a bailar com meu corpo.

---

[139] Do grego "páthos", que significa doença, enfermidade, sofrimento. Daí derivam patologia e patogenia.
[140] O mesmo que ardileza, artifício, artimanha, astúcia, estratagema.
[141] Efeito de medicamentos revulsivos, para remover estados congestivos ou inflamatórios.
[142] Grande prazer dos sentidos.

TEXTO 2: O AMOR E SEUS CONTRATOS

Voltas a um mote de Joaquim-Francisco Coelho

Nos contratos que tu lavras
não vi, Amor, valimento.
Só palavras e palavras
feitas de sonho e de vento.

Tanto nas juras mais vivas
como nos beijos mais longos
em que perduram salivas
de outras paixões ainda ativas,
sopro de angolas e congos,
eu sinto a turva incerteza
(ai, ouro de **tredas**[143] **lavras**[144])
da enovelada surpresa
que põe tanto de estranheza
nos contratos que tu ***lavras***[145].

Por mais que no teu falar
brilhe a promessa incessante
de um afeto a perdurar
até o mundo acabar
e mesmo depois - diamante
de mil prismas incendidos,
amarga-me o pensamento
de serem pactos fingidos
e nos seus subentendidos
não vi, Amor, valimento.

Experiência de escrituras,
eu tenho. De que me serve?
Após sofridas leituras
de **ementas**[146] e de rasuras,
no peito a dúvida ferve,

---

[143] O mesmo que falsa ou traiçoeira. Note que Drummond busca uma aproximação com o português arcaico.

[144] Aqui o termo está como substantivo, referindo-se a terreno de mineração, lugar donde se extrai ouro ou diamante.

[145] Aqui "lavras" aparece como verbo, significando elaborar, escrever, de forma que o leitor pode entender "nos contratos que tu rediges".

[146] Apontamento, rol, sumário, resumo, lembrança.

se nos mais doutos cartórios
de Londres, Londrina, Lavras[147]
para assuntos amatórios,
teus itens são ilusórios,
só palavras e palavras.

As nulidades tamanhas
que te invalidam o trato
não sei se provêm de manhas
ou de vistas mais estranhas.
Serão talvez teu retrato
gravado em vento ou em sonho
como aéreo documento
que nunca mais recomponho.
São todas - digo tristonho -
feitas de sonho e de vento.

Comentários:
Mote é o mesmo que motivo ou tema e faz parte do vilancete. Era comum nos séculos XV e XVI, estando registrado no *Cancioneiro geral* (1516) de Garcia de Resende. Camões também praticou esse tipo de composição poética. O vilancete é uma composição lírica, de origem popular galego-portuguesa, que se compunha de uma estrofe (denominada *mote* ou *cabeça*) seguida de um número variável de estrofes que eram denominadas *voltas* (entenda *voltas* como desenvolvimento da idéia do mote) ou *pés* ou *glosas*, nas quais o poeta desenvolvia a idéia poética contida na primeira estrofe.
O vilancete original apresentava em geral uma primeira estrofe de três versos e as demais estrofes com uma quantidade que variava de cinco a oito versos, em geral de sete sílabas (redondilho menor). Drummond manteve o redondilho, mas empregou estrofes de dez versos, encerrando cada décima com um dos versos do quarteto que serve de mote, conforme a tradição do vilancete.

[147] Além da bela aliteração em "l", vale a pena notar o efeito que se conseguiu com a gradação invertida, partindo de uma cidade européia, maior e mais conhecida:Londres, até uma cidade brasileira, mineira, menor: Lavras.

TEXTO 3: DEZEMBRO

Oiti[148]: a cigarra zine:
convite à praia. Tine
o sol no quadril, e o míni
véu, dissolve, do biquíni.

Comentário:
Esse poema, elaborado em versos redondilhos maiores, lembra a ode sáfica (ver nota 55) e o haicai tanto pela concisão, quanto pelo ritmo e sintaxe, como também pelo gosto descritivo.

TEXTO 4: PINTOR DE MULHER (A Augusto Rodrigues)

Este pintor
sabe o corpo feminino e seus possíveis
de linha e de volume reinventados.
Sabe a melodia do corpo em variações entrecruzadas.
Lê o código do corpo, de A ao infinito
dos signos e das curvas que dão vontade de morrer
de santo orgasmo e de beleza

TEXTO 5: AS SEM-RAZÕES DO AMOR

Eu te amo porque te amo.
Não precisas ser amante,
e nem sempre sabes sê-lo.
Eu te amo porque te amo.
Amor é estado de graça
e com amor não se paga.

Amor é dado de graça,
é semeado no vento,
na cachoeira, no eclipse.
Amor foge a dicionários
e a regulamentos vários.

[148] Palavra de origem tupi que designa uma árvore da família das rosáceas, que produz frutos carnosos e comestíveis.

Eu te amo porque não amo
bastante ou demais a mim.
Porque amor não se troca,
não se conjuga nem se ama.
Porque amor é amor a nada,
feliz e forte em si mesmo.

Amor é primo da morte,
e da morte vencedor,
por mais que o matem (e matam)
a cada instante de amor.

TEXTO 6: POR QUE?

Por que nascemos para amar, se vamos morrer?
Por que morrer, se amamos?
Por que falta sentido
ao sentido de viver, amar, morrer?

TEXTO 7: DEUS E SUAS CRIATURAS

Quem morre vai descansar na paz de Deus.
Quem vive é arrastado pela guerra de Deus.
Deus é assim: cruel, misericordioso, duplo.
Seus prêmios chegam tarde, em forma imperceptível.
Deus, como entendê-lo?
Ele também não entende suas criaturas,
condenadas previamente sem apelação a sofrimento e morte.

TEXTO 8: HIPÓTESE

E se Deus é canhoto
e criou com a mão esquerda?
Isso explica, talvez, as coisas deste mundo.

Comentário:
Pela concisão, humor e tom iconoclasta, esse poema aproxima-se bastante dos primeiros poemas de Drummond, em *Alguma poesia*, e da estética modernista de Oswald de Andrade. Claro que também faz pensar na economia e humor do haicai, composição de origem japonesa. Essa mesma observação vale para o poema seguinte.

TEXTO 9: LIÇÃO

Tarde, a vida me ensina
esta lição discreta:
a **ode**[149] cristalina
é a que se faz sem poeta.

Comentário:
Drummond manteve a estrutura estrófica caracterizadora da ode, mas evitou o decassílabo, preferindo versos de seis sílabas (hexassílabos).

TEXTO 10: OURO PRETO, LIVRE DO TEMPO (Fragmento)

Ouro Preto fala com a gente
de um modo novo, diferente.

Outras cidades se retraem
no ato primeiro da visita.
Depois desnudam-se, confiantes,
e seus segredos se oferecem
como café coado na hora.

Há mesmo cidades sensuais,
concentradas na espera ansiosa
de quem, macho, logo as domine.
Abrem-se as portas de tal modo
que são coxas, braços abertos.

Em Ouro Preto, redolente,
vaga um remoto estar-presente

Há em Ouro Preto, escondida,
uma cidade além-cidade.
Não adianta correr as ruas
e pontes, morros, sacristias,
se não houver total entrega.

---

[149] Forma poética antiga, ligada ao canto, interpretada ao som da lira, que a partir da poetisa Safo, de Lesbos, passou a caracterizar-se formalmente por ter quatro versos, sendo os três primeiros decassílabos e o quarto com apenas quatro sílabas.

Entrega mansa de turista
que de ser turista se esqueça.
Entrega humílima de poeta
que renuncie ao vão discurso
de nomes-cor, palavras-éter.

....

TEXTO 11: EU, ETIQUETA (Fragmentos)

Em minha calça está grudado um nome
que não é meu de batismo ou de cartório,
um nome... estranho.
Meu blusão traz lembrete de bebida
que jamais pus na boca, nesta vida.
Em minha camiseta, a marca de cigarro
que não fumo, até hoje não fumei.
Minhas meias falam de produto
que nunca experimentei
mas são comunicados a meus pés.
Meu tênis é proclama colorido
de alguma coisa não provada
por este provador de longa idade.
Meu lenço, meu relógio, meu chaveiro,
minha gravata e cinto e escova e pente,[150]
....
É doce estar na moda, ainda que a moda
seja negar minha identidade,
trocá-la por mil, açambarcando
todas as marcas registradas,
todos os logotipos do mercado.
....
Não sou - vê lá - anúncio contratado.
Eu é que mimosamente pago
para anunciar, para vender
em bares festas praias pérgulas piscinas,
e bem à vista exibo esta etiqueta
global no corpo que desiste

[150] Emprego de polissíndeto, figura que consiste na repetição da conjunção aditiva "e". Vale a pena notar também que esse e o verso anterior são nominais, isto é, não apresentam verbo, só nomes.

de ser veste e sandália de uma essência
tão viva, independente,
que moda ou suborno algum a compromete.
Onde terei jogado fora
meu gosto e capacidade de escolher,
minhas **idiossincrasias**[151] tão pessoais,
tão minhas que no rosto se espelhavam,
e cada gesto, cada olhar,
cada vinco da roupa
resumia uma estética?
Hoje sou costurado, sou tecido,
sou gravado de forma universal,
saio da estamparia, não de casa[152],
da vitrina me tiram, recolocam,
objeto pulsante mas objeto
que se oferece como signo de outros
objetos estáticos, tarifados.
Por me ostentar assim, tão orgulhoso
de ser não eu, mas artigo industrial
peço que meu nome retifiquem.
Já não me convém o título de homem.
Meu nome novo é coisa.
Eu sou a coisa, coisamente.[153]

Comentários:
Poema em versos livres e linguagem coloquial, em que predomina o tom irônico, gozador mesmo, ridicularizando os garotos-propaganda em que muitos de nós nos transformamos ao aceitar a moda de exibir roupas com marcas gravadas, etiquetas expostas, num verdadeiro trabalho de "merchandising". É um dos mais irônicos poemas desse livro. É gritante a atualidade desse poema, principalmente agora que os esportistas vergam uniformes que são verdadeiros cartazes de propaganda, só que esses estão vinculados a pagamento, ao contrário do homem comum, que nada recebe ao exibir no peito algum tipo de propaganda, mas que, ao contrário, paga para isso.

[151] Conjunto de características, ideologias, manias e gostos pessoais. Maneira de ver, sentir, reagir, própria de cada pessoa.
[152] Ironia, figura de pensamento que consiste em dizer o contrário do que se pensa: "Você é esperta mesmo, hein? Conseguiu cair no conto do vigário mais antigo que conheço."
[153] Esse processo de transformação do homem em coisa pode ser denominado reificação ou coisificação e é visto como característico da sociedade capitalista industrial.

TEXTO 12: LEMBRETE

Se procurar bem, você acaba encontrando
não a explicação (duvidosa) da vida,
mas a poesia (inexplicável) da vida.

TEXTO 13: FAVELÁRIO NACIONAL (Selecionamos dois dos 21 poemas que o constituem)

À memória de Alceu Amoroso Lima,
que me convidou a olhar para as
favelas do Rio de Janeiro.

11. *Competição*

Os garotos, os cães, os urubus
guerreiam em torno do esplendor do lixo.
Não, não fui eu que vi. Foi o Ministro
do Interior.

13. *Banquete*

Dia sim dia não, o caminhão
despeja 800 quilos de galinha podre,
restos de frigorífico,
no pátio do Matruco,
bem na cara do Morro da Caixa d'Água
e do Morro do Tuiuti.
O azul das aves é mais sombrio
que o azul do céu, mas sempre azul
conversível em comida.
Baixam favelados deslumbrados,
cevam-se no monturo.
Que morador resiste à sensualidade de comer galinha azul?

SUGESTÃO:
Recomendamos o estudo do trabalho "Inquietudes na poesia de Drummond", de Antonio Candido, páginas de 93 a 122, em *Vários escritos*. Ver bibliografia a seguir.

BIBLIOGRAFIA CONSULTADA

Andrade, Carlos Drummond de - *A rosa do povo*, RJ, Record, 1991.
Andrade, Carlos Drummond de - *Claro enigma*, RJ, Record, 1991.
Andrade, Carlos Drummond de - *Corpo*, RJ, Record, 1995.
Andrade, Carlos Drummond de - *Antologia poética*, RJ, José Olympio, 1983.
Candido, Antonio - *Vários escritos* - SP, Livraria Duas Cidades Ltda, 1970.
Holanda Ferreira, Aurélio Buarque de - *Novo dicionário da Língua Portuguesa*, RJ, Nova Fronteira, 1ª edição, 14ª impressão.
Lima, Luiz Costa - *Lira e antilira*, RJ, Civilização Brasileira, 1968.
Moisés, Massaud - *Dicionário de termos literários* - SP, Cultrix, 1995.

EXERCÍCIOS

Leia:

"Crimes da terra, como perdoá-los?
Tomei parte em muitos, outros escondi.
Alguns achei belos, foram publicados.
Crimes suaves, que ajudam a viver."

1. Levando em conta o contexto, como poderíamos definir os "crimes", indefinidos por "alguns"?

2. Explique de que maneira os "crimes suaves " podem ajudar o homem a viver.

3. Indique pelo menos um fator de diversidade entre os livros *A rosa do povo* e *Claro enigma.*

4. "Drummond é um poeta que se recusa a inserir em seus poemas fatos, pessoas e acontecimentos de sua vida." Essa afirmação é falsa ou verdadeira?

5. Que ficcionista (prosador) contemporâneo de Drummond lhe pode ser comparado pelo estilo:

Respostas:

1. Se o poeta afirma que alguns foram julgados belos e, por isso, publicados, o leitor deve entender que tais crimes são poemas ou, mais genericamente, as suas criações literárias.

2. As criações literárias podem ajudar-nos a viver, tanto no sentido de fornecer ilusões que amenizam nossa existência, quanto emoções que nos consolam ou esperanças que nos proporcionam forças para lutar por um amanhã melhor.

3. *A rosa do povo* apresenta poemas engajados, preocupados com de núncia social e uma linguagem e forma mais livres, mais soltas, mais descontraídas. Pelo contrário, *Claro enigma* dispensa a postura engajada, preocupa-se muito mais com a pesquisa da poesia, com a preocupação formal e com o trabalho da linguagem, recuperando uma sintaxe mais erudita.

4. Falsa, pois o poeta recupera as lembranças de Minas Gerais (Como em "Selos de Minas" da obra *Claro enigma*; de seu pai (ver o belíssimo soneto "Encontro" e o poema "A mesa") e de amigos como Mário de Andrade.

5. Graciliano Ramos, pelo estilo seco, conciso, substantivo, dispensando o sentimentalismo e a verborragia.

A HORA DA ESTRELA

de Clarice Lispector
por Geraldo Chacon

I - BIOGRAFIA

Clarice Lispector nasceu na Ucrânia, em 1925, mas veio para o Brasil com apenas dois meses de idade. A família, depois de uma breve estada em Alagoas, mudou-se para Pernambuco. Foi em Recife que Clarice passou a sua infância. Desde tenra idade demonstrou interesse pela leitura e pela produção de textos.

Em 1937, já morando no Rio de Janeiro, Clarice termina o colégio e inicia seus estudos de Direito na Faculdade Nacional. Principia então sua carreira como redatora, primeiro na *Agência Nacional,* e depois no jornal *A Noite*.

Em 1944, aos dezenove anos, Clarice estréia na ficção com seu primeiro romance: *Perto do coração selvagem*. O livro, que tinha sido recusado antes por algumas editoras, chamou a atenção de parte da crítica, pois fugia aos padrões literários que eram então praticados no Brasil. Por estar casada com diplomata, passou quinze anos fora do Brasil, acompanhando o marido, de quem se separou em 1959, quando voltou ao Brasil, fixando residência no Rio de Janeiro, onde veio a falecer de câncer em 1977.

II - BIBLIOGRAFIA

Contos: *Laços de família* (1960), *A Legião estrangeira* (1964), *Felicidade clandestina* (1971), A imitação da rosa (1973), *A via-crucis do corpo* (1974), *Onde estiveste de noite* (1974) e *A bela e a fera* (1979).
Romances: Perto do coração selvagem (1944), *O lustre* (1946), *A cidade sitiada* (1949), *A maçã no escuro* 1956), *A paixão segundo G. H.* (1961), *Uma aprendizagem ou o livro dos prazeres* (1969), *A hora da estrela* (1977) e *Um sopro de vida* (1978).

III - APRESENTAÇÃO

Trata-se de uma narrativa de grande beleza, já transformada por Suzana Amaral em filme sensível, ganhador de prêmios no Festival de Brasília, em 1985, e no Festival de Berlim, em 1986.

Encontramos nesse livro um traço pouco comum nos textos anteriores de Clarice: a exterioridade e um certo compromisso ou engajamento, que pode ser visto na denúncia social da problemática dos pobres migrantes nordestinos e sua sofrida luta para adaptar-se ao mundo agitado e cruel da cidade grande. Há nessa obra o contraste e confronto de dois brasis, já revelados por Euclides da Cunha, mas agora com a sensibilidade delicada de uma alma feminina, que se projeta num pseudo-autor, Rodrigo S. M., que vai conduzindo o leitor pela sua experiência de criação e pela relação afetiva que lhe é despertada por sua personagem. *A hora da estrela* é um hino de amor do criador à sua criatura, é um poema de tristeza e de doçura. Esse livro nos ensina a tirar o olhar do próprio umbigo e mergulhar no outro, aceitando-o com a sua diferença e com suas limitações, amando-o assim mesmo como é, com sua ignorância e pobreza, com suas esquisitices e até mesmo com sua aversão ao banho.

IV - RESUMO DO ENREDO

"Tudo no mundo começou com um sim. Uma molécula disse sim a outra molécula e nasceu a vida. Mas antes da pré-história havia a pré-história da pré-história e havia o nunca e havia o sim. Sempre houve. Não sei o que, mas sei que o universo jamais começou." (p.17)

Assim começa, monologando, um narrador inominado ainda, sem qualquer identificação, mas íntimo como se já nos conhecêssemos e essa conversa já fosse antiga. Diz que, enquanto tiver perguntas e não respostas, vai continuar a escrever. *"Se esta história não existe, passará a existir." Alerta-nos que esta história será o resultado de uma visão gradual e há dois anos e meio vem aos poucos descobrindo os porquês. "É que numa rua do Rio de Janeiro peguei no ar de relance o sentimento de perdição no rosto de uma moça nordestina."* (p.18)

"Assim é que experimentarei contra os meus hábitos uma história com começo, meio e 'gran finale'[154] *seguido de silêncio e de chuva caindo."* (p.19)

Comentário:
Encontramos aqui uma identificação entre esse narrador e pseudo-autor, que se nos apresenta, e Clarice Lispector, pois em outros livros dela, não encontramos o início da história. Começamos a leitura como quem pega o ônibus andando. Outra identificação é a ligação com a música erudita, de que Clarice era grande apreciadora.

154 "Finale" é o mesmo que final. Na música clássica, romântica ou moderna, refere-se o termo ao trecho final de uma composição. Sua forma é livre, contendo, geralmente, um síntese das idéias apresentadas nos trechos anteriores. O "gran" acrescenta a idéia de um final suntuoso, grandioso, de grandes efeitos sonoros.

O narrador avisa ao leitor que sabe da existência de moças que vendem o corpo em troca de um bom jantar, que substitua o costumeiro sanduíche de mortadela, mas a sua personagem não tem corpo para vender, é virgem e inócua e não faz falta a ninguém. *"Aliás – descubro eu agora – também eu não faço a menor falta, e até o que escrevo um outro escreveria."* (p.20) Continua, explicando que está esquentando o corpo para iniciar e, à semelhança de um Almeida Garrett ou mais adequadamente de um Bento Santiago, *de Dom Casmurro*, continua falando de si mesmo: *"...vou continuar a falar de mim que sou meu desconhecido, e ao escrever me surpreendo um pouco pois descobri que tenho um destino"*. (p.21)

A personagem apontada começa a tomar forma: *"A pessoa de quem vou falar é tão tola que às vezes sorri para os outros na rua. Ninguém lhe responde ao sorriso porque nem ao menos a olham."* (p.22) Entre várias digressões para falar de si e de sua atividade criativa, acrescenta que a moça é uma datilógrafa nordestina: *"...preciso falar dessa nordestina senão sufoco. Ela me acusa e o meio de me defender é escrever sobre ela."* (p.23) *"Quero acrescentar, à guisa de informações sobre a jovem e sobre mim, que vivemos exclusivamente no presente pois sempre e eternamente é o dia de hoje e o dia de amanhã será um hoje, a eternidade é o estado das coisas neste momento."* (p.24/5) Revela Rodrigo que tem mais dinheiro do que os que passam fome, o que faz dele de algum modo um desonesto, mas avisa que não mente ao escrever. Apesar do dinheiro, é um marginalizado, pois, segundo ele, a classe alta o tem como um monstro esquisito, a média o vê com desconfiança de que possa desequilibrá-la, enquanto a classe baixa nunca dele se aproxima. Ainda desconhece o nome da moça, mas sabe que é muito magra. Acrescenta, contraditoriamente, que sabe os menores detalhes sobre essa nordestina, porque vive com ela, como se estivesse grudada à sua pele. Ela nunca se viu nua, por vergonha, ou talvez pudor de ser feia. Ela dormia de combinação e brim *"com manchas bastante suspeitas de sangue pálido. Para adormecer nas frígidas noites de inverno enroscava-se em si mesma, recebendo-se e dando-se o próprio e parco calor. Dormia de boca aberta por causa do nariz entupido, dormia exausta, dormia até o nunca."* (p.30) Essa nordestina sofre de uma constante dor de dentes, por causa da dentina exposta, e tem uma cara estreita e amarela, como se já tivesse morrido.

Era uma pessoa incompetente para a vida. Para mostrar que ela não sabia se ajeitar, conta o narrador que ela nada argumentou em seu próprio favor quando o chefe da firma em que trabalhava avisou-a de que ia manter no emprego somente sua colega Glória, demitindo-a porque errava demais na datilografia e sujava sempre o papel. Ela, em vez de protestar, apenas respondeu cerimoniosamente: *"Me desculpe o aborrecimento"*, desmontando a brutalidade do outro, que voltou atrás em sua decisão:

"Bem, a despedida pode não ser para já, é capaz até de demorar um pouco". (p.32)

Depois de receber o aviso, a nordestina foi ao banheiro para ficar sozinha, pois sentia-se atordoada. Olhou-se no espelho que ficava sobre a pia imunda, que tão bem combinava com sua vida e se lembrou de uma história que sua tia contava. Para castigá-la com o medo, a tia dizia que o homem-vampiro chupava sangue e não tinha reflexo no espelho. Agora, sentiu uma vontade de ser vampiro, porque talvez lhe viesse um rosado no rosto, em vez desse amarelado. Apesar de tudo, a moça não é infeliz, porque ela acreditava. Em quê? Em alguma coisa, basta acreditar, e ela nunca perdera a fé.

"(Ela me incomoda tanto que fiquei oco. Estou oco desta moça. E ela tanto mais me incomoda quanto menos reclama. Estou com raiva. Uma cólera de derrubar copos e pratos e quebrar vidraças. Como me vingar? Ou melhor, como me compensar? Já sei: amando meu cão que tem mais comida do que a moça. Por que ela não reage? Cadê um pouco de fibra? Não, ela é doce e obediente.)" (p.33)

A moça examina as manchas no rosto, reveladas pelo espelho. É o que em Alagoas chamavam de "panos" e diziam que era proveniente do fígado. Ela disfarçava as manchas cobrindo-as com muito pó branco. Era um pouco encardida porque raramente se lavava. Uma colega de quarto tinha vontade de reclamar do seu cheiro *"murrinhento"*, mas ficava com medo de ofender. Por isso, nunca reclamou. A nordestina não tinha qualquer encanto, assoava o nariz na barra da combinação. Ela não sabia que era o que era, por isso não se sentia infeliz. Só queria viver, sem saber para que.

"Agora (explosão) em rapidíssimos traços desenharei a vida pregressa da moça até o momento do espelho do banheiro." (p.35)

Já viera ao mundo raquítica, com dois anos perdeu os pais no sertão de Alagoas. Morrerem de febres ruins. Depois viveu em Maceió com uma tia beata, sua única parenta, que lhe dava cascudos no alto da cabeça. Mais do que as pancadas, doía-lhe ficar sem a sobremesa de todos os dias: goiabada com queijo, sua grande paixão. O narrador comenta que ela não sabia muita coisa, mas que também sabia muita coisa que nunca lhe ensinaram. Morrer por exemplo: *"...na certa morreria um dia como se antes tivesse estudado de cor a representação do papel de estrela. Pois na hora da morte a pessoa se torna brilhante estrela de cinema, é o instante de glória de cada um e é quando como no canto coral se ouvem agudos sibilantes."* (p.36)

Depois, ela e a tia vieram para o Rio de Janeiro, onde a tia lhe arranjara um emprego. A tia morrera e ela ficara morando numa vaga de quarto compartilhado com mais quatro moças balconistas das Lojas Americanas. O quarto ficava num velho sobrado colonial, da rua do Acre, freqüentada por prostitutas e marinheiros. Ficava perto do cais do porto. De madrugada, a moça costumava ter acessos de tosse seca, que não chegavam a incomodar Maria da Penha, Maria Aparecida, Maria José e Maria apenas, as suas companheiras de quarto. Muitas vezes, ao deitar-se, a nordestina, para enganar a fome, enquanto pensava em coxa de vaca, mastigava papel bem mastigadinho até engolir. A moça tinha uma alma rala. "*Imaginavazinha*[155]*, toda supersticiosa, que se por acaso viesse alguma vez a sentir um gosto bem bom de viver - se desencantaria de súbito de princesa que era e se transformaria em bicho rasteiro.*" (p.39)

Às vezes, ela se lembrava de uma assustadora canção desafinada, cantada por meninas que brincavam de roda, que ela só ouvia sem participar porque a tia a mandava varrer o chão. Um luxo que a coitada ainda se dava era tomar um gole frio de café, antes de deitar-se. Pagava esse luxo tendo azia ao acordar. Outras vezes, comia num botequim um ovo duro. Como a tia lhe ensinara que isso fazia mal ao fígado, ela sentia obedientemente dores do lado, só que do lado esquerdo, oposto ao fígado. Era muito impressionável e acreditava em tudo o que existia e no que não existia também. Algumas noites sonhava vagamente com sexo e acordava culpada, porque o que é bom devia ser proibido. Por isso, "rezava mecanicamente três ave-marias, amém, amém, amém." Achava bom ficar triste, aquela coisa indefinível, como se fosse romântica. Aos domingos, gostava de acordar mais cedo, só para ficar mais tempo sem fazer nada. O narr*ador lamenta e se desculpa: "Afianço-vos que se eu pudesse melhoraria as coisas. Eu bem sei que dizer que a datilógrafa tem o corpo cariado é um dizer de brutalidade pior que qualquer palavrão." (p.43)*

Um dia sentiu forte alegria ao ver no cais um arco-íris. Era doida por soldado. Quando encontrava um, pensava com prazer: 'será que ele vai me matar?' Além de uma vez por mês ir ao cinema, tinha outro luxo que era pintar de vermelho as unhas das mãos, mas logo as roía e via-se o sujo preto por baixo. Quando acordava, esquecia-se de quem era. "Só depois é que pensava com satisfação: sou datilógrafa e virgem, e gosto de coca-cola."[156]

"Todas as madrugadas ligava o rádio emprestado por uma colega de moradia, Maria da Penha, ligava bem baixinho para não acordar as outras, ligava invariavelmente para a Rádio Relógio, que dava "hora certa e cultura", e nenhuma música, só pingava um som de gotas que caem - cada gota de minuto que passava. E sobretudo esse canal de rádio aproveitava intervalos entre as tais gotas de minuto para dar anúncios comerciais - ela adorava anúncios. Era rádio perfeita pois também entre os pingos do tempo dava curtos ensinamentos dos quais talvez algum dia viesse precisar saber. Foi assim que aprendeu que o Imperador Carlos Magno era na terra dele chamado Carolus. Verdade que nunca achara modo de aplicar

---

[155] Neologismo que demonstra pela terminação a afetividade que se está tecendo entre o narrador e sua criatura. Ao mesmo tempo, dá uma proporção diminuta à imaginação da personagem.

[156] O narrador adota com freqüência esse tom irônico, fazendo um humor quase irritante, muitas vezes próximo do humor negro.

essa informação. Mas nunca se sabe, quem espera sempre alcança. Ouvira também a informação de que o único animal que não cruza com filho era o cavalo.

"– Isso, moço, é indecência, disse ela para o rádio.

"Outra vez ouvira: 'Arrepende-te em Cristo e Ele te dará felicidade.' Então ela se arrependera. Como não sabia bem de que, arrependia-se toda e de tudo." (p.45)

Um dos seus prazeres era ler, à luz de vela, anúncios que recortava dos jornais velhos do escritório. Colecionava os anúncios, colando-os em um álbum. Havia um anúncio de creme para pele que a deixava deliciada. Se tivesse dinheiro para comprar, não seria boba de usar na pele, comeria tudo às colheradas, no pote mesmo. Mas às vezes, tinha enjôo ao comer. É que soubera ter comido gato frito certa vez. Nunca havia comido em restaurante, talvez por isso achasse que mulher que entra em restaurante fosse desfrutável, isto é, mulher fácil. Não sabia o que significava "efeméride". O Seu Raimundo mandava-a copiar a palavra... efemérides ou efeméricas? *"Achava o termo efemérides absolutamente misterioso. Quando o copiava prestava atenção a cada letra. Glória era estenógrafa e não só ganhava mais como não parecia se atrapalhar com as palavras difíceis das quais o chefe tanto gostava. Enquanto isso a mocinha se apaixonara pela palavra efemérides."* (p.48)

Nunca recebera presentes. Um dia resolver descansar as costas e mentiu para o chefe que iria arrancar um dente. No dia seguinte, quando as outras saíram para trabalhar, ela pôde apreciar uma coisa preciosa: a solidão. Então dançou sozinha no quarto. Era mês de maio, mês das noivas, e ela exclamou: *"Ah mês de maio, não me largues nunca mais!"* (p.50) E foi nesse mês ainda que ela o conheceu:

"Ele se aproximou e com voz cantante de nordestino que a emocionou, perguntou-lhe:

– E se me desculpe, senhorinha, posso convidar a passear?

– Sim, respondeu atabalhoadamente com pressa antes que ele mudasse de idéia.

– E, se me permite, qual é mesmo a sua graça?

– Macabéa.

– Maca - o quê?

– Bea, foi ela obrigada a completar.

– Me desculpe mas até parece doença, doença de pele.

– Eu também acho esquisito mas minha mãe botou ele por promessa a Nossa Senhora da Boa Morte se eu vingasse, até um ano de idade eu não era chamada porque não tinha nome, eu preferia continuar a nunca ser chamada em vez de ter um nome que ninguém tem mas parece que deu certo - parou um instante retomando o fôlego perdido e acrescentou desanimada e com pudor - pois como o senhor vê eu vinguei... pois é...

– Também no sertão da Paraíba promessa é questão de grande dívida de honra.

Eles não sabiam como se passeia. Andaram sob a chuva grossa e pararam diante da vitrine de uma loja de ferragem onde estavam expostos atrás do vidro canos, latas, parafusos grandes e pregos. E Macabéa, com medo de que o silêncio já significasse uma ruptura, disse ao recém-namorado:

– Eu gosto tanto de parafuso e prego, e o senhor?" (p.51/2)

Da segunda e terceira vez que se encontraram, choveu. Ele reclamou: *"Você também só sabe é mesmo chover!"*. Ela pediu desculpas. Num dos encontros, ela afinal perguntou-lhe o nome: "*Olímpico de Jesus Moreira Chaves - mentiu ele porque tinha como sobrenome apenas o de Jesus, sobrenome dos que não têm pai. Fora criado por um padrasto que lhe ensinara o modo fino de tratar pessoas para se aproveitar delas e lhe ensinara como pegar mulher.*" (p.53)

Embora não soubesse direito que sabia o que era desejo, ela o sentia: "*Era assim: ficava faminta mas não de comida, era um gosto meio doloroso que subia do baixo-ventre e arrepiava o bico dos seios e os braços vazios sem abraço. Tornava-se toda dramática e viver doía. Ficava então meio nervosa e Glória lhe dava água com açúcar.*" (p.53)

Macabéa orgulhava-se porque Olímpico era metalúrgico, assim como se orgulhava de ser datilógrafa. Ele valorizava as boas maneiras, sonhava um dia ser rico, tinha vontade de ser toureiro e gostava de ver sangue. Juntara dinheiro e trocara um canino por um dente de ouro. Já matara e isso fazia dele um homem com letra maiúscula, mas nas horas de folga esculpia figuras de santo tão bonitas que não as vendia. Dizia de si mesmo: *"Sou muito inteligente, ainda vou ser deputado."* (p.55)

Os namorados conversavam pouco. Em geral falavam de farinha, carne-de-sol, carne-seca, rapadura, melado. Esse era o passado dos dois. Esqueciam o lado ruim da infância, pois o que passou fica acre-doce e até provoca saudade.

Um dia, ele disse que ela era muito magra e quis provar que era capaz de levantá-la com um só braço. *"É. Mas de repente ele não agüentou o peso num só braço e ela caiu de cara na lama, o nariz sangrando. Mas era delicada e foi logo dizendo:*

– Não se incomode, foi uma queda pequena." (p.61)

Ele ficou emburrado e depois ficou vários dias sem procurá-la, mas acabou reaparecendo. Macabéa confessa que gostaria de ser artista de cinema, mas Olímpico disse-lhe que ela não tinha nem cara nem corpo para ser artista de cinema. Um dia, foram ao zoológico e Macabéa mijou-se toda de medo quando viu a massa compacta, grossa, preta e roliça do rinoceronte. Depois, disse ao namorado que havia se sentado em um banco molhado.

O narrador interfere, fala de suas criaturas e de seu trabalho criador. Olímpico veio do sertão da Paraíba, besunta o cabelo com vaselina perfumada. Tinha fraqueza por enterros, às vezes, ia três vezes por semana a enterro de desconhecidos. Acrescenta que a nordestina gosta de filmes de terror e de musicais, emocionando-se muito quando uma mulher morre enforcada ou com tiro no coração. Olímpico não sentia muito interesse por Macabéa, mas quando viu Glória, colega dela, sentiu logo que aquela ali tinha classe. Glória oxigenava os cabelos e tinha sangue de portugueses e se dizia *"carioca da gema"*. Mais emocionado ainda ficou o rapaz ao saber que Glória tinha mãe, comida quente em hora certa e um pai, que, além de tudo, trabalhava num açougue. Ele caiu em êxtase. O namoro logo terminou. *"Ele avisou-lhe que encontrara outra moça e que esta era Glória. (Explosão) Macabéa bem viu o que aconteceu com Olímpico e Glória: os olhos de ambos se haviam beijado."* (p.69) Sem ter tido idéia para chorar ela se pôs a rir. No outro dia, por se lembrar que ninguém lhe dava festa, resolveu fazer uma para si mesma. Comprou um batom novo vermelho vivo e pintou-se exageradamente para que ficasse como Marilyn Monroe. Ao sair, Glória riu muito e perguntou: *"Me desculpe eu perguntar: ser feia dói?*

– Nunca pensei nisso, acho que dói um pouquinho. Mas eu lhe pergunto se você que é feia sente dor.

– Eu não sou feia!!! - gritou Glória." *(p.72)*

Certo dia, Glória perguntou por que ela tomava tanta aspirina e Macabéa disse que era porque ela se doía, sem saber explicar onde ou como. Como para compensar a amiga, por ter roubado seu namorado, Glória convidou Macabéa para lanchar um domingo em sua casa. Lá tinha até telefone e Macabéa tomou um farto copo de chocolate com leite e comeu roscas açucaradas, sem falar num pequeno bolo. Não resistiu e roubou escondido um biscoito. Na segunda-feira a nordestina passou mal, não sei se por causa do fígado ou nervosismo de beber coisa de rico, mas não vomitou para não desperdiçar o luxo do chocolate.

Ao receber o pagamento, procurou um médico, indicado pela Glória. O homem não consegue entender a miséria total de sua paciente, mas sente pena e irritação. Avisa-a de que está com início de tuberculose pulmonar. *"O médico simplesmente se negou a ter piedade. E acrescentou: quando você não souber o que comer faça um espaguete bem italiano.*

E acrescentou com um mínimo de bondade a que ele se permitia já que se considerava também injustiçado pela sorte:

– Não é tão caro assim...

– Esse nome de comida que o senhor falou eu nunca comi na vida. É bom?" (p.78)

O narrador interrompe mais uma vez a narração para comentar que está cansado de literatura e vai interromper a história por três dias. Depois desse prazo, retoma, dizendo que sente falta de Macabéa. Reinicia o relato no exato momento do diálogo da nordestina com sua amiga Glória, que empresta o dinheiro para que Macabéa procure a cartomante, madama Carlota.

Macabéa pela primeira vez na vida toma um táxi. Vai a **Olaria**[157] e consulta madama Carlota, que a recebe carinhosa e diz já ter sido avisada pelo seu **guia**[158] que ela viria. Pede para que ela espere, pois ainda está atendendo outra pessoa. Pouco depois, essa pessoa sai chorando (p.82) e a cartomante diz depois que foi porque lhe tinha predito que a coitada morreria atropelada (p.88). Madama dá as cartas para Macabéa cortar e logo faz uma cara de espanto, dizendo-lhe que a vida dela tinha sido muito ruim e que o presente não estava melhor, porque assim como perdeu o namorado, perderia o emprego também. Chega até a dispensar a nordestina de pagar a consulta, mas Macabéa não estava acostumada a receber nada de graça, por isso, recusou a oferta muito agradecida. De repente, o rosto da mulher iluminou-se e ela exclamou: *"Macabéa! Tenho grandes notícias para lhe dar! Preste atenção, minha flor, porque é da maior importância o que vou lhe dizer. É coisa muito séria e muito alegre: sua vida vai mudar completamente! E digo mais: vai mudar a partir do momento em que você sair da minha casa! Você vai se sentir outra. Fique sabendo, minha florzinha, que até o seu namorado vai voltar e propor casamento, ele está arrependido! E seu chefe vai lhe avisar que pensou melhor e não vai mais lhe despedir!"* (p.87)

Madama continua acenando com felicidades absurdas como um dinheiro que lhe entraria porta adentro, trazido por um homem estrangeiro, alourado, de nome Hans, que vai casar-se com ela. Macabéa começa a tremer com a dor de tanta e excessiva felicidade. Além disso, a mulher predisse que ela engordaria e, atendendo seu pedido, orientou-a sobre o que deveria fazer para ter mais cabelo.

Macabéa saiu da casa da cartomante aos tropeços, emocionada, grávida de futuro e *"enorme como um transatlântico o Mercedes amarelo pegou-a - e neste mesmo instante em algum único lugar do mundo um cavalo como resposta empinou-se em gargalhada de relincho.*

Macabéa ao cair ainda teve tempo de ver, antes que o carro fugisse, que já começavam a ser cumpridas as predições de madama Carlota, pois o carro era de alto luxo. Sua queda não era nada, pensou ela, apenas um empurrão. Batera com a cabeça na quina da calçada e ficara caída, a cara mansamente voltada para a sarjeta. E da cabeça um fio de sangue inesperadamente vermelho e rico. O que queria dizer que apesar de tudo ela pertencia a uma resistente raça anã teimosa que um dia vai talvez reivindicar o direito ao grito."[159] (p.90)

Um homem magro aparece na esquina tocando violino. O narrador diz que ouviu esse homem tocar uma vez, quando era criança, em Recife.

---

[157] Bairro do Rio de Janeiro.

[158] Espírito orientador. No Rio de Janeiro, geralmente refere-se à divindade Orixá da cultura africana, mais especificamente da tradição gege-nagô.

[159] Referência a um dos títulos possíveis da obra: "o direito ao grito".

Percebe agora, que quando ele também morrer, com certeza, ouvirá esse violino.

Macabéa mexe-se devagar e acomoda o corpo em posição fetal. num abraço mortal. O narrador esclarece que *"ela nascera para o abraço da morte"* e acrescenta que a morte é nesta história o seu personagem predileto.[160] (ver p.95) A nordestina vomita um pouco de sangue e, no mesmo instante, uma gaivota grita. Macabéa morreu. Aqui se concretiza um dos subtítulos sugeridos, *"saída discreta pela porta dos fundos"*, pois essa morte pouco mais é do que a nordestina retirando-se do mundo como que sorrateiramente e o narrador-criador ao realizar assim o final, evita enfrentar todo esse futuro promissor e impossível, o *happy end* inverossímil. O narrador comenta: *"Não vos assusteis, morrer é um instante, passa logo, eu sei porque acabo de morrer com a moça. Desculpai-me esta morte. É que não pude evitá-la, a gente aceita tudo porque já beijou a parede."* (p.97)

V- SÍNTESE DO ENREDO

Assim como *Dom Casmurro* e *São Bernardo*, também essa obra apresenta dois relatos. Um deles é o da nordestina Macabéa, moça magrela e pobre absoluta, pois não lhe falta apenas dinheiro, falta tudo, inteligência, esperteza, auto-estima. Ao perder os pais muito cedo, ela passa a ser criada por uma tia má, que a castigava física e mentalmente. Depois, vieram para o Rio de Janeiro e a tia conseguiu um emprego para ela. A tia morrera e ela passara a morar com outras moças, dividindo um quarto. Um dia, Macabéa conhece Olímpico, também nordestino, e começam a namorar. Ele é o seu oposto, bem falante, metido, convencido e cheio de esperanças com relação ao futuro. Vê-se logo que não é namoro que dê certo. Olímpico deixa-a logo que conhece Glória, sua colega de serviço. Glória, talvez por remorso de ter roubado seu namorado, aconselha Macabéa a procurar uma cartomante, madama Carlota, que prevê um futuro grandioso e feliz para a pobre nordestina, que, ao contrário, é atropelada por um Mercedes, morrendo no local.

O outro relato, paralelo e simultâneo (funciona com o anterior como fios de um tapete que compõem dois desenhos que se inter-relacionam) vai gradativamente mostrando o trabalho do escritor Rodrigo S. M., que dá a aparência de não ser o tipo de escritor que trabalha com plano ou projeto preestabelecido, mas que vai deixando as personagens brotarem e crescerem como se parte disso fosse ação delas próprias, chegando a ponto de influenciar o pseudo-autor, mexendo com suas emoções, com seus

---

[160] Pessoas que conviveram com Clarice afirmam que ela adorava falar sobre a morte.

sentimentos. As informações sobre a vida pregressa e futura das personagens vêm aparentemente como revelações, como *insightes*, que são registrados pelo narrador com a inserção da palavra explosão entre parênteses: *"Agora (explosão) em rapidíssimos traços desenharei a vida pregressa da moça até o momento do espelho do banheiro."* (p.35)

VI - ESTRUTURA DA OBRA

Um aspecto estrutural dessa obra que desperta o interesse é o jogo do criador/criatura. Pois é do conhecimento do leitor e está registrado na capa do livro que sua autora real é Clarice Lispector, mas logo no início o narrador identifica-se como Rodrigo S. M. autor, na ficção, do relato que se está construindo. No plano imaginário, a leitura é feita como se fosse simultânea ao ato do narrador escrever. Ele constrói sua personagem, sua criatura, a nordestina Macabéa. Até aqui, temos então essa estrutura: Clarice > Rodrigo>Macabéa. Isto é, Clarice cria o escritor Rodrigo que cria sua personagem Macabéa. Esta nordestina sonha ser estrela de cinema, isto é, também ela quer ser uma criadora de personagens, pois a estrela interpreta papéis, gera ou vive outras personagens. Invertendo, então, temos: personagem < Macabéa < Rodrigo < Clarice, quer dizer, a personagem criada por Macabéa a transforma em uma criadora. Ela, criadora, no entanto, nada mais é do que uma criatura, gerada pela mente do escritor Rodrigo. Mas esse criador, no entanto, sabemos, é apenas uma criatura, gerada pela mente da escritora Clarice Lispector. Esse jogo nos faz lembrar a latinha de pó Royal, que figura no rótulo a própria lata, com outra dentro e assim até o infinito. Pois, podemos também imaginar a vida como uma obra literária, em que há uma personagem de nome Clarice Lispector que é escritora e que foi criada por um escritor maior ainda.

O livro não está dividido em capítulos, mas apresenta espaços duplos, separando determinadas partes do livro, sem qualquer tipo de regularidade. São doze divisões dessas, apresentando tamanhos diversificados, sendo alguns bastante curtos, como o último, que tem apenas seis linhas.

FOCO NARRATIVO: O relato da vida de Macabéa é feito em terceira pessoa, por um narrador de relativa onisciência, já que conhece os pensamentos da nordestina e sabe a seu respeito mais do que ela mesma. No entanto, algumas vezes ele apresenta hesitações, inseguranças, que não são próprias do narrador onisciente total, como o tradicional narrador dos romances de José de Alencar, por exemplo. Já o relato da experiência compositiva, criadora da história da nordestina, que é uma narrativa à parte, é feita em primeira pessoa, com o narrador Rodrigo S. M. desnudando-se ao leitor, tanto como pessoa, quanto como profissional da arte literária.

O narrador[161] se manifesta, no transcorrer do relato, de três formas diferentes:

1. Através do monólogo conduz a ação (linguagem) e a reflexão (metalinguagem). Ex.: "*Que ninguém se engane, só consigo a simplicidade através de muito trabalho. / Enquanto eu tiver perguntas e não houver resposta continuarei a escrever. Como começar pelo início, se as coisas acontecem antes de acontecer? Se antes da pré-pré-história já havia os monstros apocalípticos? Se esta história não existe, passará a existir. Pensar é um ato. Sentir é um fato. Os dois juntos - sou eu que escrevo o que estou escrevendo. Deus é o mundo. A verdade é sempre um contato interior e inexplicável.*" (p.17)
2. Sem deixar totalmente as pausas ou digressões, o narrador valoriza o relato puro e simples, contando ou descrevendo o que acontece. Ex.: "*Faltava-lhe o jeito de se ajeitar. Tanto que (explosão) nada argumentou em seu próprio favor quando o chefe da firma de representante de roldanas avisou-lhe com brutalidade (brutalidade essa que ela parecia provocar com sua cara de tola, rosto que pedia tapa), com brutalidade que só ia manter no emprego Glória, sua colega, porque quanto a ela, errava demais na datilografia, além de sujar invariavelmente o papel. Isso disse ele.*" (p.31)
3. O narrador deixa falar as personagens, valorizando o discurso direto.

   "*Glória, talvez por remorso, disse-lhe:*

   – Olímpico é meu agora mas na certa você arranja outro namorado. Eu digo que ele é meu porque foi o que a minha cartomante me disse e eu não quero desobedecer porque ela é médium e nunca erra. Por que você não paga uma consulta e pede pra ela te pôr as cartas?

   – É muito caro?" (p.80)

TEMPO: Há um tempo presente, o da narração, e um tempo passado, em que se faz a retrospectiva ou flash back da vida de Olímpico e de Macabéa, mas inexiste uma preocupação em explicitar datas ou situar com precisão cronológica qualquer um dos dois. As referências são vagas, abrangentes: "*Escrevo neste instante...*", "*Mas voltemos a hoje.*" Essa falta de preocupação em datar a história parece sugerir que isso não importa, porque ela pode ter acontecido em qualquer época, assim como pode estar acontecendo agora mesmo neste instante. Por isso, Eduardo Portela, ao prefaciar o livro nota muito bem que Macabéa representa bem mais, ela é todo um grupo social: "*A moça alagoana é um substantivo coletivo.*" O que importa é a relação de um "eu" acomodado e de boa vida (leitor, pseudo-

---

[161] O próprio narrador justifica nas páginas iniciais que qualquer outro escritor poderia registrar esta história, mas teria que ser homem "porque escritora mulher pode lacrimejar piegas". (p.20)

autor, autora real) com o "outro", figura miserável e sofrida, representada na narrativa por Macabéa. Apesar disso, podemos situar a história no século XX e, provavelmente, na década de 60, por determinadas referências, como a atração que Macabéa sente por Marilyn Monroe, famosa atriz de *O pecado mora ao lado*, *Adorável pecadora* e *Quanto mais quente melhor*.

ESPAÇO: A história desenrola-se no Rio de Janeiro, podendo ser destacados os seguintes espaços: quarto em que Macabéa mora com as Marias, escritório em que trabalha, apartamento da cartomante, rua do Acre, cais do porto, zoológico. Há também referências a Maceió e Recife, onde respectivamente passaram a infância Macabéa e Rodrigo, o narrador.

AÇÃO: Embora essa obra apresente uma novidade face às demais obras da autora, ou seja, revela ações exteriores como o namoro de Macabéa e Olímpico, a ida à cartomante, o mais importante é a ação interior, sejam as divagações, digressões, ou interferência do narrador, sejam as vivências e sensações interiores dessa fagulha de vida que é Macabéa.

PERSONAGENS:

- **Rodrigo S.M.** - Pseudo-autor e narrador do relato. Parte do seu relato prende-se à própria atividade literária (metalinguagem). É um narrador intruso, criticando às vezes ironicamente, como quando a cartomante diz a Macabéa que ela será cortejada por um estrangeiro de olhos azuis, ou verdes, ou "*...era sorte demais pegar homem de olhos azuis ou verdes ou castanhos ou pretos, não havia como errar, era vasto o campo das possibilidades.*" (p.89) Por ser um narrador intruso, e por revelar-se e aos seus sentimentos, Rodrigo acaba transformando-se também em uma das personagens, como ele mesmo declara: "*...vai ter uns sete personagens e eu sou um dos mais importantes deles, é claro.*" (p.19)
- **Macabéa** - Protagonista do relato, moça pobre e magra, alagoana, radicada no Rio de Janeiro, onde trabalha como datilógrafa. É vidrada em coca-cola, admira Marilyn Monroe, sonha ser estrela de cinema e adora escutar a Rádio-Relógio. É feia, cheira mal por causa da falta de banho e mantém-se virgem, mas sente desejos sexuais, que não conhece bem. Parece não ter vontade própria, deixa-se viver como uma pipa deixa-se levar pelo vento.
- **Olímpico** - nordestino que veio do sertão da Paraíba. Sujeito bem falante, dono de si mesmo, vaidoso, usa dente de ouro e trabalha numa metalúrgica. Interesseiro, abandona Macabéa, trocando-a por Glória porque esta lhe sugere uma certa elevação social.

- **Glória** - Colega de trabalho de Macabéa. É carioca, filha de um açougueiro, gorda, amaneirada no bamboleio do caminhar, revelando ascendência portuguesa e africana. Pele branca e cabelos crespos pretos, mas que ela oxigenava sempre.
- **Carlota** - Vidente, cartomante, mulher gorda que pintava a boca rechonchuda com vermelho vivo e punha na cara oleosa dois círculos de ruge brilhoso. "*Parecia um bonecão de louça meio quebrado.*" (p.83) Exagerada em suas manifestações de carinho, chega a assustar Macabéa, que não estava acostumada com isso. Ela mesma confessa à nordestina que já foi prostituta, depois cafetina e, com a ajuda de Jesus, tornou-se cartomante.
- **Raimundo Silveira** - Chefe do escritório em que Macabéa trabalha.

VI - ESTILO DE ÉPOCA E ESTILO INDIVIDUAL

Clarice é autora incluída no terceiro tempo do Modernismo, também denominado por alguns de Geração de 45. No Brasil, tomamos como inicial o ano de 1945, marcado pelo fim da Segunda Grande Guerra, queda de Getúlio e publicação de *O engenheiro*, de João Cabral de Melo Neto. Estende-se esse período até os dias atuais. Essa fase recebe também a denominação "Tendências Contemporâneas".

Na literatura brasileira desse período encontramos uma investigação profunda do "eu", introspecção, que revela certo hermetismo, e uma nítida despreocupação com o enredo, com a trama, com diminuição da importância do espaço externo e conseqüente valorização do espaço interior, das angústias e anseios existenciais.

Paralelamente, encontramos também uma retomada do regionalismo, mas sem a preocupação política da Geração de 30, voltando-se mais para uma universalização daquilo que era regional e particular.

Há uma ampliação do número de autores e obras assim como das características, que ainda precisam ser devidamente estudadas, o que não é fácil por ser um momento muito próximo de nossas vidas, e por não haver, na política cultural de nossos governos um interesse em aplicar ou investir nessa área do conhecimento humano.

Clarice Lispector surpreendeu a crítica por escrever ainda muito jovem (tinha 19 anos) seu primeiro romance, *Perto do coração selvagem*, que fugia aos pressupostos estéticos vigentes naquela época: regionalismo e compromisso político. Ao contrário dessa tendência, Clarice revelava uma preocupação com a geografia interior, partindo para uma introspecção, para um mergulho no mais íntimo do ser, que rompia com a narrativa tradicional. Esse rompimento e postura chegam ao clímax em

Água viva, e em *A paixão segundo GH*, onde desaparece a trama, o enredo. Nessas obras, o leitor não encontra personagens que se relacionam, mas apenas uma voz que fala, como num poema, e que deixa correr seu pensamento, seus sentimentos, suas reflexões, suas sensações, numa magia que parte do banal cotidiano, mas dele escapa, atingindo uma rara epifania[162]. Por isso, talvez, o crítico Alfredo Bosi denominou esse tipo de obra de "romance de tensão transfigurada".

É marcante nos textos de Clarice a postura e a linguagem poética. A poesia vem da relação afetiva que se estabelece entre o triângulo leitor/narrador/protagonista e no caráter sugestivo da linguagem que evita a objetividade referencial, optando pela tentativa de captação da magia da vida pelas palavras e expressões que apenas tangenciam o concreto para atingir o essencial que é intangível à palma da mão, como diz Drummond. Exemplos disso: "*Sim, e talvez alcance a flauta doce em que eu me enovelarei em macio pó.*" (p.27) "*Pois na hora da morte a pessoa se torna brilhante estrela de cinema, é o instante de glória de cada um e é quando como no canto coral se ouvem agudos sibilantes.*" (p.36) "*E então - então o súbito grito estertorado de uma gaivota, de repente a águia voraz erguendo para os altos ares a ovelha tenra, o macio gato estraçalhando um rato sujo e qualquer, a vida come a vida.*"[163] (p.96)

VII - PROBLEMÁTICA E PRINCIPAIS TEMAS

Há toda uma sinfonia de temas na narrativa e nas suas entrelinhas. Podemos encontrar aí tanto a denúncia da exploração e desumanidade do mundo urbano contra o migrante nordestino, quanto a revelação da dificuldade do migrante pobre para encontrar seu lugar na sociedade. Tomamos consciência também de que a verdade é um contato interior e inexplicável e a morte é uma fatalidade inexorável. Encontramos ainda a expressão do "não-ser" de Macabéa, como a representação do "não-ser" do Nordeste, ou seja a sua marginalização social. É o confronto dos dois brasis, ou seja, o confronto do Sul vitorioso, vencedor, e do Nordeste franzino, sem condições.

Outro tema que podemos destacar é o da dor e dificuldade dos acomodados em deslocar-se do "seu eu" e viver o "eu do outro". Sair de si, principalmente quando se pertence à média burguesia é assustador e a literatura pode ser uma válvula de escape para esse dilema.

---

[162] Epifania é um instante abruto de revelação intensa, de uma tomada de consciência.

[163] Interessante que, logo após essa colocação poética e cinematográfica, o narrador, prosaicamente explica o que fez: "Sim, foi este o modo como eu quis anunciar que - que Macabéa morreu".

EXERCÍCIOS

Leia a frase seguinte com atenção:

> *"Escrevo neste instante com algum prévio pudor por vos estar invadindo comtal narrativa tão exterior e explícita."* (p.18)

1. Por que podemos dizer que esse fragmento é metalingüístico?

2. Em que sentido a afirmação acima é verdadeira e que diferença estabelece entre esta criação e outras anteriores a ela?

Leia:

> *"Não estou tentando criar em vós uma expectativa aflita e voraz: é que real mente não sei o que me espera, tenho um personagem buliçoso nas mãos e que me escapa a cada instante querendo que eu o recupere."*

Levando em conta que o fragmento acima foi extraído de *A hora da estrela*, responda:

3. Há no texto um "eu" que se dirige a um "vós" que o ouve (ou lê). Como poderíamos denominá-los em virtude do modo como eles se apresentam no relato?

4. Isso diz o narrador e pseudo autor, mas será que podemos dizer o mesmo da verdadeira autora?

5. Aponte alguns traços que aproximem Fabiano, de *Vidas Secas*, a Macabéa.

Respostas

1. Podemos dizer que é metalingüístico porque em vez de contar os fatos, em vez de narrar a história, o narrador fala do seu trabalho, da sua atividade de escrever.

2. É verdadeira porque nessa história temos várias personagens, conflitos, ação exterior, ao passo que em diversas obras anteriores a escritora dispensou a geografia exterior para concentrar-se na introspecção, para mergulho interiormente no mais profundo da alma de suas criações, transformando muitos de seus livros em verdadeiros poemas.

3. Quem fala é o narrador, que pode ser denominado "narrador intruso", por seu hábito de intrometer-se a todo momento para dar opiniões ou comentar seu trabalho. Aquele a quem ele se dirige é o leitor, que pode ser chamado de "leitor incluso", pois mesmo antes de você pegar o livro para ler, lá estava incluída ou implícita a sua pessoa.

4. Só na aparência, porque assim como na construção *de Amar, verbo intransitivo*, também em *A hora da estrela* notamos que há uma organização e um trabalho conscientes de artistas criadores. Há no começo do relato vários dados e frases que se relacionam com o fim. Por exemplo, Rodrigo diz que não sabe que fim vai dar à personagem, mas em certas frases faz referências que só depois de ler a passagem da morte de Macabéa e voltar a ler o início é que percebemos que ele está trabalhando com dados ligados ao atropelamento da nordestina.

5. Assim como Macabéa, Fabiano é nordestino, sofrido, humilhado e encontra problemas de expressão verbal, embora algumas vezes se sinta fascinado ou atraído pelas palavras difíceis.

BREVE

Estaremos iniciando a "Coleção roda pião" com a obra PÉ NA ESTRADA, de José Paulo Ferrer. Trata-se de uma narrativa fantástica de dois sapatos, que fogem de uma cidade fria da Europa e encontram a paz e tranqüilidade nas praias quentes do litoral brasileiro.

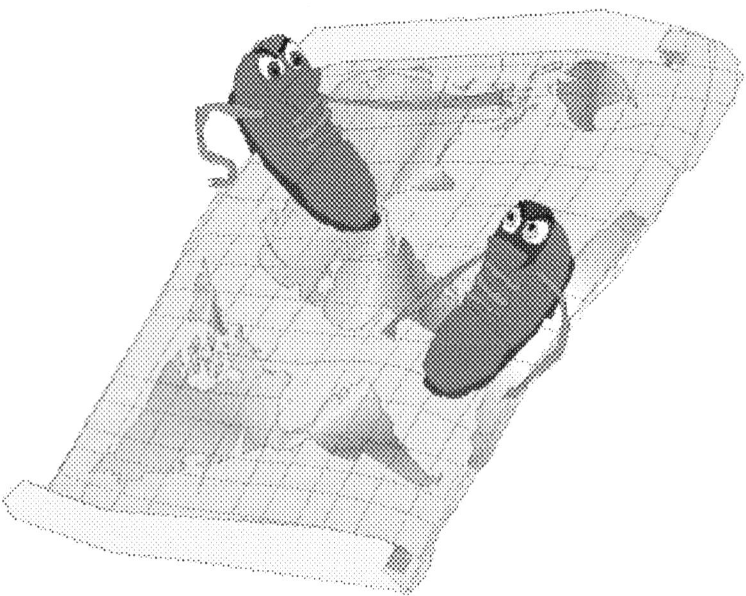

AS MENINAS

de Lygia Fagundes Telles
por José Paulo Ferrer

Utilizamos para esta análise *As meninas*, Editora Nova Fronteira, 15ª edição, 1984, Rio de Janeiro.

I - BIOGRAFIA

Lygia Fagundes Telles nasceu em São Paulo, no dia 19 de abril de 1923. Filha de um promotor público e delegado de polícia, morou durante a infância em várias cidades do interior: Apiaí, Itatinga, Sertãozinho, Assis. Publicou seu primeiro livro, que depois renegou, aos quinze anos. Formada em Educação Física e Direito, trabalhou como procuradora do Estado e teve atuação marcante na imprensa paulista. Sua obra vem colecionando prêmios, incluindo-se o Grande Prêmio Internacional Feminino para Estrangeiros, de Cannes, em 1969. O romance *As Meninas* recebeu, no ano de seu lançamento, os prêmios da Academia Brasileira de Letras, da Associação Paulista de Críticos de Arte e da Câmara Brasileira do Livro.

II - BIBLIOGRAFIA

A) Contos: *Praia viva* (1944); *O cacto vermelho* (1949); *Histórias do desencontro* (1958); *O jardim selvagem* (1965); *Antes do baile verde* (1970); *Seminário dos ratos* (1977); *Filhos pródigos* (1978); *A disciplina do amor* (1980); *Mistérios* (1981); *Venha ver o pôr-do-sol* (1987); *A estrutura da bolha de sabão* (1991) e *A noite escura e mais eu* (1995).
B) Romances: *Ciranda de pedra* (1954); *Verão no aquário* (1963); *As meninas* (1973) e *As horas nuas* (1989).

III - APRESENTAÇÃO

Em *As Meninas*, estamos diante de uma análise psicológica, introspectiva, que revela os reflexos da ditadura militar e da crise da sociedade, bem como, da família, na vida de três amigas, que moram num pensionato de freiras: Lorena, de família rica e sufocante, vive isolada em seu quarto, entregue a fantasias com um namorado imaginário. Lia, da classe média, envolvida na luta política clandestina. Ana Clara, dependente de drogas que sonha com um casamento rico.

Como disse Carlos Drummond de Andrade: *"Contando com grande fôlego, dispondo cenas e episódios com a segurança de quem sabe o que está fazendo, criando realmente pessoas vivas e não simples personagens, a autora compôs um livro perturbador, que nos prende e nos assusta, que nos faz sofrer e ao mesmo tempo nos oferece o remédio compensador da própria arte."*

IV - RESUMO DO ENREDO

UM

Lorena é quem começa narrando: *"Sentei na cama. Era cedo para tomar banho. Tombei para trás, abracei o travesseiro e pensei em M. N., a melhor coisa do mundo não é beber água de coco verde e depois mijar no mar, o tio da Lião disse isso mas ele não sabe, a melhor coisa mesmo é ficar imaginando o que M. N. vai dizer e fazer quando cair meu último véu."* (p.7) Lorena pensa em Lia (Lião) e no romance que ela está escrevendo, dedicado a Guevara[164], com uma frase em latim. Lorena pensa se Guevara gostava de latim. Conclui que *"a morte combina muito com latim".* Isso era problema da amiga: *"o meu é M. N., um M. N. nu em pêlo, muito mais em pêlo do que eu, ele é peludo à beça, assim na base do macaco."* (p.7) Lorena fala de seu namorado M. N., bonito, cara de intelectual, que *"virá de pele limpa, inventando o inventado nas suas minúcias."* (p.8) Lorena lembra de quando, tomando leite num café, observara um homem na esquina, alisando sensualmente um pêssego antes de mordê-lo. Lorena tinha ficado fascinada. *"Quando abriu o bocão e deu o bote, que fez espirrar longe o sumo, quase engasguei no meu leite. Ainda me contraio inteira quando lembro, oh Lorena Vaz Leme, não tem vergonha?"* (p.9)

Lorena acende um incenso, pensa em seu gato desaparecido, em Jimi Hendrix[165] e se dirige em pensamento a Jesus Cristo: *"Escuta, meu amado, escuta esta última musiquinha que ele fez antes de morrer (...)e sei que você vai baixar a mão até sua carapinha cheia de suor e poeira,* dear Jimi!..." (p.9)

A narração agora passa para a terceira pessoa. Lorena se levanta, ensaia uns passos de dança e coloca na vitrola um disco de Jimi. Lia vem pedir a Lorena que lhe consiga emprestado o carro de sua mãe, para o dia seguinte. Lorena critica os sapatos e as meias muito quentes que a amiga está usando.

Agora, o foco narrativo está em Lia, que insiste no empréstimo, enquanto Lorena a convida para um chá. Lorena pergunta se ela tem uma

---

[164] Ernesto Che Guevara foi um dos líderes da revolução cubana, morto em 1967 na Bolívia. Era um dos grandes ídolos da juventude na época em que se passa este romance.

[165] Jimi Hendrix, guitarrista de rock morto em 1970, por *overdose*.

metralhadora na bolsa, mas ela não gosta da brincadeira. Lorena segue brincando: *"– Vocês deviam seqüestrar o M. N., Lião. (...) Ele ficaria escondidinho debaixo da minha cama* per omnia saeculorum. Amén.[166]" (p.13)

Lia pensa em Miguel e em outros amigos que estão presos, sendo torturados: Maurício, Silvinha da Flauta, Gigi e Japona. *"E você, Maurício? Quando o bastão entrar mais fundo*[167]*, desmaia. Desmaia depressa, morra. Devíamos morrer, Miguel. Em sinal de protesto devíamos todos simplesmente morrer."* (p.14)

O foco narrativo volta para Lorena, que também pensa nos companheiros de Lia: *"...estão caindo quase todos, que loucura. E se de repente ela? Ana Clara já viu um careta meio suspeito rondando o portão, Aninha mente demais, é lógico, mas isso pode ser verdade."* (p.14) Pensa em seu irmão Rômulo morrendo nos braços da mãe, e em Remo com a espingarda. Lia pergunta pelo "velho", o que irrita Lorena, pois M. N. não é velho. Lorena começa a pensar nele, Dr. Marcus Nemesius, sendo por ela procurado no hospital. Critica mentalmente Lia, por se assoar em público e comer empadas de bar. Nisso, Lia é chamada ao telefone. Lorena fica pensando em Ana Clara: *"Com a maior sem-cerimônia do mundo abriu minha caixa de lenço-papel e levou mais da metade, anda com montes de folhas para se limpar depois do amor."* (p.17) Lia havia feito uma pesquisa junto às colegas de Faculdade: quantas se masturbavam? Lorena lembra-se de sua primeira masturbação, na banqueta do piano, e da segunda, na banheira da fazenda. *"Escondi nas mãos a cara querendo fugir e ao mesmo tempo colada ao fundo da banheira com a água subindo destemperada, já me cobria inteira, as borbulhas rebentando no meu queixo, por que não abri o ralo? Saciada e insaciada ela (ou eu) pedia mais, a boca. Penetrou-me, encachoeirada, tapou-me o nariz, pronto, vou morrer! pensei num salto. Fugi aos pulos. Era o amor? Era a morte? Uma coisa só, respondi num verso. Naquele tempo escrevia versos."* (p.18)

O foco narrativo passa para a terceira pessoa, com Lorena lembrando sua chegada ao pensionato, acompanhada da mãe e de Mieux (namorado da mãe). A mãe pede a opinião de Mieux, *"nessa época o consultava até para saber se devia ou não tomar uma aspirina"*. (p.19)

O foco está outra vez com Lorena. Lia volta deprimida do telefonema e aceita o chá. *"O namorante preso, o ano estourado por faltas, a mesada estourada antes do tempo, mais da metade dá ao tal grupo..."* (p.20) Lorena se esmera em servir o chá. *"O prazer que encontro neste simples ritual de preparar o chá é quase tão intenso quanto o de ouvir música. Ou ler poesia. Ou tomar*

---

[166] Tradução da expressão latina: Por todos os séculos. Assim seja.

[167] Esta é uma corajosa referência da autora às torturas a que eram submetidos os presos políticos durante a ditadura militar.

banho. Ou ou ou. Há tantas pequeninas coisas que me dão prazer, que morrerei de prazer quando chegar a coisa maior. Será mesmo maior, M. N.?" (p.20)

Lorena serve o chá e faz ginástica. Cita Tagore[168]: *"Passo a vida colhendo espinhos e semeando flores. Choro por beijar aquele que não me conhece mais."* Lia lhe responde que basta não roubar o homem da próxima, ao que Lorena retruca: *"– Mas ele não gosta mais dela, querida. Acabou o amor, acabou tudo. Só se pertencem nos papéis."* (p.21).

Lorena brinca de entrevistar Lia, sobre seu livro. *"– Rasguei tudo, entende (...) Ora, ficção. Quem está se importando com isso."* (p.22)

Conversam sobre Ana Clara, seu casamento com o industrial e seu namorado traficante, Max. Lorena conclui: *"– Divino-maravilhoso se o noivo milionário se casar com ela. Empresto o oriehnid[169] para a plástica na zona sul[170], ele só se casará com uma virgem, ela tem que ficar virgem. Ai meu Pai."* (p.23) Discutem a necessidade de Ana fazer análise, com dúvida se vai adiantar.

Agora, o foco narrativo está em Lia, que pergunta a Lorena se continua rica. A agência de Mieux não deu certo e mãezinha gasta demais. Lia está precisando de dinheiro. Pensa em Lorena: *"Morre de pena de todo mundo. Vai ver, morreu de pena de mim quando disse que rasguei tudo. Não é uma forma de esconder seu sentimento de superioridade?"* (p.24) Lorena lhe pedira para ir a uma das reuniões do seu grupo, mas Lia é avessa a intelectuais, *"com seus filminhos do Vietcong"*[171]. Lia dá a Lorena um amuleto, presente de sua mãe. Pensa nos pais, que esperavam vê-la formada, noivando, casando e cheia de filhos.

Foco em Lorena, que convida a amiga para jantarem os três, se M. N. lhe telefonar. Lia se retira, mas hesita, como se tivesse esquecido de algo. As duas se despedem e Lorena fica pensando na mãe: *"E justo a mãezinha fornecendo condução para o* aparelho[172]*. Pode ter um daqueles ataques se souber."* (p.28)

DOIS

Foco na terceira pessoa. Max e Ana Clara estão no quarto, fazendo amor. Max se assusta com Ana Clara, que está gelada, meio desmaiada. Ela se justifica, que não está brilhante. Max responde que ela nunca está brilhante. Ela diz que o ama. *"– Mas não gosta de fazer amor, Coelha. É importante fazer amor, ahn?"* (p.29). Ela continua se justificando, que está travada,

---

168 Rabindranah Tagore (1861-1941), poeta indiano.

169 Dinheiro ao contrário. De acordo com Lorena, dá sorte falar essa palavra ao contrário.

170 Trata-se de uma cirurgia plástica de reconstituição da virgindade.

171 Vietcong é como os norte-americanos chamavam o comunista vietnamita.

172 Aparelho era como se chamavam os locais usados pelos grupos clandestinos, durante o período de repressão política (1964 a 1979).

precisa procurar o analista. Max apanha um embrulhinho e diz que "com isso engrena". Ana duvida: *"Se ao menos engrenasse mesmo e eu subisse pelas paredes de tanto engrenar e a cabeça deixasse roque-roque de pensar só coisas chatas. Mas por que minha cabeça tem que ser minha inimiga, pomba. Só penso pensamento que me faz sofrer. Por que esta droga de cabeça tem tanto ódio de mim?"* (p.29)

O foco narrativo passa para Ana Clara, que não consegue sentir nada nem com Max, que ela ama, nem com qualquer outro. Pensa no namorado rico, que a está esperando: *"Já está lá sentadinho com o pãozinho na mão tem sempre um me cutucando pra fazer amor e outro me esperando em alguma mesa. Vou da cama pra mesa e da mesa pra cama."* (p.30) Ana lembra da mãe, e dos piolhentos com quem ela fizera sexo, entre eles o Doutor Algodãozinho, dentista de sua infância que lhe fazia curativos com algodão, deixando seus dentes apodrecerem: *"...esperando apodrecer bastante e eu crescer mais pra então fazer a ponte. Uma ponte pra mãe e outra pra filha. Bastardo. Sacana. As duas pontes caindo na ordem de entrada em cena."* (p.31). Ana Clara não consegue se livrar das lembranças ruins: os cheiros de creolina e mijo, os ratos e baratas da construção. Ana pensa nos vários tratamentos que havia feito: *"Com dinheiro e casada não precisaria mais de nenhuma ajuda, ora, análise. Nenhum problema mais à vista. Livre. Destrancaria a matrícula, faria um curso brilhante. Os livros que teria que ler. As descobertas sobre si mesma. Sobre os outros."* (p.37)

A conversa entre os dois é desencontrada: Ana lembra do laboratório de química, enquanto Max fala de aulas de dança. Max fala em comprar uma ilha, em morar na Irlanda. Ana Clara fala de Lorena, com inveja e despeito: *"A governanta de Lorena era inglesa. Nhem nhem-nhem. Disse que chegou a escrever melhor em inglês porque a governanta que morava na fazenda.*[173] *Parece um inseto. Acabou, não acabou? (...) Não tem mais fazenda nem governanta nem nada. Acabou. Do resto do oriehnid o moço da mãezinha se incumbe. Bem feito."* (p.44)

Ana Clara diz que está grávida. Max fica feliz com a no~~tíc~~iva. Ana critica Max: *"– Você tinha que ficar assim duro? Tinha? Agora preciso casar com outro, seu besta. Quero oriehnid, sabe o que é oriehnid?"* (p.45) Os dois passam a falar da irmã de Max, que está desmemoriada e internada. Max fica recordando sua infância rica. Max aplica uma massagem em Ana, que precisa ir se encontrar com o outro namorado.

[173] Queremos chamar a atenção, neste trecho, para a falta de lógica na fala de Ana Clara.

TRÊS

O foco está em Lorena, que pensa na tortura: *"...se um dia eu for provada? Que isso não aconteça porque não resisto, um pouco que me apertem o dedinho e já vou falando. Sou da família dos delicados. Dos sensitivos. Prima da lagartixa estatelada na vidraça: através da carne podia ver entalada na garganta a sombra da asa da mariposa que ela acabara de engolir."* (p.49) Lorena imagina sua participação num assalto a banco, lembra-se do irmão Rômulo, morto acidentalmente por seu outro irmão, Remo, com um tiro de espingarda. Lembra-se de brincadeiras entre os irmãos. Pensa em seu gato desaparecido, Astronauta: *"Orfeu*[174] *chegou a comover as feras com sua lira e eu não consegui comover nem o Astronauta. Enfim, um gato é um gato mas como gostaria de mandar minha palavra de equilíbrio, de amor ao mundo mas sem entrar nele, é lógico."* (p.50) Lorena pensa na mãe, que tem sentimentos de culpa por deixá-la num pensionato de freiras pobres. Lorena pensa em Lia, com seus jornais e recortes, e em Ana Clara e suas mentiras.

O foco narrativo vai para a terceira pessoa. Lorena lembra-se da chegada de Lia, com duas malas cheias e *O Capital*[175] debaixo do braço, filha de uma *morena* da Bahia com um alemão, *"ex-nazista que virou Seu Pô, um tranqüilo comerciante apaixonado por música e por Dona Dionísia"* (p.53) Lorena lembra a chegada de Lia, e seu primeiro banho na banheira de Lorena. *"No povo propriamente, (Lia) começou a falar mais tarde. Também amo esse povo, Lião, não precisa me olhar assim. Amor cerebral, reconheço, que outro gênero de amor pode ser? Se não me misturo na tal massa (morro de medo dela) pelo menos não fico esnobando como faz Aninha. O que é natural, ela deve ter sido paupérrima."* (p.55) Lorena critica Ana, andar de transatlântico, cara oca, *"tem olhos lindos, ela inteira é linda. Ai meu Pai. Eu podia ser menos insignificante, não podia? Pernas de palito. Desbotadinha, olha aí, me torro no sol e o sol não cola em mim. Magnólia Desmaiada."* (p.53) Lorena toma um banho, aumenta o volume da música, faz uma refeição leve, tomando sol, enquanto divaga sobre suas amigas e sua vida.

Lorena pensa na morte do irmão Rômulo. Depois, começa uma conversa imaginária com M. N., pensa em sua mulher: *"...como é que M. N. pode fazer amor com uma mulher assim. Obesa, vesga, dentadura postiça, ai meu Pai, seria a glória se ela usasse dentadura. E irônica, mais do que irônica, sarcástica".* (p.62) Passa a pensar em Mieux, o namorado da mãe, jovem oportunista. Lorena recebe uma carta do irmão, do Exterior.

---

[174] Orfeu, herói grego, personagem mitológico possuidor de uma voz encantadora e de uma lira mágica, capaz de dar vida aos seres inanimados e de acalmar monstros e feras com sua música.

[175] *O Capital*, obra muito citada e pouco lida, de autoria de Karl Marx, que contém as idéias básicas de crítica ao sistema capitalista e de fundação do socialismo. NE

Lorena se lembra de Fabrizio, que rodopiara com ela nos braços, pelo quarto. *"Sentiu de novo aquele mesmo aturdimento bachiano*[176]*, abriu a boca debatendo-se fracamente, 'me larga, me larga!' pediu puxando-lhe os cabelos e ao mesmo tempo pensando que iam acabar amantes naquela noite mesmo.* Amantes. *Foi a palavra amantes que a assustou até o pânico? Desvencilhou-se."* (p.68) Nessa mesma noite, Lorena recebe as visitas sucessivas de Lia e Ana Clara. No dia seguinte, segundo Lorena (aliás, muito sintomaticamente), ela ficou conhecendo M. N.

QUATRO

O foco narrativo está em Ana Clara. Ela está na cama com Max, pensando em Lorena: *"Uma esnobe. Deixa-me rir, diz e verga pra trás e faz ha ha ha."* (p.71). Conversa com Max a respeito de música e pintura. Ela gosta de Renoir[177] e Max prefere Bosch[178]. Os dois fazem monólogos paralelos, desencontrados. Max delira. Ana critica Lorena, Max, Lia, a esquerda: *"Ora, acabar com a burguesia. Mas se é agora que eu. Esperem um pouco, também quero, não posso? Ano que vem, vida nova, meu santo. Tranco a matrícula e depois. Quero ser a primeira, está me ouvindo? Com dinheiro a gente aprende rápido, com dinheiro fica fácil."* (p.73) Ana pensa na mãe, nos homens de sua mãe, lembra da barata jogada viva na sopa de Aldo, que espancara sua mãe. Lembra o suicídio da mãe. Ana conta a Max que está grávida. Sob o efeito da droga, começa a delirar: *"A brasa trinca os denotes e se apaga na água mas o gafanhoto adulto vem vindo e me olha com seus óculos redondos..."* (p.77) Ana lembra de uma amiga vesga, Adriana, a quem conheceu numa fila de cinema: *"...intuí logo que ela era rica".* Ao conhecer a mãe de Adriana, inventou dados sobre sua família: o pai aviador, morto num desastre aéreo, a mãe morta de câncer, o tio médico importante: *"Já ia perguntar o sobrenome dele quando entrou a vesguinha. Tinha uma concha na mão. Clóvis Conchal respondi sem pestanejar."* (p.79)

Ana pensa em Lorena: *"Nenhuma será minha amiga Madre Alix nenhuma. A senhora me ama mas a senhora é santa não conta. (...) Nem a Loreninha que me dá presentes e dinheiro (...). Aquele arzinho superior que conheço bem. Como se eu fosse uma agregada."* (p.80) Pensa em Lia: *"Trabalhando pela pátria. Ora dane-se. Quem é que está pedindo quem? Fica me olhando com o olhão parado. 'Que é isso no seu braço? Uma picada?' Picada sim e daí. Paro com tudo quando bem entender. Vou ser capa de revista. Me casar com um milionário."* (p.80) Ana

---

[176] Relativo a Johan Sebastian Bach, compositor alemão, autor da música que Lorena tocava ao piano, quando de seu primeiro orgasmo.

[177] Pintor impressionista do século XIX.

[178] Interessante pintor renascentista, que pode ser considerado um precursor da pintura surrealista moderna. Sua famosa obra "O jardim das delícias" apresenta um emaranhado caótico de seres humanos e misteriosas plantas-máquinas.

continua tendo pensamentos delirantes. Pensa de novo no casamento com o industrial: *"Quando o escamoso começar a encher o saco me desquito. Metade das fábricas e livre livre."* (p.84) Ana Clara se imagina rica, com um Porsche na garagem, comprando quadros de Renoir. De repente, Ana lembra da gravidez: *"Deslizou pelo corpo nu as mãos abertas. Fechou-as na altura do ventre e golpeou-o com fúria. O olhar intenso se fixou no púbis. Deixou tombar sobre ele a mão fechada num último murro enfraquecido. Mais despesa. Mais chateação. 'Engravidar de um duro desses. E agora dorme como um anjo. Pois agora não dorme."* (p.87)

O ponto de vista passa para a terceira pessoa. Max se lembra da irmã, de um dia em que os dois colhiam cogumelos. Ana pensa na terapia: *"Porque fico falando tudo o que mais me feriu me ralando de novo com o que fiz e não fiz. E pagando ouro em pó pela autoflagelação."* (p.87)

Ana começa a se despedir de Max, falando do noivo, com quem deverá se encontrar. Max fica expressando suas fantasias com relação à riqueza. Ana lhe dá um soco no queixo. Max só agora toma consciência de que ela está grávida e fica feliz, querendo que eles tenham essa criança.

Ana pensa no encontro com o noivo. Atrasada, terá de *"contar uma história bem contada"*. Imagina o encontro. Dará como desculpa uns pastéis de camarão e a conseqüente ida ao pronto-socorro.

CINCO

O ponto de vista é o de Lorena. Ela pensa nas duas amigas, no livro que Lia rasgou, no telefone tocando (será algum terrorista à procura de Lia? algum namorado de Ana?). Lorena pensa em M. N. e em sua esposa. Fica com raiva da rival e corre a acender um incenso, para purificar o ambiente. Aumenta o som do jazz, na vitrola. Pensa no que Lia diria sobre essa música. *"Agrupar é conspirar e transpirar. Tinha repugnância pelo suor. Podia ser oca às vezes mas era com política que ia encher esse oco? Não acreditava mesmo em comunismo, não acreditava em nada disso e como não sabia fingir, o que em geral fazem as pessoas."* (p.94)

Lorena pergunta a uma das freiras se ninguém lhe telefonou. Pensa em Fabrizio, em *"laçá-lo para um cinema, festival Greta Garbo, ih, paixão por essa mulher."* (p.95) Pensa em Ana, que se pretendia sob controle, pararia com as drogas quando quisesse. *"Há muito que já não tinha mais as rédeas nas mãos. Abriu as próprias. Mas quem é que tem? A própria Lia que falava sempre de cima de um caixote tinha ainda essas rédeas? 'Perdeu o namorado, perdeu o ano por faltas, buleversou*[179] *tudo. Nem banho mais toma. E com este calor' – pensou Lorena lembrando-se em seguida de comprar um desodorante, achava de-*

[179] Do verbo francês *bouleverser*: transtornar, perturbar, subverter.

primente recorrer a desodorante, o que resolvia era água e sabão." (p.96) Lorena pede a Jesus pelas amigas, pela mãe, por M. N., por Fabrizio, pelo gato, pelos companheiros de Lia.

Lorena faz movimentos de ginástica. Irmã Bula vem bisbilhotar com quem ela está falando. Entra de mansinho e comenta uma reprodução de Chagall[180]. Lorena acha que foi ela que escreveu a carta anônima em que denunciava tanto as três amigas, como sua mãe, e até duas freiras que estariam tendo um caso amoroso.

Lorena pensa na morte do irmão, em como seria a notícia e a manchete de jornal a respeito. As duas conversam sobre crimes, a freira aconselha Lorena a se casar com Fabrizio. Irmã Bula ensaia a retirada mas vai ficando, tomando licor e provando biscoitos:

"Tenho que ir, filha.

"Mas não vai. Irmã Priscila já está ralando o outro dedo, ah, tão longe a fala do ato. Se eu não falasse tanto em fazer amor, se Ana Clara não falasse tanto em enriquecer, se Lião não falasse noite e dia em revolução." (p.104)

Lorena pensa em Lia, que se espantara ao saber que ela ainda era virgem. Lia chama M. N. de burguês incompetente. Lorena lembra das duas falando em Guevara: *"...não é todos os dias que se encontra um Guevara, eu disse e seu olhar se amenizou."* (p.105) *"E também esse drama da minha virgindade. Confesso que de vez em quando preciso falar nisso, provoco o assunto, alimento as reações, me exponho a todas as conseqüências numa necessidade tão aguda de ficar centro-de-mesa. Mas de repente me vem um pudor (não sei se será exatamente pudor) e não suporto a menor referência, problema meu, friso e levanto a cerca de arame, proibida a entrada de pessoas estranhas."* (p.105) Lorena rememora a conversa com Lia, que falava de seu fervor revolucionário, da dificuldade de se organizar o operariado, de uma companheira internada como louca, de outro assassinado.

A freira acabou de folhear uma revista e critica: *"– Essa gente vive como se o sexo fosse a coisa mais importante do mundo.*

"E não é? Ou uma das mais. Só numa noite Ana Turva chegou a dúzias de orgasmos, o que naturalmente é mentira." (p.109)

Lorena volta a pensar nos irmãos, em Ana Clara, na mãe, em M. N., na morte do irmão.

---

[180] Marc Chagal é pintor surrealista de origem russa, cujos quadros impressionam pelas imagens oníricas e livres em composições originais. Um dos líderes da vanguarda em sua época.

SEIS

Lia encontra-se com Pedro num aparelho de seu grupo político. Conta-lhe das cartas anônimas. Lia começa a lembrar de Miguel.

Pedro pergunta se Lia já teve *"experiência com mulher"*. Ela confirma, fora com uma amiga do ginásio. As famílias desconfiaram e interferiram. Conta Lia: *"Meu pai percebeu tudo e ficou calado. Minha mãe teve suas adivinhações e ficou em pânico, queria me casar urgente com o primo. O vizinho também servia, um viúvo que tocava violoncelo. Fez tudo pra me agarrar pelo pé mas catei meu* necessaire *e vim."* (p.118)

Lia e Pedro conversam sobre Rosa Luxemburgo[181], Malraux[182], Guevara e outros. Lia considera santos os que lutam *"com plena consciência para ajudar alguém no meio da ignorância e da miséria"* (p.120). Pedro fala da separação de seus pais e de seu sofrimento devido a ela. Lia pergunta se ele é virgem, e resolve ajudá-lo a superar essa dificuldade: *"Ele me beija e soluça de aflição e raiva, o sexo confundido. Tenho que tomar a iniciativa, vai fracassar de emoção e ficar desesperado. Vamos, Pedro. Não é nenhuma porta do Diabo, sussurro ao seu ouvido e rimos juntos. Também não é de Deus, é só uma porta, entre . Explodiu em esperma e choro agudo."* (p.125)

Lia se encontra com Bugre. Ele informa que Miguel está na lista dos presos que vão ser trocados. Irá para a Argélia, e Lia irá ao seu encontro. Bugre lhe pergunta: *"Nenhum problema com sua família?"* (p.127)

Lia volta ao casarão e conversa com Madre Alix, a respeito de sua mãe e de seus estudos. Lia avisa que vai viajar. Madre Alix confessa não conhecê-las: *"Ana Clara, aí está, Ana Clara. Como me procura e faz confissões, eu podia ficar com a impressão de que sei tudo a respeito dela. Mas sei mesmo? Como vou separar a realidade da invenção?"* (p.130)

Lia começa o seu discurso social, contra a caridade: *"Vejo a senhora sair com outras senhoras bondosas dando sopinha aos mendigos. Bons conselhos, cobertores. Eles bebem a sopinha, ouvem os conselhos e vão correndo trocar o cobertorzinho pelo litro de cachaça porque o dia amanheceu mais quente, pra que cobertor?"* (p.133) Madre Alix diz que não está numa redoma. A freira fala contra a violência, fala em Deus. Lia lê em voz alta o depoimento de um botânico que havia sido torturado pela polícia. Quando termina, Madre Alix lhe diz: *"Conheço isso, filha. Esse moço chama-se Bernardo. Tenho estado muito com a mãe dele, fomos juntas falar com o Cardeal.*

"Agora é que eu não sei mesmo o que pensar. Muito especial, diria a Lorena. Nunca ninguém me deu tanto essa idéia de união de gelo e fogo como ela me dá".

---

[181] Revolucionária socialista polonesa, fundadora do Partido Comunista Alemão, assassinada em 1919, por ocasião da Revolta Espartaquista.

[182] André Malraux (1901-76) é um importante romancista francês, que participou e escreveu sobre alguns dos grandes acontecimentos do nosso século, como a Guerra Civil Espanhola.

SETE

Quem conta é Lorena. Irmã Clotilde vem lhe trazer flores e frutas. Conversam a respeito da santidade. A freira, na mocidade, quisera ser santa, como Santa Teresinha, depois como Santa Teresa D'Ávila. Falam sobre crimes, sobre um padre que matou a amante e o seu feto. Quando a freira diz que o demônio tinha se apossado da alma daquele padre, responde Lorena: *"Mas não totalmente, Irmã. Ele batizou o feto e depois fez a cruz na sepultura. Acho que foi por crimes assim que antigamente a igreja tolerava a pederastia. Se ele tivesse um amante – digo e já estou arrependida."* (p.138) Lorena fica se perguntando porque acreditou no lesbianismo de Irmã Clotilde.

A freira aconselha Lorena a se alimentar melhor. Comenta que todas as três estão até perdendo as cores. Lorena começa de novo a pensar em M. N.: *"Mas se ele me chama vou correndo, pisando na ponta dos cascos, chego duas horas antes, meu amor!"* (p.142) Em seguida, volta a cismar se Irmã Clotilde é lésbica: *"E se estiver apaixonada por mim? Já pensou? Mulher de padre vira mula-sem-cabeça. E mulher de freira?"* (p.142)

Lorena fala de M. N. para a freira, inventa que está grávida. A freira leva na brincadeira: *"– Menina fantasiosa!"* (p.145) Sai a freira e entra Lia, que vem devolver a chave do carro. Lia está exultante com a perspectiva de viajar para a Argélia. O pai e Lorena a ajudarão com o oriehnid. Lia entrevista Lorena, com uma banana, à guisa de microfone, se ela pertence a algum grupo político, se é virgem, se o namorado é homossexual. Lorena o defende, ele é um *gentleman*.

Lia e Lorena conversam sobre casamento, sobre padres querendo se casar. Lia conclui que o casamento faria com que se acomodassem os padres, que estão se engajando nas lutas sociais.

Lorena pergunta a Lia se o almoço não estava combinado para hoje. Lia propõe que fique para outro dia. Lorena lhe dá dinheiro e a acompanha até o portão. Lia conta que Ana Clara está grávida de novo. Lia não pode ajudá-la: *"Nem que fosse minha irmã, não posso, onde tem traficante e viciado tem tira aos montes, estão querendo demais nos misturar."* (p.153)

Um homem parado na esquina assusta Lia, mas depois entra num carro que saía de uma garagem, e ela fica aliviada. Lia pergunta se a mãe de Lorena não tem roupas para dar ao grupo.

Lorena fica só, com seus devaneios, sobre a sensualidade das estátuas, bois e vacas, M. N., a primeira vez de Ana Clara e a de Lia.

OITO

O foco está em Ana Clara, ainda no quarto com Max, ambos drogados. Ana lembra de Jorge, amante de sua mãe. Ana forma imagens delirantes: ela nada num pântano, que se torna uma piscina. Pensa em seu analista, Doutor Hachibe. Max acorda e Ana lhe fala sobre Lorena, sua mãe e seu irmão, e sobre a amizade entre elas. Ana fala de Lorena com muito despeito e inveja: *"Uma esnobe, se acha especialíssima. Mas é minha amiga, como não. Quem é que me tira das trancada? Não é você. Nem aquele besta, é ela."* (p.161)

Ana pensa no noivo, nas mentiras que vai lhe contar, para justificar o atraso. Pensa no seu casamento, Madre Alix e Lorena serão as madrinhas. Ana se pinta, toma uma aspirina, tira dinheiro do bolso de Max e sai na garoa. Pega uma carona com um industrial, finge que é Lorena, que o pai teve um enfarte e ela precisa encontrá-lo, na rua São Luís, onde ele tem um escritório de advocacia. O industrial tenta seduzi-la, dá-lhe um cartão e pede para ela telefonar. Ela cai ao descer do carro. Entra num bar e pede um conhaque. Um homem a cumprimenta. Ela o associa à imagem do pai que nem conhecera. Conversam e ele a leva ao seu apartamento. O homem fala de tangos, despe-se meticulosamente e lê, numa revista rota, um texto sobre Napoleão e Rodolfo Valentino. Os dois apenas dormem, lado a lado.

NOVE

O foco narrativo está em Lorena: *"Ana Clara fazendo amor. Lião fazendo comício. Mãezinha fazendo análise. As freirinhas fazendo doce, sinto daqui o cheiro quente de doce de abóbora. Faço filosofia. Ser ou estar."* (p.176)

Lorena divaga. *"Acho que eu seria mais útil se estudasse Medicina, de que vão adiantar no futuro as leis se agora já são o que se sabe. Uma psiquiatra maravilhosa. O chato é que quando leio um livro sobre doenças mentais, descubro em mim os sintomas de quase todas..."* (p.177) Lorena fica imaginando se dissesse à mãe que tem um amante. Lorena se lembra de instantes da infância. Imagina os sentimentos de culpa e de autocomiseração da mãe.

O foco vai para a terceira pessoa e chega Guga, convidando Lorena para assistir a um conjunto e insinuando uma corte: *"– Quer me adotar?"* (p.186) Guga diz que abandonou os estudos e está morando numa comunidade. Deixou também o teatro. Pergunta se ela não quer morar com ele, numa "comunidade a dois". Ela responde que o ama, mas está apaixonada por outro. Guga tenta beijá-la. Ela resiste e lê alto uma carta de M. N., que Guga acha embrulhada demais. Lorena se pergunta porque leu para ele e para Lia a tal carta: *"É para me desesperar que atiro meu pobre amor aos leões?"* (p.189) Só Ana havia recebido bem a leitura. Guga a beija:

"Loreninha, não chora, não chora!

"Mas não estou chorando, tento dizer. Não me deu tempo, se levantou e me segurou pelos ombros, está me beijando a testa, os cabelos. Meu chambre se abre. Luto por fechá-lo mas como? Seu braço já dá voltas em torno de mim en-

quanto sua língua engrossa na minha boca que contra minha vontade por um momento (um século) se entrega." (p.190) Lorena promete bordar um pato numa camisa para ele. Pergunta se ele anda *"tomando porcarias"*, ao que ele responde que *"não necessariamente"*. Guga vai embora, mandando beijos. Lorena fica lembrando algumas brincadeiras com Guga, pensa nos irmãos e no pai. *"As (mãos) de paizinho eram morenas, com uma vaga de pêlo bordejando o dorso, eu me dependurava nelas, paizinho tem mão de macaco! Paizinho é um macaco!"* (p.192)[183]

Lia chega, assustando Lorena, que lhe conta do beijo de Guga: *"...me deu assim uma vontade de rolar com ele pelo chão, empoeirado, suarento! Mas pensei em M. N. e quebrou-se o instante mágico."* (p.193)

Lia diz que Lorena é burra, duvida da existência de M. N., chama-o de fantasma, acha que ele substitui a imagem de seu pai.

O foco narrativo passa para Lia, que comunica a Lorena que está tirando o passaporte. Lorena prepara o chá para as duas e brinca de entrevistar a outra, a respeito do homossexualismo.

Lia conta que pediu dinheiro ao pai, que ficou de obtê-lo até o final do mês. Lorena não ouviu nada, pensando em M. N. *"Ela empurrou o prato para mais perto porque estou comendo biscoito e os farelos. Mas esta menina só pensa na cinza ou no farelo que pode sujar o tapete?"* (p.196) Lia diz que vai para a Argélia, Lorena vai buscar o mapa-múndi. Lia lhe pede para emprestar o dinheiro, com o que ela concorda, assinando um cheque em branco. Lia pensa, ao se despedir: *"Está tudo atrasado, listas de coisas que providenciar ainda hoje e aqui estou em divagações metafísicas, vendo Lorena se exibir na sua malha preta. Mas já não é quase a despedida? Quantas vezes mais vou subir até este quarto? Pego um último biscoito. Sei que vou me lembrar dela como está agora, sem poeira e sem suor, olhando lá dentro do seu vago mundo."* (p.199) Lia se vai, rindo, enquanto Lorena faz caretas.

DEZ

Lia vê a gata prenhe, dormindo, e se compara com ela. Pensa no nome Argélia para uma filha. São alguns momentos de divagações que ela se permite. Tristeza pela saudade que ainda virá a sentir.

Lia encontra o carro da mãe de Lorena, com o motorista a postos. Lorena havia esquecido do pedido. Lia conversa com o motorista. *"Este homem, por exemplo. Se interessaria em entrar pro grupo? Apoltronou-se, é claro. Numa poltrona bem mais modesta do que a dos patrões mas poltrona. Não quer nem saber?"* (p.201) Ele fala dos filhos, um trabalhando, a outra estudando. Com o que, aliás, ele não concorda: *"Minha filha é moça pobre e lugar de moça*

---

[183] Observe-se que Lorena também fizera essa comparação em relação a M. N.: "ele é peludo à beça, assim na base do macaco..." (p.8)

pobre é em casa, com o marido, com os filhos. Estudar só serve pra atrapalhar a cabeça dela quando estiver lavando roupa no tanque." (p.202) Lia faz um discurso pela emancipação feminina.

Lia é recebida na casa da mãe de Lorena. Enquanto aguarda, pensa no "tempo da Argélia" e nas divisões da igreja e das esquerdas. Relê ao acaso uma página de seu diário. A empregada avisa que a mãe já vai recebê-la, e que tem chorado sem parar, devido à morte do doutor Francis, seu médico. Mieux não vem há três dias. Ela é recebida no quarto. Inconsolável, a mãe de Lorena fala do morto: *"Tão fino e ao mesmo tempo autoritário, poderoso. Áspero e ao mesmo tempo gentil."* (p.209)
A mãe continua a se lamentar, critica Ana Clara, "vulgar", acusa a enfermeira de avisá-la de forma cruel da morte do analista. Diz que gostaria de entrar em um convento, fugindo das testemunhas (de seu envelhecimento).

Lia quer sair logo dali: *"...a sessão comigo foi dupla. Começo a perceber porque eles cobram tanto."* (p.217) Lia vai ao banheiro, mas a porta fica entreaberta, com a mãe de Lorena continuando a falar, querendo especular a respeito da sexualidade da filha. Novo discurso de Lia, agora sobre a liberdade sexual: *"Entendo que se aflija com droga e etcétera mas com o sexo do próximo? Cuide do próprio e já faz muito, me desculpe, mas fico uma vara com qualquer intromissão na zona sul do outro..."* (p.220) A mãe conta que Lorena voltará a morar com ela. Lia começa a criticar a decisão, mas percebe que está *"gastando cuspe"*.

A mãe contradiz Lorena. Segunda ela, Rômulo morreu nenenzinho e a filha era *"menininha quando começou a inventar isso, primeiro só os empregados que vinham perguntar, eu nem negava, disfarçava, que mal tinha?"* (p.223). Lia sente enjôo, fica na dúvida, entre as duas versões: *"E se estiver mentindo? E se a versão verdadeira for a de Lorena? Pois não disse? Nem os médicos nem o marido, ninguém deu maior importância ao caso. Por que não deram? Porque a doente era ela, a doente era a mãe escamoteando a tragédia por defesa, muito mais fácil imaginar que o filho morreu bebê, devolvê-lo ao limbo, não tinha viabilidade."* (p.223)

ONZE

Ana Clara, delirando – o chão fervilha de baratas, uma delas usa um florete para atacá-la – chega ao quarto de Lorena, que lhe dá um banho. Ela vinha de uma festa, enlameada, com nódoas roxas nos seios e nos braços. Ana fala que Max sumiu, ou foi preso. Pede sua bolsa a Lorena, que a atende e fica pensando: *"Mas por que tudo tem que acontecer ao mesmo tempo. Fim da greve, os exames começando amanhã, mãezinha louquinha, Doutor Francis morrendo justo agora que Mieux resolve se mandar, mas não é mesmo uma dose de* iguanodon*?"* (p.227)

Ana quer a mão de Lorena, gargalha, depois fecha os olhos e adormece. Lorena fica pensando na mãe, que quer que elas morem juntas, como nos bons tempos. *"Mas quando estávamos nesses bons tempos ela se queixava tanto, aqueles bons tempos eram bons? Abandonar minha concha. Meu delicado mundo que amo tanto. Se ao menos fosse para ir com M. N., por que ele não me convida nessas suas viagens?"* (p.230) Lorena volta ao diálogo imaginário com M. N., falando de um bilhete decisivo, em que ela declara seu amor: *"Não uma simples amizade entre um homem e uma mulher, mas uma espécie de unificação, absoluta unidade harmônica neste mundo caótico. O sentido profundo."* (p.230)

Lorena vai até o quarto de Lia, que está chegando com a mala cheia de roupas da casa de mãezinha. Conta-lhe sobre o estado em que chegou Ana Clara. Lia diz que Miguel já embarcou para o exílio. *"Mais_uns dois dias e desembarco em Casablanca. Depois, Argel."* (p.232)

Lia comenta a conversa que teve com a mãe da amiga e pergunta porque ela não foi junto. Lorena aguardava um telefonema de M. N. Lia critica M. N. e propõe a Lorena que namore o Guga, *"conversamos muito, já sabe dos dramas todos e está a fim de te salvar"* (p.237). Lorena qualifica essa idéia de loucura.

Lorena não sabe o que fazer com Ana Clara. Lamenta que o famoso noivo não apareça. Lia responde que acha que ele não existe. É Lia quem está narrando: *"Ela fixa em mim o olhar assombrado. Desvio o meu."* (p.239) Lorena vai para seu quarto. Logo acena para Lia, da janela, que atende ao chamado. Ana Clara está morta.

DOZE

Lorena tenta reanimar Ana Clara com massagens, evitando fazer barulho. Lia pergunta: *"– Calma? Mas não vamos acordar Madre Alix? Acordar imediatamente todo mundo?"* (p.245) Lorena pega um missal e fica "brincando de missa". Veste Ana Clara e começa a maquiá-la. Lia revira a bolsa de Ana. Resolvem rasgar os cadernos de endereços e retratos. Lia ficará com o relógio e dará um copinho de prata para Madre Alix. Lia comenta: *"Mas não é mesmo impressionante? Ana Clara não ter nenhum parente, ninguém no mundo, ninguém! Pensava nisso há pouco, não tem uma pessoa sequer a quem avisar, nenhuma amiga, falava aí uns nomes mas tudo assim meio no ar. Só as freirinhas. Nós. Nem vou avisar Max, o mais prudente é que ele nem apareça, coitadinho."* (p.249)

Lorena termina de preparar Ana Clara; pretende deixá-la numa praça, como se tivesse saído de uma festa, evitando um escândalo para o pensionato.

Saem com Ana Clara. No carro pensam numa resposta para a polícia, em caso de serem paradas. Deixam Ana num banco de praça e voltam para o pensionato. Despedem-se, Lorena apaga os sinais da passagem de Ana Clara pelo seu quarto e se prepara para um banho.

V - SÍNTESE DO ENREDO

Durante alguns dias de greve estudantil, em São Paulo, no início dos anos 70, num pensionato de freiras, transcorre o cotidiano de três universitárias. Lorena recebe em seu quarto a visita de Lia, participante de um grupo político clandestino, que vem pedir o carro de sua mãe emprestado. Conversam sobre vários assuntos: Lorena aguarda o telefonema de seu amado M. N., Lia rasgou o romance que estava escrevendo, seu namorado Miguel está preso. Rômulo, irmão de Lorena, fora morto acidentalmente pelo outro irmão, Remo, que hoje é diplomata. Sua mãe mandou-a para o pensionato para poder se casar com Mieux, jovem decorador oportunista que a está arruinando.

Ana Clara, na cama com seu amante Max, atormenta-se com lembranças ruins e delira, sob o efeito de drogas. Sai para encontrar o noivo, rico industrial, que a espera num restaurante. Pega uma carona com um desconhecido, cai ao descer do carro, entra num bar e um homem a leva para seu apartamento.

Lia encontra-se com Pedro e lhe conta a experiência amorosa que havia tido com uma amiga do ginásio. Percebendo que Pedro é virgem, tem com ele uma relação sexual frustrante. Em seguida, Lia se encontra com Bugre, que lhe conta que Miguel está na lista dos presos a serem banidos, e Lia deverá ir a seu encontro. Lia volta ao casarão e conversa com Madre Alix, contando-lhe que vai viajar. A freira admite saber muito pouco das três moças, critica a violência e fala em Deus. Lia lê para ela o depoimento de um torturado. Madre Alix já conhecia esse caso, o que impressiona Lia. Ela devolve o carro para Lorena, que lhe dá dinheiro. Lia conta a Lorena que Ana Clara está grávida e pede roupas usadas de sua mãe, para a viagem.

Guga vem convidar Lorena para saírem e termina por beijá-la.

Lia conta a Lorena que está tirando o passaporte e lhe pede dinheiro emprestado, que seu pai devolverá depois. Lorena assina um cheque em branco. Lia visita a mãe de Lorena e fica sabendo que seu analista tinha falecido, que Mieux a tinha deixado, que Lorena voltará a morar com ela e que Rômulo morrera ainda bebê.

Ana Clara chega delirando, enlameada, ao quarto de Lorena, que lhe dá um banho. Ana adormece. Lorena vai ao quarto de Lia, que lhe conta que Miguel já embarcou. Lorena volta para o quarto. Ana Clara está morta. Lorena veste e maquia Ana Clara, enquanto Lia revira sua bolsa. As duas deixam a morta numa praça, como se tivesse saído de uma festa. As duas despedem-se. Lorena apaga os sinais da passagem de Ana Clara pelo seu quarto e prepara um banho.

VI - ESTRUTURA DA OBRA

Trata-se de um romance intimista, psicológico, dividido em doze capítulos. Em cada capítulo, a voz narrativa passa de uma personagem para outra, criando o que Mário de Andrade chamava de "romance polifônico" (vide *Amar, verbo intransitivo*). A ação, propriamente dita, é simples e pouca. O que importa é o fluxo da consciência das personagens.

A) Foco Narrativo: o ponto-de-vista é variado, com Lorena, Lia e Ana Clara se alternando em monólogos interiores na primeira pessoa, e também com a intromissão de um narrador onisciente, na terceira pessoa. Freqüentemente, o foco muda no interior de um mesmo período, implicando em mudanças, não só do ponto-de-vista, mas de estilo e sintaxe. Por exemplo, a linguagem desarticulada e crua de Ana Clara e o lirismo refinado de Lorena, com frases em inglês, francês, espanhol e latim. A utilização do monólogo interior nos franqueia o universo de cada personagem, seus pensamentos e devaneios, suas memórias e seus valores. E a alternância de vários focos narrativos nos revela a solidão irredutível, impenetrável das três personagens.

B) Enredo: o enredo é muito simples. Lorena aguarda um telefonema e terá provas dentro de alguns dias, Lia se encontra com companheiros de seu grupo político e Ana se deita e se droga com o namorado, pega uma carona, vai ao apartamento de um desconhecido, volta de uma festa e morre. Lorena e Lia levam seu corpo para uma praça.

C) Tempo: o tempo é psicológico; percebemos que se passam poucos dias no transcurso deste romance, em que o passado está sempre vindo à tona, sob a forma de recordações.

D) Espaço: O romance se passa em São Paulo, pelas poucas referências encontradas na obra: *"um popô do tamanho do Jaraguá"* (p.63) *"Que é dedo-duro da Oban[184]."* (p.115) *"Por favor, me deixa na São Luís."* (p.166)

E) Personagens:

Lorena: testemunha da inevitável degradação da mãe, Lorena é uma moça culta, sensível e delicada, porém, neurótica e insegura, com uma acentu-

[184] Sigla que significa Operação Bandeirantes, criada durante a Ditadura Militar para investigar e reprimir atividades contra o governo.

ada tendência a se evadir dos problemas. Diante de situações verdadeiramente dramáticas, ela escapa, ligada a futilidades ou curiosidades culturais:"*...os exames começando amanhã, mãezinha louquinha, Doutor Francis morrendo justo agora que Mieux resolve se mandar, mas não é mesmo uma dose de* iguanodon*? Como será que se traduz* iguanodon*?"* (p.227) Lorena tem uma visão idealizada do amor, refugiando-se numa paixão de fundo edipiano e evitando o amor concreto, suarento.

Lia: filha de baiana com alemão, da classe média, aluna de Ciências Sociais, entrega-se ao radicalismo político. Descuidada com relação à aparência, é inteligente e racional, embora se expresse muitas vezes por meio de chavões e desqualifique quase tudo que não tenha um interesse ideológico progressista.

Ana Clara: estudante de psicologia, com a matrícula trancada, tem uma origem social muito precária, subproletária. Dependente de drogas, é perseguida por lembranças muito negativas da infância miserável. Vê num casamento rico a chance de ascender socialmente.

Madre Alix: meio perplexa diante das três meninas e seus dramas, é a diretora do pensionato. Dedicada a suavizar os choques que as meninas sofrem em contato com a barbárie política e social, sente-se impotente para interferir nos destinos das três.

Mãezinha: viúva do pai de Lorena, que morreu internado num hospício, sente remorsos por ter levado a filha a morar no pensionato para se casar com o jovem gigolô, que dilapida seus bens e depois a abandona.

Max: o amante de Ana Clara já foi rico, é culto e viajado, mas perdeu tudo e hoje é drogado e traficante.

VII - ESTILO DE ÉPOCA E ESTILO INDIVIDUAL

Este romance pertence à terceira fase do Modernismo brasileiro. As características dessa fase que se pode identificar em *As Meninas* são o mergulho na consciência e na inconsciência das personagens, com a conseqüente desimportância do espaço externo e a despreocupação com o enredo, constituindo um romance urbano intimista.

No estilo de Lygia percebe-se uma instabilidade "barroca" na forma, na medida em que o foco narrativo muda o tempo todo, levando com isso à mudança também da linguagem, que se ajusta em cada momento à personagem que está com a voz. Isso leva também a um fluxo narrativo entrecortado, embora a seqüência da ação seja linear. Os próprios fatos narrados são ambíguos, cambiantes: o namorado de Lorena existe? E o noivo de Ana? Rômulo foi assassinado ou morreu bebê? Irmã Bula é a autora das cartas anônimas?

Esta instabilidade corresponde à própria época retratada, em que, por exemplo, a esquerda, fragmentada, não mais conseguia seduzir nem unir aqueles a quem ela se propunha a representar. Época de incertezas, em que nenhuma voz, nenhuma posição, conseguia encarnar o ponto-de-vista da totalidade, a não ser pela coerção.

A linguagem em *As Meninas* é expressivamente coloquial, com tendência ao lirismo, mas sem nenhum rebuscamento decorativo, sem exageros na adjetivação. Os diálogos são naturais. A linguagem caracteriza as personagens, às vezes em tom paródico, como quando Lia fala no seu *necessaire,* arremedando o modo de falar de Lorena.

Outros aspectos a destacar em Lygia: utilização de intertextualidades e coloquialismos, gírias da época, linguagens de grupos: *"divino-maravilhoso"; "besouragens"; "segure as pontas"; "fico uma vara"; "estão caindo quase todos".*

VIII - PROBLEMÁTICA E PRINCIPAIS TEMAS

Diversos temas estão presentes neste romance: a desestruturação da família; o abismo entre as gerações e a desmistificação do mundo adulto pela juventude (principalmente na crítica de Lia); a emancipação feminina; a crise da sociedade (as drogas, por exemplo); a luta contra a ditadura e o clima de opressão presente naquela época de torturas, seqüestros e exílios; o gradual envolvimento da igreja na luta pela redemocratização; a solidão das personagens, que, embora se encontrem durante o tempo todo do transcurso do romance, vivem concentradas em universos incomunicáveis, cada uma voltada para sua viagem particular; a falta de perspectivas da juventude, bem tipificada nas três meninas, destinadas ao malogro[185]: Clara morrendo de *overdose,* Lorena venerando um fantasma, voltando para baixo das asas da mãe, e Lia derrotada na política, rumo ao exílio.

Trata-se de um retrato pungente da vida numa sociedade fraturada pelos contrastes e injustiças mais gritantes. É um testemunho sobre a insegurança, mas também sobre a coragem.

EXERCÍCIOS

1. Por que a autora utilizou vários focos narrativos em *As meninas*?

2. Por que Lorena maquiou sua amiga Ana Clara, depois de morta?

---

185. O mesmo que fracasso.

3. *"No povo propriamente, (Lia) começou a falar mais tarde. Também amo esse povo, Lião, não precisa me olhar assim. Amor cerebral, reconheço, que outro gênero de amor pode ser? Se não me misturo na tal massa (morro de medo dela) pelo menos não fico esnobando como faz Aninha. O que é natural, ela deve ter sido paupérrima[186]."* (p.55)

   A que se deve a aversão de Ana Clara pelas camadas populares?

4. Como você descreveria a personagem Lorena, a partir da fala acima?

5. Quais as características estilísticas que incluem Lygia Fagundes Telles na terceira fase modernista?

Respostas:

1. A função é dar voz a diferentes personagens e suas respectivas visões.

2. Para que ela parecesse saída de uma festa, protegendo o pensionato de um escândalo.

3. Justamente por ser oriunda dessas camadas e querer se libertar da pobreza é que a personagem tem essa atitude de repulsa ao povo.

4. Lorena é uma moça rica, intelectualizada, representativa da classe dominante.

5. A técnica da fragmentação, o emprego de várias vozes narrativas, o uso do monólogo interior (introspecção), o desrespeito às regras gramaticais, principalmente quanto à pontuação. Acrescente-se a isto a escolha de uma temática urbana contemporânea, tratando da história imediata ao momento em que o livro era escrito.

[186] *O mesmo que muito pobre.*

O NARIZ E OUTRAS CRÔNICAS

de Luís Fernando Veríssimo

por Geraldo Chacon

Foi utilizada para citações a obra: Veríssimo, Luís Fernando – *O nariz e outras crônicas*, SP, Editora Ática, 1994.

I - BIOGRAFIA

Luís Fernando Veríssimo nasceu em Porto Alegre, RS, no dia 26 de setembro de 1936, portanto, do signo de Virgem. Teve uma formação escolar que não deve ser desprezada, pois entre as escolas que freqüentou estão o Instituto Porto Alegre e Theodore Roosevelt High School em Washington D.C., Estados Unidos, mas mesmo assim, o grande humorista prefere considerar-se um autodidata, alegando que pouco proveito tirou de sua educação escolar. A sua formação fora dos muros da escola envolve desde a experiência com música (foi saxofonista) até sua vivência em redação de jornal. Em 1967, ingressou no jornal *Zero Hora*, de Porto Alegre, exercendo a função de copidesque, que em pouco tempo foi substituída pela de redator e editor. Em 1970, passou a colaborar com a *Folha da Manhã*. Já famoso nessa época, como cronista, iniciou sua carreira literária com a publicação, em 1973, de *O popular*, livro de crônicas, publicado pela editora José Olympio. Em 1975, foi a vez do lançamento da coletânea *A grande mulher nua*.

Atualmente, além de continuar publicando seus livros famosos em todo o país pelas suas crônicas bem humoradas, trabalha em publicidade como redator, escreve para o Jornal do Brasil, presta colaborações para muitas revistas e emissoras de televisão.

II - BIBLIOGRAFIA

Além das obras mencionadas, publicou:

Crônicas: *Amor brasileiro* (1977), *O rei do rock* (1978), *A mesa voadora* (1978), *Ed Mort e outras histórias* (1979), *Sexo na cabeça* (1980), *O analista de Bagé* (1982), *Outras do analista de Bagé* (1982), *O gigolô das palavras* (1982), *A velhinha de Taubaté* (1983), *A mulher do Silva* (1984), *A mãe do Freud* (1985), *O marido do Dr. Pompeu* (1987), *Zoeira* (1987), *Orgias* (1989), *Pai não entende nada* (1990), *Peças íntimas* (1990), *O santinho* (1991), O *suicida e o computador* (1992).

Romance: *O jardim do diabo* (1988).

III - APRESENTAÇÃO

A sugestão dessa obra só pode ser bem aceita pelos jovens, que não terão qualquer desculpa para deixar de ler cada página, do princípio ao fim, com muito gosto e atenção. Não podem alegar que o assunto e a linguagem são de antigamente ou que o experimentalismo modernista impede o entendimento do texto. Os temas e assuntos escolhidos por Veríssimo são sempre de uma atualidade gritante e a sua linguagem é direta, simples, clara, despreocupada com a construção acadêmica ou vanguardística. O que ele procura, tanto na forma quanto no conteúdo, é a comunicação direta com o grande público. Está aí um livro que, provavelmente, muitos já deverão ter lido antes de sua solicitação por uma banca examinadora.

IV - BREVE INFORMAÇÃO SOBRE A CRÔNICA

O termo crônica vem de Cronos, divindade mitológica que representa o tempo. Por isso, tanto na Idade Média, quanto hoje, crônica tem a ver com o tempo. As crônicas de Fernão Lopes (1378/1460), no século XV, registravam os feitos dos reis de Portugal, como D. Pedro, D. Fernando e D. João I . As crônicas modernas deixaram de lado o aspecto de registro histórico da classe dominante e anotam com humor ou com lirismo as banalidades do tempo atual. As medievais eram escritas com a intenção de durar, as de hoje são escritas com o desejo de divertir e serem esquecidas, como o jornal em que geralmente são registradas. Algumas, no entanto, são tão belas ou tão divertidas, que é irresistível a tentação de conservá-las, de mostrá-las aos amigos e parentes, de ler juntos e rir juntos, como a que li há poucos minutos, do próprio Veríssimo, intitulada Phillips, publicada pelo *Especial de Domingo* em *O Estado de S. Paulo*, de 06/10/96. Espero que logo vocês possam ler essa também e rir tanto quanto eu.

O próprio escritor, em sua introdução à *antologia O nariz e outras crônicas*, intitulada "A crônica e o ovo", explica que, quando escreve, não obedece a qualquer preocupação com gênero. Aliás, essa introdução já pode ser considerada como uma crônica a mais e mais uma prova de seu humor. Entre outras coisas, afirma o cronista gaúcho: *"O cronista também precisa respeitar certas convenções e limites mas está livre para produzir seus ovos em qualquer formato. Nesta coleção existem textos que são contos, outros que são paródias, outros que são puros exercícios de estilo ou simples anedotas e até alguns que se submetem ao conceito acadêmico de crônica."* (p.4)

A crônica na literatura brasileira já era presença significativa nos jornais brasileiros na época do Romantismo. É muito conhecida a obra "No correr da pena", que reúne os trabalhos de José de Alencar. Machado de Assis também praticou esse gênero. Foi no século XX, no entanto, que a crônica ganhou espaço significativo e se tornou uma das preferências dos leitores contemporâneos. Já temos nomes que se tornaram históricos entre os apreciadores. Um deles é o renomado Stanislaw Ponte Preta, pseudônimo do impagável Sérgio Porto, autor de *Rosamundo e os outros* e *FEBEAPÁ - festival de besteira que assola o país*. Outros não menos famosos nomes da crônica contemporânea são: Rubem Braga, Paulo Mendes Campo, Carlos Drummond de Andrade e Fernando Sabino.

V - ESTRUTURA DA OBRA

O livro é constituído de 30 textos relativamente curtos, como costumam ser as crônicas, devido ao espaço exíguo que lhes é destinado pelos jornais. Apresentam uma linguagem propositalmente descontraída como a de uma conversa informal, a não ser que o próprio conteúdo ou intenção de determinada crônica exija a prática de uma determinada forma e postura, como as que procuram parodiar algum tipo de redação já conhecida do público.

Seguem as trinta crônicas e uma resenha breve sobre elas:

1. Cornita - Um pai, para não confessar sua ignorância, sobre a palavra "cornita" (erro gráfico em livro, pois se tratava de "cornija") inventa uma resposta qualquer e, quando a professora o desmente, chega ao cúmulo ridículo de aprender uma série de palavras difíceis e construir toda uma explicação para convencer a professora de que ele é que estava certo. O pior é que funcionou.

2. Peça infantil - O texto revela os sofrimentos de uma professora que é encarregada de montar uma peça com as crianças da escola.

3. Auto-entrevista - A uma série de perguntas cretinas como as habituais das costumeiras entrevistas, que geralmente somos obrigados a ver ou ler, são dadas respostas mais absurdas ainda, criando humor com o inesperado e a falta de lógica entre pergunta e resposta.

4. Minhas férias - Um narrador infantil em primeira pessoa conta como foram suas atribuladas férias com a família.

5. Na fila - Numa fila para ver o caixão de D. Pedro I, as pessoas não se entendem, uma confusão se estabelece no diálogo, por causa das palavras "primeiro" e "segundo", porque no dia anterior tinha sido inaugurado o viaduto D. Pedro Primeiro.

Fragmento:

"– Olha a fila! Olha a fila! Tem gente furando aí.

– Tanta pressa só pra ver um caixão...

– Um caixão, não: o caixão do Dom Pedro.[185]

– Como é que eu sei que é o Dom Pedro mesmo que está lá dentro?

– A gente tem que acreditar, ora. Já se acredita em tanta coisa que o Go...[186]

– Com licença, é aqui a inauguração do Dom Pedro Segundo?

– Meu filho, duas coisas. Primeiro: não é segundo, é primeiro. E segundo: a inauguração do viaduto foi ontem. Esta fila é para ver o caixão do Dom Pedro.

– Eles inauguraram o viaduto primeiro?

– Como, primeiro?

– Primeiro inauguraram o viaduto e depois chegou o Dom Pedro Segundo?

– Segundo, não, primeiro.

– Primeiro o quê?

– O Dom Pedro! Dom Pedro Primeiro!

– Primeiro chegou o Dom Pedro e depois inauguraram o viaduto?

– Olha a fila!

– Primeiro inauguraram o Viaduto Dom Pedro Primeiro e, segundo, chegou o Dom Pedro Primeiro em pessoa. Quer dizer, no caixão. Está claro? E eu acho que o senhor está puxando conversa para pegar lugar na fila. Não pode não. Eu cheguei primeiro." (p.19)

Comentário:
Esse texto apresenta uma estrutura dramática em vez de narrativa, isto é, ele dispensa a presença de um narrador, registrando apenas as falas das personagens como se fosse uma peça de teatro. É o que poderíamos chamar de *mimese*, quer dizer, um texto que imita a cena real ou imaginária.

---

[185] Embora o autor sempre brinque com a gramática, criticando o valor excessivo que se costuma dar a ela, notem o jogo interessante que ele estabelece no emprego do artigo que antecede caixão. A substitui ção do indefinido pelo definido questiona a ignorância do falante anterior e coloca em evidência a importância do objeto em questão.

[186] Não é difícil perceber que a palavra inacabada é governo. Quer dizer, acreditamos já em tanta coisa que o Governo diz, então por que não acreditar em mais uma? Temos aí uma ironia crítica.

6. Ela - Uma família compra uma televisão e ela vai ocupando, dominando todo o espaço até expulsar o dono da casa, que resolveu lutar contra o seu domínio.

Fragmento:

"Ainda me lembro do dia em que ela chegou lá em casa. Tão pequenininha[187]! Foi uma festa. Botamos ela num quartinho dos fundos. Nosso filho - naquele tempo só tínhamos o mais velho - ficou maravilhado com ela. Era um custo tirá-lo da frente dela para ir dormir.

Combinamos que ele só poderia ir para o quarto dos fundos depois de fazer todas as lições." (p.21)

Comentários:
É significativa e intencional a omissão do nome (televisão) e sua substituição pelo pronome (ela). A primeira impressão que nos causa é de que ela ainda não tem ou não demonstra sua força, tanto que vai para um quartinho nos fundos. Outra sensação que nos atinge de imediato é a do mistério, do suspense, que logo é resolvida quando o narrador diz que via pouco: "Só para ver um futebol, ou política."
É importante observar, também nessa crônica, como o autor sempre coloca em cheque as relações familiares e sociais, assim como sua crítica ao modo violento pelo qual a televisão alterou o nosso comportamento, escravizando-nos aos seus "caprichos".

7. O mágico - Um mágico fracassa no palco e muda de profissão, mas em todos os empregos sua capacidade mágica interfere, criando-lhe problemas, como quando foi trabalhar num restaurante e ao levantar uma tampa da travessa, apareceu uma pomba viva em vez do esperado filé.

8. Santinho - Um narrador adulto recorda de seu tempo de escola primária, de seu bom comportamento, de suas professoras, principalmente de uma que o pôs de castigo, depois de tê-lo chamado de "santinho do pau oco", isto é, fingido de santo ou santo falso. Nesse tipo de narrador reconhecemos o próprio autor.

9. A história, mais ou menos - Um narrador jovem e moderno conta em linguagem repleta de gíria a história de Cristo, realizando uma paródia da narrativa sagrada, que, assim, torna-se mais humana. Ver o texto na antologia.

[187] Os diminutivos servem tanto para mostrar o carinho com que o aparelho foi recebido quanto para mostrar que ele não revelava qualquer sinal de perigo ou da sua força destruidora.

10. Incidente na casa do ferreiro - Valendo-se de famosos ditados populares e conhecidíssimas frases feitas, o autor registra teatralmente uma história absurda e gozadíssima.

Fragmento:

"Pela janela vê-se uma floresta com macacos. Cada um no seu galho. Dois ou três olham o rabo do vizinho mas a maioria cuida do seu. Há também um estranho moinho, movido por águas passadas. Pelo mato, aparentemente perdido - não tem cachorro - passa Maomé a caminho da montanha, para evitar um terremoto. Dentro da casa, o filho do enforcado e o ferreiro tomam chá.

Ferreiro – Nem só de pão vive o homem.

Filho do enforcado – Comigo é pão, pão, queijo, queijo.

Ferreiro – Um sanduíche! Você está com a faca e o queijo na mão. Cuidado.

Filho do enforcado – Por quê?

Ferreiro – É uma faca de dois gumes.

(Entra o cego.)

Cego – Eu não quero ver! Eu não quero ver!

(Entra o guarda com o mentiroso.)

Guarda (ofegante) – Peguei o mentiroso, mas o coxo fugiu." (p.32)

Comentário:
Alguns provérbios ou ditos que podemos perceber aqui: "Cada macaco no seu galho"; "Águas passadas não movem moinho"; "Estava perdido no mato sem cachorro"; "Se a montanha não vem a Maomé, Maomé vai à montanha"; "Cuidado, isso é uma faca de dois gumes"; "Pior cego é aquele que não quer ver"; "É mais fácil pegar um mentiroso do que um manco".

11. Os moralistas - Jorge, André, Geóvio e Paulo eram muito amigos e há muito tempo. Tinham quase a mesma idade e o quase o mesmo tempo de casados. Trabalhavam no mesmo ramo e saíam juntos com freqüência. Jogavam futebol juntos "num casados contra solteiros de praia". Quando Paulo informou que iria se separar de Margarida, sua esposa, os outros protestaram e iniciaram toda uma argumentação e campanha tal contra esse divórcio que atingia às raias do absurdo, chegando a parecer moralismo. Mas no fim, humoristicamente, tudo se explica, é que não queriam perder o grande jogador que ele era.

Fragmento:

"– Pensa mais um pouco, Paulo.

– Senão pela moral cristã, então pela nossa amizade, Paulo.

– Bom... Se vocês põem a coisa nesse pé...

Na saída do hotel, Jorge, André e Geóvio cochicham entre si.

– Será que ele se convenceu?

– Acho que sim.

– O safado, querendo cair fora logo antes do jogo decisivo.

No próximo casados contra solteiros da praia, o time dos casados ainda contaria com Paulo no gol. O único jogador insubstituível do time. E o time dos casados, sim, valia qualquer sacrifício. Até agüentar a Margarida." (p.37)

Comentário:
Acreditamos que muitos de nossos leitores já devem ter visto o programa televisivo "Comédia da vida privada" e notado que esta crônica foi utilizada na construção de um deles.

12. Aptidão - Um empregado excelente é demitido depois de vinte e oito anos de serviço porque a análise do computador revelou, apesar do homem estar fazendo muito bem o seu serviço, que ele não tinha vocação para aquele trabalho.

13. Os homenzinhos de Grork - Numa paródia a todos os textos que nos revelam os extraterrenos como seres maravilhosos, inteligentes, o autor imagina um história totalmente oposta.

14. A que ponto - Numa crônica absurda e hiperbólica, registra-se a luta de duas mulheres modernas, urbanas, cultas e civilizadas, que se engalfinham furiosamente por causa de uma última lata de óleo na prateleira do supermercado.

Comentário:
Além da crítica à sociedade de consumo, podemos descortinar aí também uma denúncia à selvageria[188] e violência que, muitas vezes, fica apenas oculta ou camuflada por uma fina camada de verniz de civilização. É só olharmos à nossa volta com atenção e veremos muitos exemplos disso em menor escala e poucos exemplos em escala muito maior. Estamos pensando em algumas recentes notícias de homicídio no trânsito por motivos de pouca importância.

[188] Também é correta a forma "selvajaria".

15. O homem que vivia de anedotas - Um sujeito queixa-se a outro de que sua vida só foi desgraça e, o que foi pior, toda ela construída com piadas como quando ele aborrecido com tudo foi fazer uma viagem para esquecer: " Quando o avião estava a dez mil metros de altura, ouviu-se uma voz que dizia: *"Isto é uma gravação. Este avião não tem piloto. É dirigido por um sistema totalmente automático que substitui com vantagem o controle humano. Não há com o que se preocupar. O sistema foi exaustivamente testado e é absolutamente a*[189] *prova de falhas, de falhas, de falhas..."* (p.46) Verifica-se, no final, que o ouvinte é São Pedro, que informa ou recém-chegado de que o céu está cheio, porque houve um maremoto em Copacabana, que estava cheia de argentinos. Portanto, ele só encontrará lugar no Purgatório, mesmo assim, terá que ficar na lista de espera.

Comentário:
Esse texto também foi elaborado dramaticamente, isto é, somente com as falas das duas personagens, dispensando a presença de um narrador.

16. O estranho procedimento de dona Dolores - Uma senhora passa a repetir, em tudo que faz na sua casa, o discurso das propagandas que vê na televisão. Ao servir o almoço, olhando como se fosse para uma câmara oculta ou para um telespectador, como fazem as modelos, ela diz: *"Para a minha família, só serve o melhor. Por isso eu sirvo arroz Rizobon. Rende mais e é mais gostoso."* (p.48) Assim passa o dia inteiro, deixando a família preocupada, a ponto de fazer uma reunião, enquanto ela à frente da casa fazia propaganda de uma nova tinta de paredes. À noite, ao deitar-se ela fala às câmaras: *"Ele não sabe, mas estes lençóis são da nova linha Passional da Santex. Bons lençóis para maus pensamentos. Passional da Santex. Agora, tudo pode acontecer..."* O marido decide que no dia seguinte a levará ao médico, mas agora o melhor era aproveitar: "*Por enquanto, pretendia aproveitar. Fazia tanto tempo. Apagou a luz, prudentemente, embora soubesse que não havia nenhuma câmara por perto. Por via das dúvidas, por via das dúvidas."* (p.50)

17. Artes marciais - Assim como no texto em que goza as narrativas sobre seres extraterrenos, aqui o escritor satiriza as artes marciais, apresenta o "mais antigo sistema de defesa pessoal do mundo, o milenar Borradô". Como o nome sugere, toda a técnica consiste em fazer exatamente o que seria covardia, anti-heroísmo, etc. Assim como em várias

---

[189] Mantivemos a forma original, mas a expressão "à prova" apresenta crase.

artes, também o Borradô apresenta fases ou golpes que são associados a um determinado animal. Há, por exemplo, a fase da galinha, que é a terceira fase e que consiste no seguinte: *"Quando o adversário se vira, furioso com o Golpe da Cobra, devemos berrar e pular como uma galinha assustada, de modo a confundi-lo e comprometer a seriedade da situação".* (p.52)

18. Bobos I - *"O bobo daquela corte tivera um acidente de trabalho - o Rei não entendera uma piada e mandara executá-lo - e o posto estava vago. O Procurador Real foi encarregado de procurar um novo bobo."* (p.54) Inicia-se assim um trabalho difícil, mas depois de muito procurar, acharam Serbo, o Croata, que exigiu saber quais os assuntos proibidos. Foi avisado de que não podia falar da papada da Rainha, não podia ser sutil, nem fazer piada sobre arqueiros. Inicialmente o novo bobo fez grande sucesso, mas deu-se mal quando perguntou ao Rei: *"...qual é o peixe que mais agrada à mulher?"*. O Rei mandou prendê-lo e decapitá-lo.

Fragmento:

"Para o Procurador Real, enquanto o bobo era levado para a masmorra, estupefato e arrastando seu alaúde, o Rei perguntou:

– Ele sabia que não era para criticar os arqueiros?

– Sabia.

– Pois então. Este reino é liberal. O bobo pode dizer tudo. Mas tem que respeitar as regras. Decapitem-no. E arranjem outro bobo.

O Procurador Real foi procurar o bobo na masmorra. Falou:

– Eu disse que não era para ser sutil...

– Mas o que foi que eu fiz?

– Criticou os arqueiros.

– Como? Eu ia falar em bacalhau!

– Bacalhau? O Rei pensou que fosse namorado.

O bobo sacudiu a cabeça. Condenado por um erro de interpretação. Só quando o Procurador Real já estava saindo pela porta da masmorra é que ele se lembrou de perguntar:

– E namorado, o que é que tem que ver com arqueiro?

Mas era tarde. A porta se fechou." (p.56)

Comentário: A última pergunta do bobo revela que ele era mesmo um bobo, não acham?

19. Relógio digital - Um pai decide conversar com o filho sobre sexo porque julga que já está no momento adequado e tem uma surpresa. Leia na antologia.

20. O povo - De forma irônica, mas também um tanto amarga e crítica, o cronista comenta que falam mal do povo, mas também o povo dá razão. Ele mesmo observa o comportamento inadequado do povo. Por exemplo: *"O povo não tem a mínima cultura. Muitos nem sabem ler ou escrever. O povo não viaja, não se interessa por boa música ou literatura, não vai a museus. O povo não gosta de trabalho criativo, prefere empregos ignóbeis e aviltantes*[190]*. Isto quando trabalha, pois há os que preferem o ócio contemplativo, embaixo de pontes."* (p.61/2)

Comentário:
Essa maneira de falar tanto parodia o discurso da classe dominante em sua crítica unilateral, quanto denuncia a condição social que marginaliza o pobre que, por exemplo, não tem condições de estudar e ainda é criticado pela sua ignorância.

21. Critério - Num bote salva-vidas os náufragos discutem qual o critério a ser utilizado para escolher aquele ou aqueles que deve(m) ser comido(s) para preservar a vida dos demais.

22 Vida em manchetes - Uma pessoa, ao saber da notícia da queda de um avião, decide que nunca mais entrará em um avião. Outra questiona que viajar de carro é mais perigoso ainda, conforme mostram as estatísticas. Assim, sempre pressionada, a primeira pessoa vai decidindo cada vez mais fazer menos coisas, até que o simples ato de ficar na cama se torna perigoso: *"Está provado: 82 por cento das pessoas que morrem, morrem na cama. Não há como escapar."* (p.66) A solução final encontrada pelo primeiro falante para escapar da morte acidental é cômica: *"Eu vou me suicidar."*

23. Ponto de vista - Parodiando o discurso político, o autor cria um narrador político que se defende da acusação de nepotismo.

24. O homem sitiado - Interessante relato fantástico, que lembra contos de Cortázar e Borges[191]. Um homem vai refugiando-se dos homens e da vida moderna, atribulada, até recolher-se sossegadamente nas páginas de um romance inglês. Mas nem aí encontra paz: *"Ainda não ouviu o ruído que em breve o acordará. São traças. Traças gigantescas, maiores do que ele, que*

---

[190] O adjetivo ignóbil significa: vil, baixo, desprezível, abjeto, que não tem nobreza. Aviltante é aquilo que torna alguém indigno, ignóbil, vil.

[191] Ambos são famosos escritores hispano-americanos. Jorge Luís Borges é o autor de *Ficciones* e Julio Cortazar escreveu *Todos los fuegos el fuego.*

já devoraram as estrebarias, os parques, toda uma ala do casarão e 17 personagens e em breve chegarão ao seu pé." (p.72)

25. O nariz - Um dentista resolve usar um daqueles narizes de borracha com óculos de aros pretos, sobrancelhas e bigodes, causando espanto nas pessoas. Embora ele continue sendo a mesma pessoa, o mesmo pai de família, o mesmo profissional, acaba sendo excluído da vida social. Até o psiquiatra, ainda que concorde que nada há de errado com ele, tenta convencê-lo a mudar, alegando que seu comportamento é estranho. Mas, afinal, cede aos seus argumentos: *"É... – disse o psiquiatra. – Talvez você tenha razão..."*. No final, o narrador dialoga com o leitor, conclamando-o a tomar partido: *"O que é que você acha, leitor? Ele tem razão? Seja como for, não se entregou. Continua a usar o nariz postiço. Porque agora não é mais uma questão de nariz. Agora é uma questão de princípios."* (p.76)

26. O gigolô das palavras - O narrador, em primeira pessoa, conta que foi procurado por estudantes que queriam entrevistá-lo sobre sua opinião a respeito do estudo da Gramática.

27. Sementinhas - A professora é interrompida por um aluno que diz: *"Professora, sabe sexo explícito?* " E ela se dispõe a explicar sexo começando com a famosa metáfora da sementinha, mas as crianças demonstram já saber tudo que ela estava explicando e o garoto da primeira pergunta queria mesmo era fazer uma piadinha, dizendo que passarinho *"faz sexo expíucito"*.

28. Defenestração - O cronista fala de sua atração por certas palavras e da sua discordância quanto às suas significações já que elas lhe sugerem outras, completamente contrárias aos sentidos registrados pelo dicionário. "**Falácia**[192], por exemplo, devia ser o nome de alguma coisa vagamente vegetal."; "**Hermeneuta**[193] deveria ser o membro de uma seita de andarilhos herméticos" e "**Plúmbeo**[194] devia ser o barulho que um corpo faz ao cair na água."

---

[192] Raciocínio aparentemente lógico, mas incorreto, geralmente por ignorância, por desconhecimento. Por exemplo, um português, cronista do início da colonização, descobriu que não havia na língua dos índios nem "L", nem "R", concluindo logicamente daí que eles não tinham nem lei, nem rei. Raciocínio falacioso, pois os indígenas tinham um líder, o "tuxaua" ou "morubixaba", que exercia a função correspondente ao monarca. Quanto às leis, tinham os índios as suas, que diferiam das européias em função de sua cultura, é claro.

[193] Especialista no sentido das palavras, notadamente estudioso ou pesquisador dos textos sagrados.

[194] Adjetivo relativo a chumbo. Nuvens plúmbeas, por exemplo, seriam nuvens da cor de chumbo.

"Mas nenhuma palavra me fascinava tanto quanto ***defenestração***[195]*.*

A princípio foi o fascínio da ignorância. Eu não sabia o seu significado, nunca me lembrava de procurar no dicionário e imaginava coisas. Defenestrar devia ser um ato exótico praticado por poucas pessoas. Tinha até um certo tom lúbrico. Galanteadores de calçada deviam sussurrar no ouvido das mulheres:

– Defenestras?

A resposta seria um tapa na cara. Mas algumas... Ah, algumas defenestravam." (p.82)

29. Evolução - O cronista, fazendo de novo da ironia sua arma principal, argumenta que os fracos herdarão a terra, isto é, os pobres e marginalizados terão melhores condições de enfrentar a vida difícil do futuro, porque estão acostumados a passar fome e todo o tipo de provação. Conclui aconselhando o leitor a se aproximar mais desses desvalidos: *"Comece, portanto, a tratar melhor os miseráveis. Dê altas esmolas. Corteje os seus empregados. Seja caridoso. E se você é daqueles que dizem – 'Não sei como essa gente consegue sobreviver' – procure descobrir e decore tudo. Para eles a crise sempre existiu. Eles têm uma prática!"* (p.86)

30. Corrente de Santo Eurides - Assumindo a voz dessas pessoas que mandam correntes de oração para dar sorte e fortuna, o cronista satiriza-as através de uma deliciosa paródia.

VI - ANTOLOGIA COMENTADA

A HISTÓRIA, MAIS OU MENOS

Negócio seguinte. Três reis magrinhos ouviram um plá de que tinha nascido um Guri. Viram o cometa no Oriente e tal e se flagraram que o Guri tinha pintado por lá. Os profetas, que não eram de dar cascata, já tinham dicado o troço: em Belém da Judéia vai nascer o Salvador, e tá falado. Os três magrinhos se mandaram. Mas deram o maior fora. Em vez de irem direto para Belém, como mandava o catálogo, resolveram dar uma incerta no velho Herodes, em Jerusalém. Pra quê! Chegaram lá de boca aberta e entregaram toda a trama. Perguntaram: *Onde está o rei que acaba de nascer? Vimos a sua estrela no Oriente e viemos adorá-lo.* Quer dizer, pegou mal. Muito mal. O velho Herodes, que era um oligão, ficou grilado. Que rei era aquele? Ele é que era o dono da praça. Mas comeu em boca e disse: *Jóia. Onde é que esse guri vai se apresentar? Em que*

[195] Ato de atirar alguém ou algo pela janela.

canal? Quem é o empresário? Tem baixo elétrico? Quero saber tudo. Os magrinhos disseram que iam flagrar o Guri e na volta dicavam tudo para o coroa.

Bom. Seguiram o cometa, chegaram numa estrebaria e lá estava o Guri com a Mãe e o Pai. Sensacional. Parecia até presépio vivo. Os magrinhos encheram o Guri de presente. Era Natal, pô. Mirra, incenso, ouro, autorama. Tava na hora de darem no pé quando chega um telex. É do céu. Um anjo avisando aos magrinhos que *não, repito, não voltem à presença de Herodes porque o coroa tá a fim de apagar o Guri.* E, depois que os magrinhos se mandaram, chega outro telex, desta vez para o velho do Guri. *Te manda e leva a família. O Herodes vem atrás de vocês e não é pra dar presente.* O velho pegou a mulher e o Guri e voou para o Egito. Na estrebaria as vacas ficaram se entreolhando meio acanhadas, mas depois esqueceram tudo. Aliás, um dos carneiros, mais tarde, quis vender a história toda para um jornal de Jerusalém, mas não acertaram o tutu.

Bom, o Herodes, é claro, ficou chutando as paredes quando soube da jogada dos magrinhos, Mandou que todo bebinski[190] nascido nas bocas fosse cancelado. Se tiver fralda, apaga. Foi chato. Muito chato. Morreu neném que não foi fácil. Mas o Guri tava no Egito, vivão. Pouco depois Deus achou que o Herodes tava se passando e cassou a licença dele. E mandou passar outro telex para o velho do Guri*: Pode voltar. Segue carta.* Mas o velho foi vivo e em vez de pintar na Judéia - onde o filho de Herodes, outro mauca, reinava - foi para a Galiléia, para uma cidadezinha chamada Nazaré. Ali o Guri cresceu legal. Acabou Rei mesmo, dando o maior Ibope. Aliás, os profetas já tinha dito que o Guri seria chamado *Nazareno*. Naquela época, profeta não dava fora! Se tivesse a Loteria Esportiva, já viu, né? (p.30)

Comentários:
O autor consegue criar em nós a sensação de estar lendo um narrador infanto-juvenil moderno e pertencente talvez à classe menos favorecida. A técnica para isso foi o emprego de gírias em larga escala ("o maior fora", "ficou grilado"); a intervenção emocionada ("Pra quê!", "parecia presépio vivo" "Era Natal, pô", "Foi chato"); a projeção pessoal com elementos de sua idade e de seu tempo ("Tem baixo elétrico?", "Mirra, incenso, ouro, autorama", "Loteria Esportiva") e a confusão que o narrador faz entre reis magos (de magia. Referência a antigos sacerdotes zoroástricos entre os medos e os persas. O mesmo que astrólogos, adivinhos) com reis magros.

---

[190] O mesmo que guri, bebê.

Ainda que o relato bíblico sofra tantas alterações formais é de se destacar a fidelidade com que o narrador reproduz a história de Jesus. Compare o último parágrafo com o original do Evangelho de São Mateus, versículos 13 a 15: "*Tendo eles partido, eis que um anjo do Senhor apareceu em sonhos a José e lhe disse: Levanta-te, toma o menino e sua mãe, e foge para o Egito, e fica lá até que eu te avise; porque Herodes vai procurar o menino para o matar. E ele, levantando-se, tomou de noite o menino e sua mãe, e retirou-se para o Egito. E lá esteve até à morte de Herodes, cumprindo-se deste modo o que tinha sido dito pelo Senhor por meio do profeta, que disse: Do Egito chamei o meu filho.*"

RELÓGIO DIGITAL

O pai achou que o filho já estava na idade para terem a tal conversa. Encontrou o menino brincando com um amiguinho e convidou os dois para uma caminhada. Começou com a agricultura. O agricultor, meu filho, coloca uma semente na terra, a semente cresce e se transforma em planta. Com os animais é a mesma coisa. O macho coloca uma semente na fêmea, a semente cresce, etc. Com as pessoas também é assim. É por isso que nós temos órgãos sexuais, e o do homem é diferente do da mulher. O papai colocou uma sementinha na barriga da mamãe, a sementinha cresceu e você nasceu.

Para que o amiguinho não se sentisse desprezado, o pai acrescentou:

– Com seu pai e sua mãe também foi assim.

Os dois meninos estavam interessadíssimos. Foi uma caminhada longa durante a qual o pai não parou de falar. Como o pai sabia de coisas![191] Para tudo que os meninos perguntavam sobre o sexo o pai tinha uma resposta. Êta, pai!

– E os buracos negros, pai?

– Que buracos negros?

– Os buracos negros do Universo.

– Isso não tem nada a ver com sexo.

– Eu sei, mas como é que eles são?

– Ah, bom. Olha, sobre isso eu não sei muita coisa, não.

– E, pai, como é essa história de supercondutores?

– Não sei bem.

Mas o menino continuava entusiasmado. Era o dia de saber de coisas.

[191] Observem que aqui foi empregado o discurso indireto livre, ou seja, o narrador estava narrando e inseriu a fala da personagem sem aviso prévio ao leitor, que percebe isso pelo contexto e principalmente pelo tom exclamativo da frase.

– Pai, por que as ondas de rádio acompanham a curvatura da Terra e as ondas de TV não?

– É porque, sei lá. Devem ser ondas diferentes.

- O menino já estava desanimado.

- Como é que funciona relógio digital?

- Não sei, meu filho.

Chegaram em casa e o pai perguntou:

- Mais alguma pergunta sobre sexo?

- Eles não tinham mais nenhuma pergunta sobre sexo e o pai foi embora. Os dois meninos ficaram em silêncio. Então, um disse:

- Que crânio o meu pai, hein? Sabe tudo.

O amigo fez cara de pouco caso, lembrando todas as perguntas sem resposta. Mas o outro tinha a explicação.

- É que ele se especializou, só isso. (p.58)

Comentário:
Como em diversos outros trabalhos de Veríssimo, há também nesse uma reflexão social que se desvela por trás do toque de humor e brincadeira. Se pensarmos um pouco no texto, e o compararmos com a vida real, podemos inferir que, assim como muitos pais, o da crônica fica muito tempo sem conversar com os filhos. Por isso, quando os pais dão abertura para o diálogo a criança lança grande quantidade de questões que vieram se acumulando com o tempo. Além disso, podemos notar que o pai não consegue de tratar de outro assunto (não por ser especialista), mas porque estava com todo seu discurso pronto, fechado, autoritário, sem portas que dessem para um verdadeiro e sincero diálogo.

VII - TEMÁTICA

Entre os mais notáveis temas das crônicas de Veríssimo, podemos apresentar a crítica à ignorância e à dificuldade da pessoa assumir a falta de cultura perante o outro. Dessa forma, o homem prefere mentir e enganar do que assumir que sabe menos do que o outro. O que envergonha e torna o indivíduo ridículo não é a ignorância, mas a petulância ou a falsidade. Também está presente a dificuldade das pessoas se entenderem por causa da ambigüidade ou duplo sentido que as palavras apresentam em determinadas situações.

O cansaço, a irritação e espanto que as crianças provocam nos adultos com sua energia, inquietação, curiosidade e espontaneidade aparecem em diversos textos, assim como o domínio exagerado do computador, da televisão, do consumismo, das técnicas e da linguagem da propaganda e da moderna tecnologia.

Freqüentemente notamos também nas suas crônicas a apresentação crítica da dificuldade de aceitarmos os demais seres humanos com suas diferenças individuais, assim como o egoísmo, que pode levar um grupo de amigos a aceitarem ou não a falência do casamento de um companheiro, dependendo da sua necessidade ou não numa partida de futebol.

Recomendação:

Sugerimos que o estudante leia, para complementar, o prefácio "A vida ao rés-do-chão", de Antonio Candido, no volume 5 da coleção PARA GOSTAR DE LER, da Editora Ática.

BIBLIOGRAFIA CONSULTADA

Veríssimo, Luís Fernando - *O nariz e outras crônicas*, SP, Editora Ática, 1994.

Holanda Ferreira, Aurélio Buarque de - *Novo dicionário da Língua Portuguesa*, RJ, Nova Froneira, 1ª edição, 14ª impressão.

EXERCÍCIOS

Leia o texto com atenção:

"O pai achou que o filho já estava na idade para terem a tal conversa. Encontrou o menino brincando com um amiguinho e convidou os dois para uma caminhada. Começou com a agricultura. O agricultor, meu filho, coloca uma semente na terra, a semente cresce e se transforma em planta. Com os animais é a mesma coisa. O macho coloca uma semente na fêmea, a semente cresce, etc. Com as pessoas também é assim."

1. Como em várias outras crônicas, podemos observar que aqui também as personagens não têm nome. Qual seria a funcionalidade dessa técnica?

2. A metáfora da sementinha é também empregada em outra crônica:
   a) Dê o seu título.
   b) Indique uma conclusão geral que podemos tirar disso.

Leia o texto seguinte:

"Negócio seguinte. Três reis magrinhos ouviram um plá de que tinha nascido um Guri. Viram o cometa no Oriente e tal e se flagraram que o Guri tinha pintado por lá. Os profetas, que não eram de dar cascata, já tinham dicado o troço: em Belém da Judéia vai nascer o Salvador, e tá falado. Os três magrinhos se mandaram. Mas deram o maior fora. Em vez de irem direto para Belém, como mandava o catálogo, resolveram dar uma incerta no velho Herodes, em Jerusalém."

3. O que deseja dizer o narrador com "um plá"?

4. Valendo-se da frase: *"Viram o cometa no Oriente e tal e se flagraram que o Guri tinha pintado por lá."*

   a) Rescreva-a de modo mais culto e maduro, ou seja, eliminando a gíria.

   b) Ocorre polissíndeto na frase? Qual a relação dessa técnica com a Bíblia.

5. Reescreva a expressão "como mandava o catálogo":

   a) em outra gíria ou expressão popular equivalente;

   b) eliminando a gíria.

Respostas:

1. Evita a particularização e isso funciona como uma crítica ao que a maioria das pessoas fazem. Esse pai é um estereótipo.

2. a) "Sementinhas".
   b) Podemos concluir duas coisas. Primeiro, as pessoas não são muito originais, repetindo sempre a mesma associação que alguém fez antes, sem procurar novas formas, talvez mais diretas, de tratar do assunto. Segundo, os adultos ainda demonstram muito preconceito e despreparo para falar de um assunto, que, por influência dos modernos meios de comunicação, já é mais familiar às crianças de agora do que às crianças que esses adultos foram no passado.

3. Uma história ou um boato.

4. a) Viram o cometa no Oriente e então deram-se conta de que o menino tinha nascido por lá.
   b) Sim, polissíndeto é a repetição da conjunção "e" (**e** tal **e** se flagraram), apresentando semelhança com a linguagem bíblica, onde o polissíndeto é empregado em abundância.
5. a) Como mandava o figurino.
   b) Como deveria ser, ou, como seria lógico.

LEITURA COMPLEMENTAR

TEXTO 1 – O ELEFANTE

Carlos Drummond de Andrade

Fabrico um elefante
de meus poucos recursos.
Um tanto de madeira
tirado a velhos móveis
talvez lhe dê apoio.
E o encho de algodao,
de paina, de doçura.
A cola vai fixar
suas orelhas pensas.
A tromba se enovela,
é a parte mais feliz
de sua arquitetura.
Mas há também as presas,
dessa matéria pura
que não sei figurar.

Tão alva essa riqueza
a espojar-se nos circos
sem perda ou corrupção.
E há por fim os olhos,
onde se deposita
a parte do elefante
mais fluida e permanente,
alheia a toda fraude.

Eis meu pobre elefante
pronto para sair
à procura de amigos
num mundo enfastiado
que já não crê nos bichos
e duvida das coisas.
Ei-lo massa imponente
e frágil, que se abana
e move lentamente
a pele costurada
onde há flores de pano
e nuvens, alusões
a um mundo mais poético
onde o amor reagrupa
as formas naturais.

Vai o meu elefante
pela rua povoada,
mas não o querem ver
nem mesmo para rir
da cauda que ameaça
deixá-lo ir sozinho.
É todo graça, embora
as pernas não ajudem
e seu ventre balofo
se arrisque a desabar
ao mais leve empurrão.
Mostra com elegância
sua mínima vida,
e não há na cidade
alma que se disponha
a recolher em si
desse corpo sensível
a fugitiva imagem,
o passo desastrado
mas faminto e tocante.

Mas faminto de seres
e situações patéticas,
de encontros ao luar,
No mais profundo oceano,
sob a raiz das árvores
ou no seio das conchas,
de luzes que não cegam
e brilham através

dos troncos mais espessos,
esse passo que vai
sem esmagar as plantas
à procura de sítios,
segredos, episódios
não contados em livro,
de que apenas o vento,
as folhas, a formiga
reconhecem o talhe,
mas que os homens ignoram,
pois só ousam mostrar-se
sob a paz das cortinas
à pálpebra cerrada.

E já tarde da noite
volta meu elefante,
mas volta fatigado,
as patas vacilantes
se desmancham no pó.
Ele não encotrou
o de que carecia,
o de que carecemos,
eu e meu elelfante,
em que amo disfarçar-me.
Exausto de pesquisa,
caiu-lhe o vasto engenho
como simples papel.
A cola se dissolve
e todo seu conteúdo
de perdão, de carícia,
de pluma, de algodão,
jorra sobre o tapete,
qual mito desmontado.
Amanhã recomeço.

(Extraído de A Rosa do Povo, de Carlos Drummond de Andrade, RJ, Editora Record, 1991, pp.104-107)

TEXTO 2 BALEIA

"Abriu os olhos a custo. Agora havia uma grande escuridão, com certeza o sol desaparecera.

Os chocalhos das cabras tilintaram para os lados do rio, o fartum do chiqueiro espalhou-se pela vizinhança.

Baleia assustou-se. Que faziam aqueles animais soltos de noite? A obrigação dela era levantar-se, conduzi-los ao bebedouro. Franziu as ventas, procurando distinguir os meninos. Estranhou a ausência deles.

Não se lembrava de Fabiano. Tinha havido um desastre, mas Baleia não atribuía a esse desastre a impotência em que se achava nem percebia que estava livre de responsabilidades. Uma angústia apertou-lhe o pequeno coração. Precisava vigiar as cabras: àquela hora cheiros de suçuarana deviam andar pelas ribanceiras, rondar as moitas afastadas. Felizmente os meninos dormiam na esteira, por baixo do caritó onde sinha Vitória guardava o cachimbo.

Uma noite de inverno, gelada e nevoenta, cercava a criaturinha. Silêncio completo, nenhum sinal de vida nos arredores. O galo velho não cantava no poleiro, nem Fabiano roncava na cama de varas. Estes sons não interessavam Baleia, mas quando o galo batia as asas e Fabiano se virava, emanações familiares revelavam-lhe a presença deles. Agora parecia que a fazenda se tinha despovoado.

Baleia respirava depressa, a boca aberta, os queixos desgovernados, a língua pendente e insensível. Não sabia o que tinha sucedido. O estrondo, a pancada que recebera no quarto e a viagem difícil do barreiro ao fim do pátio desvaneciam-se no seu espírito.

Provavelmente estava na cozinha, entre as pedras que serviam de trempe. Antes de se deitar, sinha Vitória retirava dali os carvões e a cinza, varria com um molho de vassourinha o chão queimado, e aquilo ficava um bom lugar para cachorro descansar. O calor afugentava as pulgas, a terra se amaciava. E, findos os cochilos, numerosos preás corriam e saltavam, um formigueiro de preás invadia a cozinha.

A tremura subia, deixava a barriga e chegava ao peito de Baleia. Do peito para trás era tudo insensibilidade e esquecimento. Mas o resto do corpo se arrepiava, espinhos de mandacaru penetravam na carne meio comida pela doença.

Baleia encostava a cabecinha fatigada na pedra. A pedra estava fria, certamente sinha Vitória tinha deixado o fogo apagar-se muito cedo.

Baleia queria dormir. Acordaria feliz, num mundo cheio de preás. E lamberia as mãos de Fabiano, um Fabiano enorme. As crianças se espojariam com ela, rolariam com ela num pátio enorme, num chiqueiro enorme. O mundo ficaria todo cheio de preás, gordos, enormes."

(Extraído de Vidas Secas, de Graciliano Ramos, RJ, Editora Record, 1983, pp.89-91)

A **Editora Flâmula** foi fundada, inicialmente, para atender à necessidade de jovens que se preparam para os exames vestibulares. Sua primeira coleção, intitulada **LITERATURA PORTUGUESA E BRASILEIRA - Análise e Resumo de Obras**, apresenta análise e resumo minucioso das principais obras literárias portuguesas e brasileiras, que geralmente são solicitadas nos exames vestibulares.

A **Editora Flâmula** foi fundada por **Geraldo Chacon**, professor de Literatura, bacharelado e licenciado em Letras pela USP, que há vinte anos prepara jovens para os exames vestibulares, tendo lecionado em diversos e importantes colégios e cursinhos de São Paulo e Minas Gerais.